张爱玲传

胡辛 著

长江出版传媒 ｜ 长江文艺出版社

到处都是传奇，可不见得有这么圆满的收场。胡琴咿咿哑哑拉着，在万盏灯的夜晚，拉过来又拉过去，说不尽的苍凉的故事——不问也罢！

目 录

第一部 觅

第三部 漂

自序

我喜爱暮春雨。

这滋润蔷薇又凋零蔷薇的雨，交叠着繁华与荒凉，浓缩着生命与消亡，叫你咂摸出那原本无法透彻的人生的滋味。

还是八年前的那句话：我钟情的是小说，而不是传记。宗璞先生推崇一位英国评论家的话：小说是蒸馏过的人生。不管我的蒸馏技术如何，《蔷薇雨》毕竟将我半生对古城南昌的种种积淀，苦痛又欢畅地蒸馏出来。因了岁月的沧桑，更因了现代化都市模型的诱惑，古城古貌古巷古宅正在一天天消逝，面对准摩天大楼立交桥的晕眩，我愿我的《蔷薇雨》，以我这个女人的眼睛，为这方水土这方女人留下一点文字的摄影、笔墨的录像。有人叹说"俨然一部现代《红楼梦》"，有人俯瞰曰"不过一市井小说耳"，或假或真，在我来说，很是珍惜这两句话，这是我梦寐以求的"味"。1991年6月曾应中国电视剧制作中心之约将其改编成30集电视连续剧，并于1992年10月由"中心"出了六十五万字的剧本打印本数十套，历经花谢花开几春秋，终于1997年冬由上海永乐影视集团求索制作社和江西电视台联合摄制成28集电视连续剧，1998年暮春季节，播出于大江南北，颇获好评。都说当代题材的电视剧如女人般经不起老,《蔷薇雨》与我的处女作《四个四十岁的女人》一样,可是扛住了岁月的沧桑!

《惊艳陶瓷》原名《陶瓷物语》,2000 年秋曾由花城出版社出版,也得到不少读者的挚爱,与其说写的是陶瓷的故事,不如说还是女人的故事。因为陶瓷的烧炼,太像人生,尤其是女人的人生!土与水,在火的炼膛里,糅合撕掳、爱恨交加、难解难分,当天地归于平寂时,结晶出的,可能是合格的陶瓷品,也可能是鬼斧神工不再有二的艺术峰巅,还可能是次品,乃至废品,但不论结晶成什么,你再也回不到原初的土与水了,永远不再!这就是人生。而愈是精美的瓷,愈经不起碰撞,你千万别以为烈火的考验能铸就钢筋铁骨,非也,只要不小心轻轻一碰,它就摔得粉粉碎!这太像人的感情,尤其是女人的感情。《惊艳陶瓷》将我从二十二岁到三十岁在瓷都景德镇的人生阅历沉淀其间,还有走过岁月的沉甸甸的感喟。1991 年我作为主创人之一制作的 9 集电视系列片《瓷都景德镇》是中国第一部关于瓷都的大型专题片,获得了中国电视二等奖;2004 年秋我率江西高校第一个广播电视艺术学硕士点第一届研究生拍摄的 9 集电视系列片《瓷都名流》,于 2005 年元旦始接连五天在江西卫视播放,被瓷都陶艺家称为:"格调最高、艺术性最强。""出乎意料的美、自然、真实,且感人。观人多曰:好看!太短了!还没看够!"的确,瓷都景德镇,融入了我太多的挚爱。当然,在《惊艳陶瓷》中,陶瓷是真实的,故事是虚构的。但不管怎么说,陶瓷给人的总是永恒的惊艳。

《张爱玲传》(原书名《最后的贵族·张爱玲》)杀青于 1992 年,因种种原因捱至 1995 年暮春和仲秋才出版。仿佛是张爱玲在成全此书,据说解放日报刊出书评《"看张"的新文本——读〈最后的贵族·张爱玲〉》的当天傍晚，新民晚报即登出张爱玲去世的悲讯。我想此书成为上海的畅销书，十几家报刊发消息跟这不无关联。生命是缘，从某种视角看这算小奇缘吧。我的心并不欣喜。想当年张爱玲肉身处于繁华热闹中，灵魂却寂寞荒凉；张爱玲辞世之时肉身极致荒凉，灵魂却无法拒绝热闹。也许，荒凉与热闹的种种碰撞才生出形形色色的传奇？

张爱玲说过："历史如果过于注重艺术上的完整性，便成为小说了。"我的传记文学，是传记小说。

在数量和重量上，1996 年的自选集，传记压倒了小说；但2004 年的自选集，力图打个平手，《我论女性》的前半部为论说，后半部附录我的中短篇小说和散文，仿佛是作个见证，我就是这样看女性写女性的。也像是犹在镜中，自己久久地又细细地端详自己。但心并不满足，仍有失落，走了很久很久，回头看看，幸而仍是"女人写，写女人"，我心依旧。

暮春雨中的女人的故事，会像"流言"般传播么？

我自信我留着一份懵懂的真诚，对人对己。

爱读惠特曼的诗："我愿意走到林边的河岸上／去掉一切人为的虚饰／赤裸了全身／我疯狂地渴望能这样接触到我自己。"

胡辛于南昌大学

原序写于 1995 年 12 月 27 日

补充于 2004 年 10 月 8 日

自纽约大学归来

再补充于 2012 年 2 月 2 日

迟到的"引子"

是一个"月落如金盆"的夜晚。

1995 年 9 月 8 日，即中国中秋节的前一天，一个老年女子被发现死于西洛杉矶市 10911 Rochesterare 206 室。据警方判断，她离世约有六七天了。周遭的人这才知道，孤独的她是中国现代女作家张爱玲。

那金黄的扁扁的上弦月，衬在漠漠的蟹青色的天幕上，像一张热心窥探人世间的侧面。

形销骨立的张爱玲孤零零躺在这空空荡荡的房间地板上，这间统舱式的卧室，没有作家不可缺的桌椅，没有普通人都有的床铺箱柜，就是餐具也是纸的，四壁雪白，不着一钉，不挂一物。只有电视机和收音机陪伴着她；然而，铺在她身下的地毯却是华美的，是中国天津生产的。

这样的夜晚，这样的月色，这样病老的她，如何能不想家？

她说过，第一个家在天津。

春日迟迟的天津的家的空气中，却并没有祖父母的身影，她从未见过他们，但他们早已静静地躺在她的血液里，她一次次从老照相簿中寻觅他们的面影。

魁梧的祖父张佩纶赭酱色的面庞寻不到一丝风流痕迹，倒是烙刻着不得志的焦躁和无奈，借酒消愁愁更愁，五十余岁就死于肝疾。祖母是美丽的，秀丽窈窕的青春，相夫教子的闲适，祖母都有过；可是寡居的度日如年中，在坐吃山空和时局变幻的惘惘威胁中，祖母的容颜变得阴郁严冷，让儿子穿得花红柳绿，要女儿着男装称少爷，是朦胧的"女权主义"？抑或压抑中的变态心理？猛回头，莫非《金锁记》中游荡着祖母的影子？她不知道。她只知道，她爱他们。

她依然深爱着姑姑。姑侄之情是岁月磨蚀不了的，人世间是有爱的。岁月增长着宽容，对那原本可憎可恶的父亲，她记住的却是踱来踱去不舍昼夜背诵诗文的身影，从小到老犹如一头走不出笼子的困兽，是一个被时代抛弃了的男人。颓唐却不羸弱，凶暴却不阴险，如此而已。他的乖戾是否早已遗传给了她？她是这样地不愿见人！

最眷恋的还是母亲！耳畔响起的是母亲拖长了的湖南腔：湖南人最勇敢。是的，并不出名的母亲一生充满了传奇。她不无骄傲地称母亲踏着一双三寸金莲横跨了两个时代。岂止两个时代？从嫁为人妻身为人母后仍不屈不挠地出国留学，到年过三十尚敢离婚并独身闯荡四海，每一次折腾都铭刻着勇敢。与胡适之同桌打牌的热闹，当尼赫鲁姐姐秘书的风光，在英国做女工缝制蛇皮坤包的艰辛，在母亲大概亦不过种种生命的体验罢了。这湘军水师和农家湘女的女儿，在阿尔卑斯山上滑雪时，于腾飞中一定喊出过——不！母亲是从不向命运低头的湘女。

这些亲人都死了。

等她死的时候再死一次。

是时候了。

1992 年 2 月 14 日张爱玲在律师处签下了遗嘱：所有私人物品留给香港的宋淇先生及夫人邝文美；遗体火化，不举行任何葬礼，骨灰撒到开阔的荒野。

她最喜欢的字眼是荒凉，也注定了是灵魂最后的栖息地的风景。

只是美国加州法律不允许骨灰撒到荒野，于是，张爱玲的骨灰撒向大海。

漂。

第一部　觅

出名要趁早

呵，出名要趁早呀！来得太晚的话，快乐也不那么痛快。

个人即使等得及，时代是仓促的，已经在破坏中，还有更大的破坏要来。

1

一个精灵，在现代都市游荡。

是清朝的贵妇装。明黄的斜襟绸衣长过膝盖，墨绿缎宽镶，盘着大云头，似嘈切喊嚓的浪花落下，又似玉连环三三两两勾搭住了，透出古意和神秘；蓝色的缎裙像是泼染了故宫海的夜色，幽幽地漾着微光。鞋却是平跟皮鞋；都市女性爱穿的丁字形状，因为合脚，那步履更见轻盈柔和。

她能像家教好的大家闺秀，莲步姗姗，裙裾只有些微的摇颤；可有时她爱疯一疯，如小家碧玉行路般搅起惊风骇浪。

她飘飘然于黄昏的都市。

异国情调的高楼鳞次栉比，哥特式的建筑辉煌炫目；各色人种熙熙攘攘，显贵富豪优哉游哉；贝多芬、瓦格涅的交响乐不改排山倒海之势，申曲、滑稽京剧亦不曾冷落；《卖糖歌》让人忆起百年前的虎门销烟，瘾君子却依旧在幽室吞云吐雾；百年老绸店的"大减价"与"苏三不要哭"似百年不变；卖臭豆腐干的吆喝像连着漫漫岁月的另一端；山东乞丐洪亮的"可怜啊可怜！一个人啊没钱"响遏行云。

这是一座千奇百怪的都市，一座矛盾的都市。

百年租界地被人视为"无国籍"的都市。它是西人眼中冒险家的乐园，却也是东方巨龙觉醒之地；革命先驱孙文流亡此地播下火种，中国共产党在这里发起成立，蒋介石却也在这里发迹；"华人与狗不得入内"的耻辱烙刻于此，产业工人的罢工起义却也叫地球抖三抖；现代气息物质文明最先融进这城的血脉，而前清的遗老遗少不约而同麇集于此凭吊那逝去的世纪末的乐土……

这是怎样的一座都市！

她却只是轻轻地走向报摊，又柔柔地离开报摊；轻轻地走向另一家报摊，又柔柔地离开另一家报摊。

"八·一三"的浴血奋战留下了永不磨灭的篇章，孤岛的抗战文学激励着人们的斗志，可血腥、高压使文坛枯寂了沉默了，眼下呈现的是战事中台风眼的死寂，乱世中的人们苟安于喧嚣畸形的热闹中。

五花八门良莠混杂的报摊：《紫罗兰》顾影自怜兀自开着紫色的小花，《天地》的女人卧地仰天，《小天地》木刻板的鱼鸟蛇鹿与女人宣泄着原始味，《杂志》却总是少雕饰以硕大的美术字的老面孔唬人，服装卡通电影类的画报光怪陆离呈西洋风味，武侠言情永恒地翻炒古道热肠才子佳人……哦，有一本不厚也不薄的书，蓝绿

色的封面上是隶书体的黑色字：传奇。别具一格、赏心悦目，给这
花里胡哨却硬见空泛的报摊开了一扇夜蓝的小窗户，人们可以在窗
口看月亮，看热闹……

她痴迷地看着，忘情地看着……

窗外的月亮，是没有时间性的月亮。

那青霜似的月光，拥抱着有三千年回忆的古国的月光：

那铜钱大的一个红黄的湿晕，像朵云轩上落了一颗泪珠的月亮，
是 30 年前的月亮，陈旧而迷糊；那大而模糊、银色的有着绿的光
棱的月亮，是浅水湾的月亮，女人泪眼中朦胧的梦的月亮；那月亮
还是一团蓝阴阴的火，煮着锅里的水沸了，咕嘟咕嘟地响，可怕的
香港的月亮；那乌云里的月亮，一搭黑一搭白，戏剧化的狰狞的脸谱，
恐怖的上海的月亮；长圆形的月亮，白而冷，像一颗新剥出来的莲子；
11 月尾的纤月，仅仅是一钩白色，像玻璃窗上的霜花；

……

月亮，是人生大舞台上永恒的场景呵。

"小姐，侬看中了啥书！"摊主凑上来问。

"哦。"她反剪双手，微微俯下身，装出不相干的样子，"这本《传
奇》，销路还好吗？——太贵了，这么贵，真还有人买吗？"

"喔哟，两百块钱，真勿算贵。这本书阿拉还真勿想卖，留一
本自家看看。勿瞒侬讲，四天里相，就卖光哉！老派新派格人都爱
看《传奇》。"摊主边说边收起这扇夜蓝色的窗。

她仍装着不相干的样子："真的吗？真的卖光了？真的这本你
要留给自家看？"那声音却微微发颤。

"啥人骗侬？侬到别家书摊看看，哪里还有《传奇》？"摊主

小心地收起了这扇夜蓝色的窗，继而收摊。

痛快。痛快。

她发了疯似的高兴着。

她喜欢这蓝绿色。

空旷的蓝绿色的天，蓝得一点渣子都没有——有是有的，沉淀在底下，黑漆漆、亮闪闪、烟烘烘、闹嚷嚷的一片——这就是上海。

她生在这座都市。刚满周岁就离开了这都市。都市没印象。

八岁时，她第一次回到了这都市。坐在马车上，粉红底子的洋纱衫裤上就飞着蓝色蝴蝶——蓝蝴蝶！侉气而快乐的她做着蓝色的梦。

在这都市的蓝色的天空下，她连带喜欢上了"英格兰"，以为那里蓝格盈盈的天下有着许多的小红房子！尽管母亲纠正她，英国多雾多雨，可她固执地不改变这一个又一个蓝色的梦想。她要去英格兰圆梦。

因为战争她没去成英格兰，而是去了香港求学。大红橘红粉红广告牌倒映进蓝绿的海水里，虽犯冲，但毕竟富有刺激，18岁的青春和广告牌的色彩一块融进蓝色的梦里。

因为战争她没有完成学业，三年后乘船回上海，夜过台湾海峡，从船舱圆窗户洞里望出去，夜的海湾是蓝灰色的，静静的一只小渔船，点一盏红灯笼……真是如醉如痴地喜欢着呀。

蓝色，是她的生命蓝。

蓝色里有着古中国的敦厚含蓄，却又分明洋溢着西方文明的鲜活；蓝绿色是年轻人的没有边的天，让年轻的心飞到很远很远；蓝紫色却蕴积了太多太多的忧怨，像钝刀一点一点伤着你珍贵的感情……

天近黄昏。8月南方的黄昏是漫长的。这边，太阳还没有下去，热气灼灼蒸人；那边，月亮已渐渐升起，清冷傲视人间。被高大尖顶的建筑切割过的都市天空，日月共存。

她，并没有走。她依旧反剪双手，却挺直了腰，仰起脸，微眯着眼，凝眸这辉煌的瞬间。

收了摊的摊主不禁打量起她来，陡地，给镇住了——

这是一个上顶天下立地的奇女子！

尽管她奇装炫人，可在这摩登都市，她并不是那种望一眼就摄魂的漂亮女子。在南方女子多娇俏中，她的个头略显出长大，始终留着一点北人的侉味；在肥白如瓠的都市女孩中，她的肤色显黄，却是那种象牙黄的色泽；她的发型倒很随便，烫过后长长了，披在肩上翘成两钩，像老式床幔上的两只挂钩，衬着标准的鹅蛋脸；五官极其端正，表情却稍嫌缺乏，但唯其因为这呆滞，才显出那温柔敦厚的古中国情调；唯其因为这缺乏，才透出一种森森然赫赫然的皇室贵族之气。

是的，普通人不敢也不习惯穿这明黄色泽的绸缎，千百年的心理积淀，犯怵，受不住。可她爱穿，极配、极自如。

在这黄昏的漫长的瞬间，她顶天立地地辉煌着。

"你……你是……"摊主竟嗫嚅着问出了声。

凝眸天穹的她一惊，旋即羞赧得手足无措，像做错了什么事的女学生。

摊主反倒自在了，不过一年轻的小女子嘛，瞧，颈脖上还挂着一串紫一串红的玻璃珠子呢。

她忽地淘气地笑了，纤纤食指指着心窝："喏，我——张爱玲。"

那手腕上有只碧绿晶莹的翡翠玉镯。

她快乐地走了。

摊主望着她高大的背影喃喃自语："张爱玲张爱玲……"

夜幕沉沉。8 月南方的黄昏又是短暂的。

摊主一拍脑门："张爱玲——传奇啊！名人啊！"

那夜蓝色的封面上不是印着隶书字体，"张爱玲 著"吗？

她出名了！出名要趁早呀！

她还只有二十三岁。

这快乐才是痛快呀。

她莲步姗姗，忽地搅起惊风骇浪；她拉拉一串紫一串红的玻璃珠子，那是她母亲从埃及买来给她的；她摸摸翡翠玉镯，那是李鸿章当年出使西洋回来送给他的小女的，那小女，便是她的老祖母！

她的一身，就是传奇。

刚才的一幕，就是她希冀的小小传奇。

1944 年 8 月中旬。《传奇》。上海。

这一切与她烙刻在一起。

她，自嘲有个恶俗不堪的名字——张爱玲。

2

这是一个奇异的现象。并不振聋发聩，却让人目眩神迷。

不只是上海滩的传奇。

而且是文学史的传奇。

1943 年 5 月，复活的《紫罗兰》创刊号上刊出张爱玲女士的中篇小说《沉香屑·第一炉香》，三期连载下来，已让人耳目一新；接着又幽幽燃起了《沉香屑·第二炉香》，那长满霉绿斑锈的家传的铜香炉中，不绝如缕的香气弥漫着上海滩，香港传奇让上海人意乱情迷。7 月，她又给上海人沏了一壶带苦味的《茉莉香片》，说的还是华美但悲哀的香港城的传奇；8 月，在刊出《茉莉香片》的《杂志》月刊上，她抛出的却是活泼可亲的散文《到底是上海人》，早早地为她的第一本集子《传奇》作了广告："我为上海人写了一本香港传奇，包括《沉香屑·第一炉香》《沉香屑·第二炉香》《茉莉香片》《心经》《琉璃瓦》《封锁》《倾城之恋》七篇。写它的时候，无时无刻不想到上海人，因为我是试着用上海人的观点来察看香港的，只有上海人能够懂得我的文不达意的地方。"

她说："我喜欢上海人，我希望上海人喜欢我的书。"迫不及待、溢于言表。她是俗的，懂得小市民的心理，懂得推销自己。

然而，炎夏八月，《万象》月刊推出的《心经》，反响平平，这则上海传奇似乎晦涩了点，同时，《琉璃瓦》也遭厄运，被某杂志退了稿。

且慢！

9 月，《杂志》刊出《倾城之恋》，却如一枚重磅炸弹，重重地震撼了上海滩。这则上海—香港—上海—香港的传奇，让"张爱玲热"又一次升温。

11 月，张爱玲在《古今》半月刊刊出《洋人看京戏及其他》，在《天地》月刊刊出《封锁》，在《万象》月刊刊出《琉璃瓦》，同时，《金锁记》在《杂志》月刊刊出。

《金锁记》是又一枚重磅炸弹！寂寥的文坛却只有震惊，没人作出反应登出评论，像被张爱玲震得目瞪口呆了！

12 月，才华横溢的《更衣记》，妙趣横生的《公寓生活记趣》刊出；1944 年正月，长篇连载《连环套》在《万象》刊出，满是生活情趣的《道路以目》刊出；2 月，《烬余录》对乱世香港的追求中分明可见作者的思想深度和艺术功力，《年青的时候》刊出，作者自诩为最喜欢的小说；3月，《花凋》则以不动声色的悲凉攫住了世人的心，《谈女人》更以独特的视角、独到的见解让人刮目相看；《连环套》自然还在一环一环相勾搭解也解不开……

一发而不可收的张爱玲，如天女散花，一手撒出或短或中或长的小说，一手撒出或严谨或活泼的散文随笔，真让人眼花缭乱、目不暇接。

这太突兀了！太像奇迹了！

一个长身玉立、气度不凡的中年男子正咬着烟斗，凭窗而立，思忖着，慨叹着，为张爱玲和张爱玲的小说。

江南四月多雨，这夜却收了雨，天空有一形状不规则的月亮，模模糊糊毛毛茸茸。俗话说，月亮长毛，晴天不牢，明天又该下雨了。张爱玲喜欢连绵淫雨、喜欢月亮。不管窗外的月亮窗外的风雨怎样变幻，不管窗外民国替代清朝，军阀来来去去，乃至日寇蹂躏，倾国倾城，窗里的女人们总是做着情爱的梦。山腰梁太太的白房子、顽固用着老钟的白公馆、民初式洋房的姜公馆、川嫦的卧房、姚先生的家、封锁期的电车车厢……出演的是情爱与婚姻的戏剧。而一切之上，却有一只瞧不见的巨手张开着，不知从哪儿重重地压下来，压痛每个人的心房。

张爱玲的深刻、张爱玲的才气震撼了他。虽素昧平生，但她那文学、绘画、音乐、历史诸方面的才华分明咄咄逼人。这是一个天才。这是一个奇迹。

前些日子，一位旅华数十年的外侨与他闲谈时说起："奇迹在中国不算稀奇，可是都没有好收场。"

他不觉打了个寒噤。

不！他不能保持沉默，不管是谨慎的还是冷淡的缄默必须打破。是非好恶，不妨直说。说错了看错了，自有人指正——无所谓尊严问题。他决不愿外侨那两句话在张爱玲身上灵验！

他坐到书桌前，摊开稿纸，提起毛笔，流畅地写下去。

"在一个低气压的时代，水土特别不相宜的地方，谁也不存什么幻象，期待文艺园地里有奇花异卉探出头来。"

他停笔了。是的，许多优秀的作家去内地了，去香港下南洋了；留下来的进步作家受监视被拘捕，创办的抗日刊物被查封。蛰伏吧，默默地记录下这一切，待胜利后发表。李健吾、夏丏尊、郑振铎、师陀、钱锺书、杨绛、钱杏邨、魏金枝、许广平、柯灵等都是置身于这样的境况中吧。连大气中都弥漫着一种罪恶的毒雾的沦陷区，文坛自是凋敝呵。

却有"一枝红杏出墙来"。

是废墟上的罂粟花？

是摧枯拉朽的杜鹃花？

是或珠光宝气或鬼气森森的男女间的小故事小戏剧？

是人性情欲的撕掳拼搏？生命图案的描摹和探索？

一个骨瘦如柴的小老太太，穿一件青灰团龙宫织缎袍，双手捧着大红热水袋，身旁夹峙着两个高大的女仆。楼梯上铺着湖绿花格子漆布地衣，一级一级上去，通入没有光的所在。

一级一级，通入没有光的所在！

中年男子的脑海中浮现了这个女人的形象，他饱蘸墨汁，奋笔疾书。

这是《金锁记》中老了的曹七巧！让人直觉地感到那是个疯人。

她的行为，让人感到毛骨悚然的疯狂。

她仇恨媳妇芝寿。因为儿子娶了亲，就连这半个人她也保留不住了；她疯狂地折磨媳妇，媳妇气成肺痨而亡；丫头绢姑娘为她生了孙儿，扶了正，不上一年却也吞鸦片自杀了；儿子长白不敢再娶了，只在妓院里走走。

　　她还嫉恨自己的女儿。用疯子的审慎和机智活活拆散了30岁女儿的婚恋，女儿长安只能留下一个苍凉的手势。

　　这是怎样被扭曲的人格！变态的灵魂！

　　刽子手是谁？黄金的欲望！

　　这个七月里生的麻油店的曹大姑娘，有过青春的丰满，有过与肉店的朝禄的打情骂俏，可高攀了簪缨望族姜家，嫁给残废的二少爷，虽也生儿育女了，但守着的是一堆没有生命的肉体。她爱着小叔子季泽，可两人像捉迷藏似的，只是近不得身。她还没有啃到黄金的边！多少回了，为了要按捺她自己，她迸得全身的筋骨与牙根都酸楚了。她也是个有情的普通女人啊。情与欲是怎样地撕掳着！

　　等到丈夫过了，姜老太太过了，分家的一天到了。她哭闹叫吵大打出手，终于得到了15年的青春换来的钱！不，是她卖掉她的一生换来的几个钱。她以为她的心已死情已绝，可小叔子季泽又来撩拨她。细细的音乐、细细的喜悦，原来，还有今天！可是，他是哄她？他想她的钱？仅仅这一念她暴怒起来！她亲手毁掉了这情爱的一刹那的光辉！她曾爱过的男人成了仇人！可她却仍要在楼上的窗户里再看他一眼。情与欲的格杀中，欲杀了情。

　　她戴着黄金的枷。她用那沉重的枷角劈杀了几个人，没死的也送了半条命。情被扼杀，她扯上了这么多的无辜者乃至亲骨肉替她殉葬。

　　衰老了的她似睡非睡横在烟铺上。她挪了挪头底下的荷叶边小洋枕，凑上脸去揉擦一下，那一面的一滴眼泪她就懒得去揩拭，由它挂在腮上，渐渐自己干了。

她还有泪。这是一缕温湿的微风，抚弄着七巧墓上的野草。

她的惨史成了令人发指的故事，悲剧变成了丑史，血泪变成了罪状，还有什么比这更悲惨的呢？

中年男子被《金锁记》折服：这是一部深刻勾勒情欲、直视人性的悲剧、并且充满活力的小说。这是当今文坛最美的收获之一。

由衷的赞叹后，该是严厉的批评，不留情面的断喝。

因为《金锁记》的作者没有理由往后退。不能坐视她的优点把她引入危险的歧途，更不能听任新的缺陷去填补旧的缺陷。

他的清癯的长脸庞两颧已烧起红晕，夫人朱梅馥悄悄给他续上清茶，他呷了一口，又咬起了烟斗。

"夜深了，明天再写吧。"她轻声劝道。

他摇摇头。

夫人知道他执着、倔强、一丝不苟得近于刻板的脾气。那硕大的书案上放着一摞刊有张爱玲小说的杂志，除了九月期《万象》遍觅不得，只读到《心经》的上半篇之外，其余无一挂漏。

夫人又轻声劝道："批评委婉点呵，张女士可不是自家的聪儿呵。"

他笑了，轮廓过分清晰的五官显得线条硬直。他为人为文皆耿直，哪能说变就变呢？

夫人轻轻下楼为他做晚点。

他欣慰地望着她的背影。这幢普通的楼房里住着四口之家。聪儿、敏儿由他自编教材，订立日课。他不让儿子们去外间的小学，甚至不准他们去街头游玩，不要被沦陷区的毒气玷污了吧，他就是这样洁身自好；他不准孩子们挑食，不准使用自来水金笔，认定艰苦朴素才能教子成才；聪儿有音乐天赋，每天上午下午都得无休止地弹奏练习曲，有回聪儿忽地信手弹起了自编的曲子，严厉的父亲从楼梯上一级一级走下，儿子吓慌了，他却不掩饰自己的惊喜，让儿子一遍遍重弹刚才的自编曲，他用空白五线谱认真记下了曲调，他说：叫作《春天》！

未曾相识的张爱玲女士不是聪儿，可他读到《金锁记》时，就像听到《春天》似的惊喜。

可是才华最爱出卖人！

他不能人云亦云。他不为《倾城之恋》机巧、文雅、风趣、精致到病态的外壳所迷惑。《倾城之恋》的华彩胜过了骨干：两个主角的缺陷，也就是作品本身的缺陷。因为是传奇，情欲没有惊心动魄的表现。既没有真正的欢畅，也没有刻骨的悲哀。

他几乎是严厉痛斥《连环套》，认为内容贫乏，是一串五花八门、西洋镜式的小故事杂凑而成的。在扯了满帆、顺流而下的情势中，作者的笔锋"熟极而流"，再也把不住舵。他冷酷地断言：《连环套》逃不过刚下地就夭折的命运。

当然，没有《金锁记》，他决不把《连环套》批评得那么严厉，而且根本也不会写这篇文字。

是刺耳忠言，是严厉爱护，是毫不留情地扶植，谁解其中味？谁知此中对天才的痛惜珍惜之情？

张爱玲年轻的骄傲的心受得了吗？

夫人轻轻送上赤豆汤，轻轻地摇摇头。

他年轻时留学法国，学的专科便是艺术理论，又对古今中外的文学、绘画、音乐等各个领域拥有极渊博的知识，写文艺批评，自是深刻犀利。可他那与流俗的气氛格格不能相入的性情，无法与人共事。回国后曾从事美术考古和美术教学，但每每半途中绝裾而去，思来想去，给自己选择了闭门译述的事业，致力于法国文学的翻译介绍工作。近年来他绝少执笔文艺批评，既如是，何苦出头写张爱玲小说的批评呢？

文艺批评家的正直的良心，强烈的责任感吧。

洋洋万言的《论张爱玲的小说》终于杀青。

窗外曙色显示蟹壳青，倏地"沙沙沙"下起一场迅雨。

他提笔署名：迅雨。

他，是著名文学翻译家傅雷。

历经半个世纪后，《论张爱玲的小说》仍是一篇空前绝后、闪烁着真知灼见的批评文章。它与张爱玲的小说共存，依然故我地折射出当年上海文坛奇迹般的光彩。

因为，"文艺女神的贞洁是最宝贵的，也是最容易被污辱的。爱护她就是爱护自己。"

他，如严父良师般地批评张爱玲的小说，虽然他还只有三十五岁。

3

无独有偶。

1944 年 5 月，《万象》刊出迅雨的《论张爱玲的小说》，几乎同时，《杂志》5 月号刊出胡兰成的《评张爱玲》。

这是两篇视角切入、剖析准则，总体构架、情感风格迥异的最早的张爱玲批评文字。前者冷：冷峻的赞颂、冷酷的抨击；后者热：

热烈的讴歌、热切的崇拜。

但是两篇批评皆不约而同提到鲁迅。

迅雨认为："毫无疑问，《金锁记》是张女士截至目前的最完满之作，颇有《狂人日记》中某些故事的风味，至少也该列为我们文坛最美的收获之一。"

深刻中肯、恰如其分、无懈可击。

胡兰成则认为："鲁迅之后有她。她是个伟大的寻求者。和鲁迅不同的地方是，鲁迅经过几十年来的几次革命和反动，他的寻求是战场上受伤的斗士的凄厉的呼唤，张爱玲则是一枝新生的苗，寻求着阳光和空气。""鲁迅是尖锐地面对着政治的，所以讽刺、谴责。张爱玲不这样，到了她手上，文学从政治走回人间，因而也成为更亲切的。时代在解体，她寻求的是自由、真实而安稳的人生。"

言过其实，居心叵测？并非完全如此。他毕竟看准了张爱玲与鲁迅的同与异。同的是都犀利深刻地解剖了国民的劣根性，异的是鲁迅是伟大的勇猛的斗士，张爱玲则是一个又一个美丽的、苍凉的手势。

40 年后，夏志清教授亦推崇张爱玲女士为鲁迅之后第一人。

张爱玲，毕竟不是稍纵即逝的流星。

一年来，张爱玲女士是最为读者所注意的作者，但徒有一片"这太突兀了，太像奇迹了"的不着边际的慨叹。迅雨的《论张爱玲的小说》是近顷仅具的切实的批评文字，而胡兰成的《评张爱玲》却将一个真实又奇特的张爱玲推出。

《评张爱玲》——此中有人，呼之欲出。

"张爱玲先生的美，是这样一种青春的美。是以洋溢的青春之旖旎，照亮了人生；有如一枝嫣红的杜鹃花，春之林野是为她而存在。"

"张爱玲是跋扈的。因为爱悦自己，她会穿上短衣长裤，古典的绣花的装束，走到街上去，无视于行人的注目……"

"张爱玲是贵族。站在她跟前，就是最豪华的人也会感受到威胁，看出自己的寒碜，不过是暴发户。这绝不是因为她有着传统的贵族的血液，却是她的放恣的才华与爱悦自己，作为她的这种贵族气氛的。其实她是清苦到自己上街买小菜。"

他当是熟悉"张爱玲先生"的男人。

可不，《杂志》第六期刊出《评张爱玲》的续篇第三部分，开头就是：

"有一次，张爱玲和我说'我是个自私的人'，言下又是歉然，又是倔强。停了一会，又思索着说：'我在小处是不自私的，但在大处是非常的自私。'"

又写到她的一张照片，刊在《杂志》上的，是坐在池塘边，眼睛里有一种惊惶。"她笑说：'我看看都可怜相，好像是挨了一棒。'她有个朋友说：'像是个奴隶，世代为奴隶。'我说：'题目就叫逃走的女奴，倒是好'。逃走的女奴，是生命的开始，世界于她是新鲜的，她自个儿有一种叛逆的喜悦。"

他对她的散文与小说，似只作了浮光掠影的泛泛评点，但笔调是抒情的，词句是华美的，感情是炽热的。他称她的作品，"有一种古典的，同时又有一种热带的新鲜的气息，从生之虔诚的深处迸发出生之泼剌。她对于人生，恰如少年人的初恋"，"因为她的爱有余，她的生命力有余，所以能看出弱者的爱与生命的力的挣扎"。他最推崇的是她的《倾城之恋》，他两次提到"死生契阔，与子成说，执子之手，与子偕老"这一首最悲哀的诗，世界是荒凉的，并且太沉重了，得到的真实的人生注解是："可是总有地方容得下一对平凡的夫妻的。"

结尾再度升华："至此忽然记起了郭沫若的《女神》里的"不周山"，黄帝与共工大杀一通之后，战场上变得静寂了，这时来了一群女神，以她们的抚爱使宇宙重新柔和，她就是这样，是人的发现与物的发现者。"

有点肉麻，有点不怀好意，甚至可以说居心叵测。但有一点是真诚的：此时此刻，张爱玲先生是他心目中崇拜和爱慕的女神。

在五月如晦的风雨里，这个男子幽居南京丹凤街石婆婆巷 20 号，整日里与卫士的小孩打牌，只觉外面地老天荒，他的心头却空落落的什么也没有。

这是一个头较大、不太注重修饰的中年男子。在不少女人眼中，他是一个十足像男人的男人。用他自己的话说，他们新昌嵊县这荒瘠山地的男人，是用自己的命运来赌博的！

他的客厅前是半亩见方的一片草地，点缀着各色野花，没有大树蔽日，只在西墙根有一排红天竹。五月的风雨中，草地的绿仿佛一拥爬上了台阶，他的眼明亮了，也濡湿了……

那是去年 11 月的晴日，他收到冯和仪寄来的《天地》月刊。只是觉得和仪的名字好，便懒洋洋地搬过一把藤椅置草地上，边躺着晒太阳边翻杂志，仍有几分心不在焉。知冯和仪笔名苏青，是一个女子，走笔却大方利落。太阳洒满全院，草地枯黄，一片素朴中只有西墙根的红天竹，密密丛生着一簇簇的红果子，红得热烈，也红得沉重。他漫不经心读起了《封锁》。

"开电车的人开电车——"有趣，把电车轨道比喻成水里钻出来的曲蟮？用词新鲜，比喻巧妙。

"如果不碰到封锁，电车的进行是永远不会断的。封锁了。摇铃了。'叮玲玲玲玲玲'每一个'玲'字是冷冷的一小点，一点一点连成了一条虚线，切断了时间与空间。"

他的慵懒一扫而光，他的身体直直坐了起来，急切地贪婪地读下去，却又分外舍不得，像突然得到一份意外的佳肴，得细细地品味才不辜负它呵。

《封锁》中的吴翠远，二十五岁的生涯填充着好女儿好学生，眼下是大学里的好老师，她的生活没有错，然而不快乐；三十五岁的银行职员吕宗桢，本分得没有思想的他，整天就像乌壳虫似的爬来爬去。可是，在"封锁"期间——在这被切断了的空间和时间中，他突然向她调情，她虽胆怯怯却也加入了这场"恋爱"！不可思议却千真万确。原来她的灵魂渴求爱，他也一样。这戏剧化的短暂一幕随着封锁的解除眨眼也就结束了。整个的上海打了个盹，做了个不近情理的梦。

可是，虚中分明有真实，浮华的底色是素朴。

《封锁》的故事重重地拨动了他那根细腻又脆弱的心弦；《封锁》——这题目本身就让他咂摸出另一番滋味。身在沦陷区的人，谁没有经受封锁之扰？而心的封锁呢？

他这才急急看作者大名——张爱玲。一个极普通的女性名字，可他盯着这名字，自此不能忘。

他一遍又一遍地读，见了谁就让谁看，听到赞好，仍是心不足；他迫不及待去信苏青，只要是张爱玲的，便皆是好的。

《天地》又寄来了，又有张爱玲的《公寓生活记趣》。他心田的一隅变得柔和湿润。这个张爱玲，小说好，散文更好。她把事事物物养在水盂里，如同雨花台的小石子。一切变得精致、明朗而关切，她拆卸了戏剧化的装饰，把人间和人类的感情揩拭干净，告诉人们发现生活的美，抓住一点真实而安稳的东西。他，焦灼急切地想走进她的"公寓生活"，他要认识这个奇女子！

早春二月，苏青又给他寄来了《天地》第四期。张爱玲又有散文《道路以目》，同时登有她的照片——严肃得一丝不苟的头像，没有狂傲，更没有娇媚。无一丝笑意的脸上展现着平淡。

可是，他喜欢。他一回又一回傻里傻气地高兴，却不问问与己有何干系？枯黄的草地已爆出嫩黄娇绿的新芽，他要去见张爱玲，与她相识相知。

其实，他与张爱玲神交也算太晚了。他太孤陋寡闻了。他太权迷心窍了。他的家眷安顿在上海大西路美丽园，差不多每月他都要从南京去上海住上八九天，可他竟不知出了个张爱玲！不知她的成名作《倾城之恋》和《金锁记》！亏他还是个玩文字者。

输光了的男子渴求女神的抚爱，而女神却仍是个普通的女子，渴求被爱，需要崇拜和爱一个男人。

《评张爱玲》《论张爱玲的小说》略短，却也是洋洋万言之作。不管怎么说，一炽烈、一冷峻，也算不同凡响地拉开了张爱玲批评的序幕，颇具影响力。

4

出名的开始即热闹。张爱玲也不能脱俗。

1944 年 8 月 26 日，出版发行小说集《传奇》的上海杂志社在康乐酒家召开《传奇》集评茶话会。

下午 3 时，张爱玲上着橙黄色绸衣，下系蓝绿裙子，头发在鬓上卷了一圈后长长披下，表情依旧淡淡地来到了康乐酒家。与往常不同的是，她这次戴了一副淡黄色玳瑁眼镜，唇上也搽了口红，于是，那沉静而庄重的风度中透出热烈和隆重。

陪着她一道来的是个锡兰女子，个头小而丰满，一派天真活泼。大红的上衣，白色的短西裤，手上戴着图案式象牙手镯，棕黄肤色的圆脸上有对黑溜溜的会撒娇的眼睛。整个的热带风味，恰如张爱玲给她取的名字：炎樱——炎夏中的樱桃，热烈绚烂、娇小可爱。她却不甚喜欢这名字，要恢复原来的名姓"莫黛"，"莫"是姓的译音，"黛"是皮肤黑；但她又从阿部教授那里，发现日本古传说里有种吃梦的兽叫作"獏"，就改"莫"为"獏"，她本来就像个有角的小兽嘛，可"獏黛"听起来像"麻袋"，或是"毛头"，所以又改为"獏梦"，可又有点像"獏母"！还是炎樱吧！这个水银般活泼的女子却是张爱玲形影相随的永恒的朋友，仿佛是为了证实张爱玲的"一种参差的对照"之美。

主持集评茶话会的是杂志社的鲁风和吴江枫。主编鲁风本名刘慕青，忙碌不已的样子，茶话会只开了半个钟头他就匆匆告辞了。

西东两边围桌而坐的应邀前来的文客全是男士！穿中服的钱公侠先生，前云南大学教授袁昌先生，写报告文学出名的尧洛川先生，仪表堂堂会演剧的谭惟翰先生，架着眼镜的陶亢德先生，哲非先生，南容先生，新进作家谷正櫆先生，爱说俏皮话的实斋先生，还有撰写了《中国女性文学史》和编撰了《近代中国女作家小说选》的谭正璧先生。

此外，周班公和柳雨生因事未能出席，却都送来了书面发言。

众星捧月。

每个出名的女人身后都有着男人们的支撑吗？

可惜，与会者并不都是上海滩文坛的一二流人物！而且，杂志社的背景后台是日本人。

可是，此时此地，怕也只能有这种色彩的茶话会吧？

受到邀请的女作家只有一位：其时与张爱玲齐名的苏青。

苏青稍稍晚来了几分钟，新烫过的头发做成有条有理的发式，头顶一个发卷做成的"V"形，像是胜利女神。结实利落的身材着一件绿底白花旗袍；无可批评的鹅蛋脸上修眉俊目，五官线条虽不硬却给人一种硬的感觉，因而有种男孩的俊俏，加上说话无遮无拦，快言快语利嘴利舌，浓郁的宁波腔像是一挺嗒嗒嗒开火的机关枪。

她的出现让男士们各怀表情地一笑。

或许想起了她的语不惊人死不休："饮食男，女人之大欲存焉"；

或许想起了她那刺耳却实在的呐喊："我敢说一个女子需要选举权、罢免权的程度，决不会比她需要月经期内的休息权更切；一个女子喜欢美术音乐的程度，也决不会比她喜欢孩子的笑容更深……"

或许想起了小报最近对她的丑化：苏青像娘姨。

可不管怎么说，男人们乐意与她相处，因为与她相处，从不觉得欠她什么；她呢，为女人嗷嗷呐喊的她却不习惯与女人相处，应了"同性相斥"；但她偏偏就服了张爱玲！在公众场合，敢无所顾忌地嘲讽一代骄女冰心，又敢无所顾忌地宣称："女作家的作品我从来不大看，只看张爱玲的文章。"

这个三十出头、离婚已两年的苏青也的确算得上上海滩的"女强人"：9年前以处女作《生男与育女》引起文坛侧目，眼下又以自传体的长篇小说《结婚十年》轰动上海；又任中华联合制片公司编剧、天地出版社发行人，主编《天地》月刊，真正的职业女性。不甘寂寞的她还担任时下上海特别市政府专员、中日文化协会秘书，她是有点心眼往政治上靠的，要不也不会巴巴地给胡兰成寄《天地》，自然这种污秽的政治油彩让她永远洗刷不清。

她与张爱玲是不同的。

但她与张爱玲毕竟是好友。

这回，她却停了机关枪，只在名片上刷刷刷写好，尔后吴江枫代她念出："我读张爱玲的作品，觉得自有一种魅力，非急切地吞读下去不可。读下去像听凄幽的音乐，即使是片段也会感动起来，她的比喻是聪明而巧妙的，有的虽不懂，也觉得它是可爱的。它的鲜明色彩，又如一幅图画，对于颜色的渲染，就连最好的图画也赶不上。也许人间本无此颜色，而张女士也可以说是一个'仙才'了。我最钦佩她，并不是瞎捧。"

她写出的是由衷之言，却不精彩。

所以，张爱玲后来会说："我想我喜欢她过于她喜欢我，是因为我知道她比较深的缘故。那并不是因为她比较容易懂。"

倒是中国话语不很流畅的炎樱说得精彩："她的作品像一条流水，是无可分的，应该从整个来看，不过读的人是一勺一勺地吸收而已。"她启口于茶话会即将结束的时刻，成了一段优美而深刻的结语。

这期间，十余位男士的发言，既无迅雨批评的深刻，又无胡兰成评述的特色。

一派赞叹：妙极。"横看成岭侧成峰。"喜欢她的"矜持"，佩服她的炼字炼句的功夫。制造气氛的手腕很高。"苍凉""悲凉""荒凉""冰凉"散发出淡淡的哀怨。用词新鲜。色彩浓重。比喻巧妙。

描写心理变态深刻。像花雕酒陈而香。

张爱玲只是平静地，淡淡地听着。

一致肯定：张爱玲的文体笔法，既受中国古典名著《红楼梦》《金瓶梅》的影响，又有毛姆小说、《红与黑》等的西洋情调，宛若以中国画法画西洋画，中西合璧，天衣无缝，她的文体，在中国的文学演进史上，是有她一定的地位的。

张爱玲只是平静地、淡淡地听着。

当周班公的书面发言中提及《琉璃瓦》的原稿，他曾"奉命"退还时，她依然只是平静地、淡淡地听着。事后却声称：她自己最不惬意的是《琉璃瓦》和《心经》，前者有点浅薄，后者则是晦涩。

当临阵磨刀、边开会边翻阅《传奇》的陶亢德，从眼镜上方射出挑剔的目光，说作者将30年前的月亮比喻成朵云轩信笺上的一滴泪珠，是玩弄文字，说荣宝斋的信笺又有何不可以时，她依然只是平静地、淡淡地听着，不置一词。

直到隔一天，会议记录朱慕松与她通话时，又提及朵云轩、荣宝斋时，她对这近于吹毛求疵的意见才淡淡回答："刚巧我家里一向是用的朵云轩信笺，所以根本不知道还有荣宝斋等也出信笺。"

她，就是这样沉稳、谦逊、高贵又平淡的千金体、大家风范。

可如果以为她胸襟似海，能广纳一切批评的话，那可大错特错了。迅雨的《论张爱玲的小说》5月发表，7月，上海新东方杂志就刊出了张爱玲的《自己的文章》。可以说是她对迅雨的毫不退让的答复，也是自己文学创作的宣言书。

当然，她并不知道迅雨即傅雷。但就怕即使知道她也不会手软语婉的。也许不识好歹，但终究是坦率的。是傲傲然的贵族气？还是"初生牛犊不怕虎"？总之，她是这样的理直气壮，这样的放恣、跋扈！

她很年轻，只有二十三岁。

她正在恋爱，诚如她自己所说："我以为人在恋爱的时候，是比在战争或革命的时候更素朴，也更放恣的。"

张爱玲不这样，也就不是张爱玲了。

8月26日的《传奇》集评茶话会，虽是质量平平的捧场，但众星捧月般的赞叹，经销人南容先生的诚恳感谢，实斋先生的插科打诨、陶亢德的节外生枝、苏青女士的一反常态……却也让这个茶话会开得兴兴头头、热热闹闹。

张爱玲——烙刻进现代文学的名字。

倾城之恋

在这不可理喻的世界里，谁知道什么是因，什么是果？谁知道呢？也许就因为要成全她，一个大都市倾覆了。成千上万的人死去，成千上万的人痛苦着，跟着是惊天动地的大改革……流苏并不觉得她在历史上的地位有什么微妙之点。

5

《评张爱玲》开篇即是：

"张爱玲先生的散文与小说，如果拿颜色来比方，则其明亮的一面是银紫色的，其阴暗的一面是月下的青灰色。"

又说："她所寻觅的是，在世界上有一点顶红顶红的红色，或者是一点顶黑顶黑的黑色，作为她的皈依。"

他，就是张爱玲生命中无法抹去的一抹阴暗的青灰色，是她寻觅到的一点顶黑顶黑的黑色。这是怎样的皈依！

她并非单纯幼稚到一点也不懂政治，尽管她为人为文尽可能淡化和远离政治；可恋爱的她是放恣的，无法瞻前顾后，她是不顾一切的。

那时间，他怕是真心地喜欢她。

她也一样。

她出名了。她恋爱了。

然而，痛快跟随而来的是痛苦，执着之中涌动的是迷惘，在这9月底的黄昏，她的步履不再像8月那般轻飘，而煌煌的太阳也从热辣亮丽中透出温馨与苍凉。

爱上了一个不应该爱的人！爱却使她平淡的表情添了忧悒，平常的脸庞增了妩媚。

这个有妻室儿女的男人离婚了。妻子与他离异的那天，他上她家竟然落了泪！她貌似无动于衷，可是她知道她得抉择了。原以为浪漫又苦涩的婚外恋会遥遥无期，没想到刹那间就要有个结果！"死生契阔，与子成说；执子之手，与子偕老"。她想象着古时候的盟誓，是投进水里去的，有一种哀艳的光。

她的恋爱走到了最放恣也最委屈的顶峰。

"张爱玲！张爱玲！"一群小女学生跟着她，喊喊喳喳喊着，几个大一点的大胆地超到她前面，频频回头好奇地上下打量。

她脸红了，可还得报以微笑。

若是遇上成群的女中学生，那会拦着她要她签名；还有手里卷着一本杂志的绅士模样的男子，跟在她身边转悠："呜，哟，哪，张，小，姐，喂，呀，啊"，那摇摇晃晃的中国话真不知他是否是国人；还有冒昧写信来崇拜她的人……唉，这种事遇多了，不只是没有兴奋，而是尝到了出名的烦恼。

她不太敢像以前那样，随心所欲穿着奇装异服招摇过市了。

她身上是件极普通极素雅的碎花旗袍，胁下夹个报纸包。报纸包里是再版的《传奇》。初版 8 月 15 日。不到五天，即已售罄，创出版界之新纪录；9 月 25 日再版，销售仍呈盛况。

张爱玲，红遍了上海滩。

张爱玲，迅猛地登上了创作的最灿烂也最荒凉的高峰。

她的思想背景里有着惘惘的威胁。因为有一天我们的文明，不论是升华还是浮华，都要成为过去。

虽然她有理直气壮的《自己的文章》。

虽然她理直气壮地宣称："我不喜欢壮烈。我是喜欢悲壮，更喜欢苍凉。壮烈只有力，没有美，似乎缺少人性。悲壮则如大红大绿的配角，是一种强烈的对照。但它的刺激性还是大于启发性。苍凉之所以有更深长的回味，就因为它像葱绿配桃红，是一种参差的对照。"

虽然她理直气壮地辩解："我的小说里，除了《金锁记》里的曹七巧，全是些不彻底的人物。他们不是英雄，他们可是这时代的广大的负荷者。因为他们虽然不彻底，但究竟是认真的。他们没有悲壮，只有苍凉。悲壮是一种完成，而苍凉则是一种启示。"

但是，她的小说创作却分明出现了梗阻。长篇连载《连环套》在《万象》刊布出第六期，随即夭折；其客观原因，是因为一千元稿费之争，张爱玲与《万象》老板平襟亚生出不愉快；但实质上，迅雨的《论张爱玲的小说》已败了张爱玲再接《连环套》的情绪，张爱玲认输了，尽管她在《自己的文章》一文里花了一半的篇幅为《连环套》辩护！她是自行腰斩了《连环套》的。这期间，她推出了中篇力作《红玫瑰与白玫瑰》，依旧是男女间的小事情，依旧没有战争，也没有革命，的确是用参差的对照的手法写出了现代人的虚伪与真实。但除此，别无其他小说，却撒出了一系列清丽至极的散文。

人们赞叹：张女士的小说好，散文更好。

可是，她自小钟情的是小说呵。而且这赞叹话中有话，难道她的小说已走到末路？！

不。她毫不掩饰她对迅雨批评的恼怒，而对胡兰成的评述，心存感激：因为懂得，所以慈悲。

也许，迅雨的苛刻严厉，是女人无法领情的鞭策，过热过冷，都是伤花木的。

恋爱着的人呵，就像在发着高烧。

"克林，克赖，克赖，克赖！"电车愉快又疲乏地打着哑嗓子的铃进站了，她随着拥挤的人群上了电车，再看一眼这清如水、明如镜的秋天，她应当是快乐的呵。

电车轨道像两条光滢滢的、水里钻出来的曲鳝，抽长了，又缩短了；抽长了，又缩短了，永无止境。

车里面的搭客挤得歪歪斜斜，害怕接触人的她，在这人挤人却都旁若无人的小天地里，却有着初恋的真诚和喜欢。

她喜欢乘电车乘公共汽车，感受着"人在旅途"的淡淡忧伤；她喜欢偷听搭客的谈话，甚至不用经过一点裁剪和润色，就是绝妙的散文随笔；她喜欢观察搭客的表情举止，一个偶然投来的流盼，两行潸然而下的男人的泪，都激活了她的创作灵感，点燃了她的创作激情。

《封锁》，以电车作背景的独幕剧，闹哄哄的场景，却散发着细腻娇嫩的气息——是他锁住了她？还是她先锁住了他呢？

《茉莉香片》中，徐徐驰下山来的公共汽车上，开车的身后站了一个人，抱着一大捆杜鹃花。人倚在窗口，那枝枝丫丫的杜鹃花便伸到后面的一个玻璃窗外，红成一片。再苦涩的故事，也还有美的点缀和向往吧！

《年青的时候》，年青的汝良迎着太阳骑着自行车，把手按在疾驰的电车上，跟着电车飕飕跑——人生最可爱的当儿便在这飕飕跑中吧？

《年青的时候》，年青的汝良在微雨的傍晚搭电车从学校归家，在车上翻阅那本日不离身的德文教科书，教科书怆然告诫着："不论什么事，总不可以大意。不论什么事，总不能称自己的心意。"而细雨的窗外，电影广告牌赫然三个字："自由魂"——年青人的天是没有边的，年青人的心飞到远处去，可世界这么大，他们必得找点网罗牵绊吗？

她自己最喜欢的就是《年青的时候》，可很少有人喜欢它。谁解其中味？

只有年青人是自由的。年纪大了，便一寸一寸陷入习惯的泥沼里。不结婚，不生孩子，避免固定的生活，也不中用。孤独的人有他们自己的泥沼。

只有年青人是自由的。知识一开，初发现他们的自由是件稀罕的东西，便守不住它了。就因为自由是可珍贵的，它仿佛烫手似的——自由的人到处磕头礼拜求人家收下他的自由。

……

她怕就要结婚了……从此，她也一寸一寸陷入习惯的泥沼里了吗？

7年前，她在圣玛利亚女校毕业年刊的调查栏中，对"最恨"的回答是："一个有天才的女子突然结了婚。"

她的手吊在皮圈上，她眼下最恨自己吗？每个人和自己的心距离最远吧？人是最拿不准的东西呵。

她感觉到腿上有硬硬的东西抵着，哦，是孩子的脚底心，小小的老虎头红鞋包着的柔软而坚硬的脚——这至少是真的呵。

老虎头红鞋。奶妈鼓胀胀的胸脯。一只手高高擎起的油浸浸的熏鱼。报纸包着的菠菜包子。正被啃着的蟹粉馒头。男人被夕阳映红了的鼻尖下的软骨。女人的香味。爱司头。玳瑁眼镜。白色的雪克斯金细呢西装。白洋衫滚一道窄窄蓝边类讣告式的旗袍。短裤与长筒袜之间露出的木渣渣的黄膝盖。叽叽喳喳的话语。像七八个话匣子同时开唱……这是一片混沌、没有系统、却分明真的现实呵。

也许，人生的意义全在这些不相干的东西里？她得设法除去一般知书识字的人咬文嚼字的积习，从柴米油盐、肥皂、水与太阳之中去找寻实际的人生？

如果没有空袭警报的凄厉笛声，没有大报小报无线电中传播出的真真假假的战讯，没有糊在玻璃窗上的方格子斜格子重重叠叠的防空纸条，没有凶恶晃动而过的宪兵军警的尖顶帽，没有骤然而起的封锁摇铃声切断了时间空间……人们怕会忘了这乱世，活在乱世却又常常忘了乱世的人们呵，只是浑浑噩噩地沉下去沉下去……

这时代，旧的东西在崩坏，新的在滋长中。人们只是感觉日常的一切都有点儿不对，不对到恐怖的程度。人是生活于一个时代里的，可是这时代却像影子似的沉没下去，人觉得自己是被抛弃了。为要证实自己的存在，得抓住一点点真实的东西！

在这兵荒马乱的时代，个人主义者是无处容身的，可是总有地方容得下一对平凡的夫妻。

她不敢正视，她与他都是不平凡的。一个被赞之为天才奇女，一个被斥之为文化汉奸。

"克林，克赖，克赖，克赖！"电车愉快又疲乏地打着哑嗓子的铃进站了。她到站了。

下车的一刹那，她听见亲切的呼唤："张爱玲！张爱玲！"

两个坐在车门旁的少妇，举着打开的《传奇》，惊喜地认出了她——再版《传奇》里有她的照片呗，陌生又亲切的少妇呵。

车开走了。她的手摩挲着报纸包里的《传奇》，再版的封面改用了炎樱设计的：像古绸缎上盘了深色云头，又像黑压压涌起了一个潮头，轻轻落下许多嘈切喊嚓的浪花。细看却是小的玉连环，有的三三两两勾搭住了，解不开；有的单独像月亮，自归自圆了；有的两个在一起只淡淡地挨着一点，却已经时过境迁……

炎樱只打了草稿，是她心甘情愿地像描红一样一笔一笔临摹了一遍。生命也是这样的罢——它有它的图案，她唯有临摹。

她的天才梦，她的乱世恋，难道也各有它的图案，她唯有临摹？

她不知道。

她只知道，他又该从南京回来了。

6

秋风秋雨到南京比到上海早。

胡兰成撑一柄黑洋伞，拎一只黑公事包，独自出了丹凤街石婆婆巷 20 号。

他没有回眸，虽然有可能再也不回这里了。

他的家安置在上海大西路美丽园，每个月他都要从南京回上海住上八九天；这里，简单清寒得如同单身中学老师的宿舍。男友来了，他可随便留下住宿；可吴四宝遗孀佘爱珍来南京游中山陵，带着侍从沈小姐来看他，他却局促不安，以为这样的客厅与她诸般不宜。

他就是这样，貌似洒脱，实则自卑。

在这古韵幽幽的小街里巷踽踽独行，风声雨声脚步声，声声入耳！

走到巷口，他止不住回眸，毕竟有流连，小院留下了张爱玲的记忆——与她神交之地呵。十年二十年，不，一辈子也忘不了。那西墙根一排红天竹，又坠满了累累的玛瑙红的果实，生命真是娇弱又倔强、丰富又沉重呵。

他对张爱玲的情是真的。

悲凉的秋雨夜，他要再一次踏访张家南京的老宅。是思古？是忧今？大概他想象着自己变成只玉连环，与民国才女张爱玲，"清流党"张佩纶，还有赫赫有名的李鸿章勾搭住了，再也解不开？

张家老宅，一边是洋房，曾做过立法院，已遭兵燹，空留形销骨立的支架；正宅则是旧式建筑，已完全成了瓦砾之场，废池颓垣，唯剩月洞门与柱础阶砌，从那用料硕大、石刻柱础造型庄重、花饰的华丽精细中，依稀可辨当年花厅亭榭华美气派之迹。

这就是当年张佩纶与李鸿章爱女李菊耦居家过日子之地。

他撑着雨伞，久久伫立于瓦砾之地。

李鸿章今安在？张佩纶李菊耦今安在？

这是一页破碎而沉思的历史。

想当初，李鸿章何其显赫，张佩纶又何其尊贵。

张佩纶，字幼樵。籍贯河北丰润县（现河北唐山丰润区），却于 1848 年生于杭州，长于苏州。北方人滋润了江南灵秀，才学过人，抱负远大，同治辛未翰林，先任翰林院侍讲学士，后任都察院左副部御史。他爱着一袭竹布衫，与宝廷、吴大澂、陈宝琛诸君高谈气节、评议朝政、弹劾贪奸，煞有锋瓦；也爱饮酒吟诗、围棋狎妓、风流倜傥，是清流派中著名人物。

1883 年 12 月，中法战争爆发，李鸿章力主和议妥协，张佩纶则慷慨激昂坚决主战，于是被派赴福建会办海防，初到时也想有番作为，可无人理睬没有支援，他不觉重现名士派风度，饮酒狎妓、逍遥作乐。1884 年 8 月，法舰突然向港内的中国军舰发动了袭击，清朝水师方拔锚迎战，福星舰、振威舰等十一艘军舰在战斗中被击沉，水师官兵伤亡七百多人，马尾船厂亦被毁，这就是历史上惨痛的"马尾战事"。清政府得到法军袭击马尾军港的报告以后，才下诏向法国正式宣战。同年 10 月，法军进攻台湾基隆，进犯台北……

张佩纶壮志未酬，以玩忽职守之罪名，被革职充军，贬至热河七年。这期间原配朱班香病殁，落魄潦倒的张佩纶倒也潜心读书，作《管子注》二十四卷，《庄子古义》十卷。宦海浮沉，奈何！

张佩纶罚满释归京师，却被李鸿章收为幕僚。是身居高位者不计前嫌、收买人心之举？是久经官场深知其险恶莫测者动了恻隐之心？还是"马尾战事"中他原本负有不可推卸的责任？况且他与张佩纶的父亲张印塘原是知交，张佩纶的母亲去世时他也曾赠银千两，张佩纶充军期间，他亦解囊相助。这个众说纷纭的李鸿章呵。

李鸿章，道光丁未翰林，为肃毅伯、文华殿大学士。号少荃，1823 年生于安徽合肥东乡之大兴集，是一位有宏才远志的人物，清政府洋务派的中坚人物。1862 年，他在上海设立制炮局；1865 年，又在上海设立江南制造总局；1874 年，洋务派开始筹划海防；1884 年，海军初具规模，第二年设立海军衙门，便由醇亲王和李鸿章主持；1888 年，李鸿章将北洋海军扩建为舰队，并修建旅顺船坞和威海卫军港……他在励精图治、重振国威？可那一纸与外国签订的退让卖国的和约上，却常常签署李鸿章的大名！是货真价实的卖国贼？还是生不逢时、回天无术？

胡兰成在作怀古之思，潜意识中却在作自我辩护。陷在泥沼中的人总是疯了般想抓住点什么，哪怕徒劳。他徘徊月洞门旁，止不住手扶冰凉透湿的青石，峰回路转，半个世纪前张佩纶的故事结局也是一出"倾城之恋"！

一日，李鸿章有点感冒，忽要请张佩纶去商量件公事，张佩纶一径往上房而来，一脚跨进房门，眼前一亮，只见床前立着个不长不短、不肥不瘦的小姑娘，眉长而略弯，目秀而不媚，鼻悬玉准，齿列贝编——李鸿章钟爱的三女李菊耦！李菊耦羞答答道了福，就转身如飞逃进里间。而桌上一本锦面的书上写着《绿窗绣草》，张佩纶止不住偷偷翻看，见着二首七律，题为《基隆》：

> 基隆南望泪潸潸，闻道元戎匹马还！
> 一战岂容轻大计，四边从此失天关！
> 焚车我自宽房琯，乘障谁教使狄山。
> 宵旰甘泉犹望捷，群公何以隐龙颜。

情词悱恻，议论和平，竟出自20岁的李菊耦之手。张佩纶触目惊心，叹声知己了。

第二首更出色：

> 痛哭陈词动圣明，长孺长揖傲公卿。
> 论材宰相笼中物，杀贼书生纸上兵。
> 宣室不妨留贾席，越台何事请终缨！
> 豸冠寂寞犀渠尽，功罪千秋付史评。

张佩纶怦然心动、泪落衣襟！

张佩纶即托人去求婚，李鸿章不顾妻子反对，一口应承下来。自然，是小女先相中的。

《孽海花》中如是说。只是李鸿章代以威毅伯，张佩纶代以庄佑培、字仑樵，李菊耦成了李祖玄。是实情？是杜撰？真实的是二十岁的李家千金做了年过四十的张佩纶的续弦。

秋风秋雨，黑漆漆的废墟寥廓凄迷。胡兰成仍流连忘返。几十年前这里却满是人的暖气，有诗酒唱和百般恩爱，有红袖添香陪伴读书，有同辈友人张之洞、吴大澂、盛宣怀等人或经过或特意来南京此地晤见，庭院深深深几许，故人樽平生，张佩纶曾悲歌慷慨、泣泪数行下！张之洞官至军机大臣、体仁阁大学士，吴大澂为湖南巡抚，盛宣怀是邮政部尚书，他呢？或许是因为翁婿得避嫌，张佩纶得了佳人却断了仕途，而一个男人隔绝了功名事业，虽有家室之欢，终也是寂寞的英雄末路吧？

1900 年，八国联军侵占大沽，昔日慷慨激昂有胆有勇的他却也主张勤王和戎。1901 年，52 岁的张佩纶北上，协助李鸿章签订了丧权辱国的辛丑条约，事毕回到南京。三年后，张佩纶悄然辞世。

张佩纶的人生浮沉，也慷慨也苍凉，也风流也寂寞，志士乎？名士乎？空留《孽海花》中情缘一段。

可不管怎么说，无论历史还是现实，对男子都分外地宽容。备受挫折、落魄潦倒的男子，命运女神总不忘给他掷绣球，天底下偏有这么多痴情的傻女子！

他感叹起张爱玲！他在南京下狱时，从未谋面的她，居然懵懂地想有什么法子可以救他！她是这样的幼稚可笑，却又分明纯情忘我！

他不敢比拟张佩纶当年，而张爱玲的血管里流淌的，怕是与祖母同样的血型。叛逆血液？

张家对这段野史讳莫如深。严正辩明幕僚不可能在签押房撞见东翁的女儿，那诗也非东翁女儿所作。

张爱玲的姑姑对这野史也微窘难言："怎么想起来问这些？"父亲去世时她还小，但她不喜欢父亲，以为母亲漂亮，父亲相貌不配。张佩纶大概不像《孽海花》中所描述的：方头大耳很气概。

张爱玲却喜欢从未见过的祖父，也不掩饰对祖父祖母的好奇，几回碰壁后，养成了下意识的习惯，一看到关于祖父的野史就马上记得，一归入正史就毫无印象。

她却不怀古。祖母的一只玉镯子，李鸿章出使西洋得来的小玩意金蝉金象连同祖母做女儿时的照片——这些，就让张爱玲解脱了兴亡沧桑之感。

她也不沉醉。她能默写出祖母的那首"情诗"，却又说她祖母并不是怎么会作诗，这一首也是她祖父改作的。她就这样调皮地破坏佳话。

她就这样，在传奇里面寻找普通人，在普通人里寻找传奇。

所以，她写出了《倾城之恋》。

而她自己，不也在出演一出乱世之恋吗？

"死生契阔，与子相悦，执子之手，与子偕老"！张爱玲会答应他的求婚吗？

张爱玲来信说："我想过，你将来就只是我这里来来去去亦可以。"

模棱两可，朦胧中却不乏希望。

他的心，怕已飞到了她的住所。

7

静安寺路赫德路口 192 号公寓 6 楼 65 室。

这是张爱玲与姑姑张茂渊的分房同居室。

准确地说，这里只是姑姑的家。当初是张茂渊和爱玲母亲黄逸梵共租的居室，战时爱玲母亲去了新加坡，而爱玲从香港辍学归来，就住进了这幢六层楼状似军舰的气派公寓。拿她自己的话说，姑姑"对于我们张家的人没有多少好感——对我比较好些，但也是因为我自动地黏附上来，拿我无可奈何的缘故。"

这套居室，有洁净精致的客厅，有通向阳台的一长排窗户和落地玻璃门，有瓷砖浴盆，有煤气炉子，居家过日子是惬意的。

母亲走了，可姑姑的家留有母亲的空气，纤灵的七巧板桌子，母亲喜欢的轻柔的颜色；母亲的衣服，秋天的落叶的淡赭，肩上垂着淡赭的花球，永远有飘坠的姿态；她居住的西室，仍是母亲出国前的布置，家具陈设虽简单，但有一种现代的新鲜明亮，一种华贵之气。

可是，母亲久无音讯，只听说从新加坡又去了印度还是南洋，这里，只不过是姑姑的家呵。

可她就在姑姑的家中书写卖文、成名扬名了；而且就在姑姑的家中初恋热恋，进而成家立业么？就像苏青自嘲的那样：谋生又谋爱？

那是春天的早晨，门铃响了，并传来一个男子低沉清晰的声音，想见张爱玲先生。她没有理睬，她是不见人的，何况是陌生的声音。

那门洞里却窸窸窣窣塞进了一张纸条！

俄顷，有沉稳的敲响走廊地砖的脚步声渐渐远去。

她捡起了白色纸条，寥寥数语，称她为张爱玲先生，自称是从南京慕名而来的读者，却又留下上海家中电话。落款：胡兰成。

她猛一下拧开了房门把手，却又只是轻贴着房门，没有了脚步声，他走远了，下楼了，她莫名地感到失落。

胡兰成。她知道这名字，并不是因为他常在报刊上发表论说，她不看这些装腔作势的文章，她爱看小报，大报最多关心户口米户口粮。

胡兰成。是苏青传递过来的名字。苏青给她看胡兰成的信，胡兰成询问苏青，这张爱玲是何人？苏青麻辣爽快地说："我给你回答了：是女子。"

胡兰成下狱。又是苏青传递过来的信息。她便懵懵地与苏青一块去了周家，想有什么法子可以救这个胡兰成。仅仅是因为动了怜才之念？还是因为对这个未曾谋面的男人心存知遇之恩？

捏着这张纸条，她不知该怎么办？请教姑姑，对时事亦不研究的姑姑沉吟片刻：出于礼数，回拜一次吧。

隔了一天，午饭后她拨通了电话。胡兰成在上海的家，离她住处不远。她步行于大西路上，只见树影车声、商店行人，心头却有种莫名的喜悦：现代的东西纵有千般不是，它到底是我们的，于我们亲。

胡兰成在美丽园的客厅里焦灼地等着她。

张爱玲来了。

两人是初次见面，竟彼此被震住了，只有一个字：惊。

她像在听山西梆子。拉胡琴的一开始调弦子，就有一种奇异的惨伤，风急天高的调子，夹着嘶嘶的嘎声。天地玄黄，宇宙洪荒，塞上的风，尖叫着为空虚所追赶，无处可停留。"侉！侉！侉！"一下一下不容情地砸过来，脑子里的许多东西渐渐地都给砸出来，连脑髓都要砸出来，剩下的只有最原始的：一个男人和一个女人。

他滔滔不绝，卖力又吃力。他纵横捭阖，批评今时流行作品；他宏观微观，评点她的文章好处长处；他诉说他在南京的处境遭遇，他直通通问她每月写稿收入……没有控制没有节制，在她面前，他才如此分明地有了他自己；这还不够，他急咻咻地一步就要走进她的具体的生活中吗？

大概他和她突然想到他俩还是第一次见面，可两人竟是这样地近。

她回到了公寓。

姑姑只是无话找话：回来了？

夜深了。她还在灯下看书，却没有看进一个字。她觉得脸上烫得厉害，那么，分手时她的脸一定红得厉害。

她与他恋爱着了？！

她从来没有和何人恋爱过，就连追求她的人好像也没有过。因为没恋爱过，不知道怎样就算是爱上了！没恋爱过的她，写起恋爱来却头头是道：

"恋爱着的男子向来是喜欢说，恋爱着的女人向来是喜欢听。恋爱着的女人破例地不大爱说话，因为下意识地她知道：男人彻底地懂得了一个女人之后，是不会爱她的。"

"而且，如果一个女人必须倚仗着她的言语来打动一个男人，她也就太可怜了。"

那么，美丽园重复了一幕恋爱？

不！她不要！

她的初恋不能也不应该是这样一个男人！有妻室儿女成群姑且不论，他可是国人唾骂的文化汉奸呵，哪怕他在南京下过狱。

可她无法驱逐他的影子，黄昏刹那间的特写已摄进她的脑海。

离家不远的军营里的喇叭吹起了熟悉的调子。几个简单的音阶，缓缓地上去又下来，在这鼎沸的大城市里难得有这样简单的心。不知为什么，声音极低，绝细的一丝，几次断了又连上。莫非根本没有喇叭，只是自己听觉上的回忆？于苍凉之外还感到恐惧。

可是这时候，外面有人响亮地吹起口哨，信手拾起了喇叭的调子。她冲动地奔到窗口去，充满喜悦和同情，但也并不想知道是谁！

苍凉人生中谁不珍惜知音呢？

他未见她，便懂得了她；懂得了她还爱她，这真是无条件。她为什么要讲条件呢？

第二天，他就敲开了她的门。

以后每隔一天，他敲开她的门。

以后每天敲开她的门。只要他在上海。

有过反复，有过矛盾，有过烦恼，有过委屈，有过凄凉……可终于让他迅猛地不屈不挠地敲破了她的心壳。

他离婚了。她得做出现实的抉择。她并不轻松，谁能帮她拿主意？父亲早已断绝，母亲只留下一张丰容盛鬋的大照片，那眼光也满是忧怨和迷惘。只有问姑姑了，况且她住在姑姑的家里。

姑姑近来生病，病后久久没有复原。她自嘲说："又是这样的恹恹的天气，又这样的孱弱，一个人整个地像一首词了。"

爱玲便望着姑姑，四十三岁仍孑然一身的姑姑依旧清丽漂亮，的确是一首缠绵悱恻又哀艳的词。可婉约词中不也迸发过豪放的火花么？

姑姑和母亲，算是旧中国最早走向海外的新女性吧，而且她们首先得走出虽破败腐朽却仍阴森威严的封建官僚的门庭呵。姑姑和母亲留学法国、英国，足迹遍及尼罗河畔古埃及以及东欧诸国，虽学图画学音乐，但并没有什么太明确的目标，留学是时髦是浪漫，因为毕竟还有钱，可也是叛逆是寻觅呵。姑姑回国后一度全盘欧化，崇尚西洋文明。无奈时运不佳，做股票交易失手，家产赔尽，就连珠宝首饰也都渐渐变卖光，加上连年战争，姑姑真成了个自食其力的职业妇女了。

姑姑极有独立意识。姑姑以为，普通的妇女职业，与家庭生活里没有什么不同，成败全看一个人的为人态度，不过是在写字间里做人罢了。但姑姑找起事来，却万分挑剔。曾在无线电台上报告新闻、诵读社论，每天只需工作半小时，可她感叹："我每天说半个钟头没意思的话，可以拿好几万元的薪水；我一天到晚说着有意思的话，却拿不到一个钱。"以为"像我这样没有家累的，做着个不称心的事，愁眉苦脸赚了钱来，愁眉苦脸活下去，却是为什么呢？"好在姑姑有一口流利的英语，又会一手熟练的打字，供职于英国人办的上海怡和银行，日子倒也还稳妥。姑姑就幽默地说："我是文武双全，文能够写信，武能够纳鞋底。"从不顾影自怜为李鸿章的外孙女。

姑姑能帮她抉择吗？

她们共雇了个阿妈，早上来，下午回去，不管阿妈的膳宿。吃饭时旁边没有一个立着，眼睁睁等着为你添饭的用人，当然更自在一些。

侄女和姑姑吃着晚饭。饭桌正对着阳台，阳台上撑着个破竹帘子，高楼外的天色一片雪白，破竹子很有芦苇的感觉。芦苇上拴了块污旧的布条子，从玻璃窗里望去，就像一个着宽袍大袖、冠带齐整的儒者的侧影。像孔子？更像孟子？张爱玲看着很难过，屡次说要把这布条子解下，可离开饭桌又忘了。

阴历八月二十七日是孔子的诞辰日，阿妈的儿子学校里放一天假，阿妈问姑姑，孔子到底是什么人？姑姑说孔夫子是个写书的。张爱玲立刻联想到自己这类文人，虽觉很不妥当，可孔子生时又何尝荣耀过呢？

那布条书生在晚风中连连作揖点头，一样世事洞明、人情练达，辩论的起点非常肯迁就，从霸道谈到王道，从女人谈到王道，左右逢源，娓娓动人，然而他的道还是行不通……口干舌燥，怎么样也行不通……

姑姑说："爱玲，怎么啦？"

爱玲说："这布条子要把它解下来了，简直像个巫魔！"

姑姑也就看看这个仍在作揖点头的"儒者"。

爱玲想想，还是期期艾艾地说："姑姑……你对他……印象怎样？"

姑姑有点意外，却并不震惊。爱玲与胡兰成的频繁接触，她岂会不知晓？但两人于斗室，只听那位的胡先生侃侃而谈，侄女只是满心的喜悦和崇拜。她是个新派，以为说到底只不过是柏拉图式的精神恋吧？眼下，胡先生离异之事她已耳闻，所以，爱玲这些日子愈加心神不宁了吧？

沉吟片刻，姑姑说："你知道，我不喜欢文人。"

"曾经沧海难为水"。安徽绩溪上庄人氏胡适之在当今不少人心目中，敬若神明，姑姑、母亲和胡适之就同桌打过牌，胡适之的父亲与张佩纶是朋友，张佩纶似乎还帮过胡父一个小忙。一代文豪在姑姑眼里怕也很平常呢。爱玲赞叹姑姑说话有一种清平的机智见识，有点像周作人他们。姑姑不以为然，照例说她不懂，也不感兴趣。

侄女爱玲可是个卖文为生者。爱玲又怔怔地望着芦苇上的布条巫魇。

姑姑又吸了口气："况且……他是怎样的一个文人！"

深深的悲凉漫过爱玲的心田。

一时无语。

姑姑平素常说她："和你住在一起，使人变得非常唠叨而且自大。"因为侄女爱玲在生活上很是低能：很大也不会削苹果，经过艰苦的努力才学会补袜子，怕上理发店，怕见客，怕给裁缝试衣裳，更不会应酬；许多人曾尝试教她织绒线，可是没有一个成功；不会煮饭烧小菜，不会用肥皂粉洗衣；哪怕走了无数次的路，她也还是不认识那条路！总而言之，在现实的社会里，爱玲自己也承认，自己等于一个废物。爱玲母亲曾说："我懊悔从前小心看护你的伤寒症，我宁愿看你死，不愿看你活着使你自己处处受痛苦。"而今姑姑实际上替代了母亲的位置，姑姑常需要对爱玲嘀嘀咕咕，可眼下……

爱玲犹豫再三，轻声说出："他……要和我……结婚……"

姑姑睁大了漂亮的眼睛。她该怎么回答？不要说她还是个独身女子，又只是姑姑，就是爱玲的母亲又该怎么回答呢？

无论老派还是新派女子，择夫都是人生中的一件最大的事，嫁为人妻仍是最大的事业。

姑姑放下饭碗，轻声回答："姑姑虽然经过的事很多……这种事……拿主意还要靠你自己……我只是希望……不要张扬……"

自以为不落情缘的爱玲，喉头已哽咽了。

夜深了，张爱玲还立在西屋的窗旁，窗上的铁栅栏，金色的横得一棱一棱，像要切割开夜空，而四下里低低的大城市黑沉沉的像古战场的埋伏。从远处飘来了跳舞厅的音乐，是女人尖细的喉咙唱着"蔷薇蔷薇处处开"更显出夜的空旷。平时她不爱拉上窗帘睡觉，因为在最高层的六楼，就在窗口换衣服也无须提防的，而此刻她慢慢地拉上了暗蓝的旧丝绒帘子，橘黄的台灯光给败了色的丝绒喷上了灰扑扑的淡金色。帘子在秋夜的大风中蓬飘，街上急急驶过一辆车，不知是不是捉强盗……

她垂首脚上的绣花鞋子，是去静安寺庙会买得的，鞋头连鞋帮绣有双凤，穿在脚上，线条非常柔和，胡兰成喜欢。可是，她倒喜欢鞋尖上缀着蔷薇，那蔷薇还缀在帐顶、灯罩、帽檐、袖口、阳伞上，蔷薇蔷薇处处开，那幼小的圆满也有它的可爱可亲。

她，只不过是一朵小小的蔷薇呵。

她，已做出了抉择。

爱，是怦然心碎。

爱，是命。

8

与胡兰成同行的还有沈启无。

沈启无以为胡兰成会开车来接他，没想到得撑伞步行。他没伞，钻到胡兰成的伞底下，两人竟有些踉踉跄跄向车站走去。

眼下，沈启无名声极臭。他是燕京大学毕业生，曾听过周作人的课，以后又任教于燕大北大，与周作人过从甚密，曾与废名、俞平伯、冰心共称为周作人的四大弟子。北平沦陷后，他经常在敌伪刊物上发表献媚诗文；周作人出任教育总署督办，他曾到南京活动；他指望借助周作人之力，得高官厚禄，但未能完全遂愿，于是迁怒于周作人，竟向日本文人提供材料攻讦周作人。周作人几经查实，搬弄是非者正是弟子沈杨即沈启无！周作人盛怒之下，向舆论界发出"破门声明"。"破门"为日本语词，意即将学生开除出师门。一时间，舆论多同情周作人而谴责沈启无。因沈启无以他更无耻的行径，大节小节全失去，很快成了丑类中的丑类。北京的文化底蕴及住家的温暖舒适，在他已成了一种沉湎的嗜好，可也不得不南下。胡兰成倒很同情他，相约办报。

沈启无风度凝庄，可是眼睛常从眼镜边框外瞟人。

沈启无瞟一眼胡兰成："怎么没车？"

胡兰成一笑："我去张家老宅看了看。"

言必称张爱玲。

沈启无对张爱玲的文章，读过的没几篇，却也以为每篇都有她的异彩，仿佛天生的一树繁花异果，而这些花果，又都是从人间的温厚情感里洗练出来的。她不是六朝人，却有六朝人的华赡。而生活对于她，不是一个故事，而是生命的渲染，是用人生做底子的，她走进一切的生命里去，所以，她的文章是温暖的，有庄严的华丽，也有悲哀，但不是惨伤的凄厉，对人间是有着广大的爱悦的。沈启无的赞美，是真诚，也是敷衍。这黑天雨地，可不是文艺沙龙。

胡兰成却如醉如痴，滔滔不绝，手舞足蹈评说张爱玲和张爱玲的一篇篇文章：她的文章背景阔大、才华深厚。是要占有一个时代的，也将在一切时代里存在。因为青春能长在，自由能长在，才华能长在的。他说，最好的文章是《倾城之恋》！有人说它仅有华美的包装，没有深刻的勾勒，差矣！恋爱中的男子像喝多了酒的醉鬼，自顾自说，是无须顾及听众反应的。

黑天雨地。沈启无的眼中，南京只是一味的寥廓，简直不像一个都城。似乎许多乡村，池塘、篱笆、蔬菜园、田野树木，结成了这么一个都市。近代化的市政府设备，只能算是一个插曲而已。眼下，没有星星月亮，风雨飘摇，真个是一片地老天荒。倾城之恋？

《倾城之恋》是一个自私的男人和一个自私的女人的故事。

范柳原的自私是一种变态的自暴自弃。这位有钱的华侨之子，因是外室所生，继承权的得到很费了些周折。坎坷和富有使他饱经世故又玩世不恭，尤其对女人。他需要娼妓、情妇，却不需要妻子，因为结婚需要虔诚，他没有。他看中流苏，是因为她是一个爱低头的真正的中国女人，而流苏却不肯轻易低头做情妇。小智小慧、小奸小坏、狡猾精刮的范柳原与流苏之间便有了一场场智斗。三十三岁的他的机智与风趣只是萤火虫的微蓝色的光，在黑暗中照亮自己罢了。他的生命之火其实已经熄灭，他的自私，其实是空虚和软弱。

白流苏的自私却是出于自怜自卫。一个二十八岁的离了婚的女子，在古老颓败压抑的娘家白公馆再也住不下去了。一个机遇，让范柳原垂青于她，于是，炎热的夏天，她悲愤、凄况又满是喜悦冒险地出走了！她不是娜拉，她只是以她的残剩的青春作命运的赌博。从上海来到了香港浅水湾，和这个男人只有美丽又磨人的调情，真真假假的捉迷藏。她只有重回那跟不上生命胡琴的白公馆！本来，一个女人上了男人的当，就该死；女人给当给男人上，那更是淫妇；如果一个女人想让男人上当而失败了，反而上了人家的当，那是双料的淫恶，杀了她还污了刀。一个秋天，她已经老了两年！熬到11月底，范柳原电报召她去香港时，她忍无可忍却仍是一腔委屈地去了。第二次的出走是痛苦地被屈服。她逃不出他的手掌心，她只有做他的情妇。可是他只需要她一个礼拜，便要上英国！他走的第二天——1941 年 12 月 8 日，炮声响了！

那一声声的"吱呦呃……"撕裂了空气，撕毁了神经。那炸弹轰天震地一声响，整个的世界黑了下来，像一只硕大无比的箱子，啪地上了盖，数不清的罗愁绮恨，全关在里面了。

香港陷落了，城市倾覆了……

战争却成全了她。柳原回到流苏的身边。柳原与流苏结了婚，倾城之恋是个平凡的归宿。在这兵荒马乱的时代，个人主义是无处容身的，可是总有地方容得下一对平凡的夫妻。

这难道还不算深刻的勾勒吗？世界是荒凉的，生命太沉重。钱财，地产，天长地久的一切，全不可靠了。靠得住的只有她腔里的这口气，还有睡在她身边的这个人。这是豁然开朗，这是返璞归真，这是从绚烂走向平淡。生命的真谛不是正在这里吗？

他振振有词，他已经全身心投入进《倾城之恋》。撑开的伞围雨水汩汩而下，在灰白的雨幕中又形成白色水帘的包围圈，沈启无不觉打了个寒噤，只想快点到车站。

他却突地驻足，他的眼熠熠有光：哦，一堵墙，极高极高，灰砖砌成，望不见边。墙是冷而粗糙，死的颜色……这堵墙，使人想起地老天荒……

沈启无从眼镜边框上方瞟一眼他，又抬抬眼镜寻觅一堵墙——黑天雨地，的确是地老天荒。他喃喃道："断垣残壁，处处可见嘛。"

他目光灼灼：这才叫人人眼中有，个个笔下无。《倾城之恋》三次描述这堵墙：第一次是浅水湾之夜，野火花红得不可收拾时，柳原和流苏靠在这堵墙上，柳原说，有一天，我们的文明整个地毁掉了，什么都完了……烧完了，炸完了，坍完了，也许还剩下这堵墙……那时再在这墙根底下遇见，怕相互会有一点真心。这真是现代人疲倦中的清醒，人生成了警句。第二次是香港停战后，困在浅水湾的男女缓缓向城中走去。柳原和流苏无话可说，战争洗礼了他们，流苏说："那堵墙——"，柳原默契地答："也没有去看看。"第三次是流苏拥被而坐，劫后余生，听着那悲凉的风，想着那堵墙，一定还屹然站在那里，她仿佛做梦似的，又来到了墙根下，迎面来了柳原。她终于遇见了柳原。这是人生的彻悟，这一刹那的彻底的谅解，够他们在一起和谐地活个十年八年。也许他们只不过是方舟上的一对可怜虫，是不彻底的人物，可他们是这时代的广大的负荷者之一。他们不彻底，更不是英雄，但究竟是认真的。

"死生契阔，与子成说；执子之手，与子偕老"，是一首悲哀的诗，然而它的人生态度又是何等肯定。这不是壮烈，也不是悲壮，而是苍凉——是一种启示。

他忘情地搀住沈启无的手臂，对方苦笑说："回上海再死生契阔吧。唉，这该死的天气，该死的南京城。我都成了落汤鸡了。"

唉，没伞的挨着打伞的，钻到伞底下去躲雨，以为多少有点掩蔽。可是伞的边缘滔滔流下水来，反而比外面的雨更来得凶。挤在伞檐下的人，头上淋得稀湿。

这是张爱玲说的寓言，她聪明的眸子含着笑意："当然这是说教式的寓言，意义很明显，穷人结交富人，往往要赔本。"

两个酸文人，头发、一边袖子裤腿早淋得稀湿，皮鞋在雨地中叽叽呱呱作响。他们就是那钻到"富人"伞底下去躲雨的"穷人"吧？唉，无根基无背景的文人，失气节玩权术，成了趋炎附势、追蝇逐臭的小人。

胡兰成的心中打翻了五味瓶，那一堵灰砖砌成的墙，竟铺天盖地、沉沉地压过来，压过来……

十七年前的夏天，他第一次来到南京，着一袭蓝布长衫，真正的一无所有。他去莫愁湖，上鸡鸣寺，下到陈后主的胭脂井，却想怀古也怀不成，因为太年轻。他只是傻傻地爱在古城墙上无目的无拘束地走着，那灰砖砌成的古老的历史墙呵。看城外落日长江，望城内炊烟暮霭，走了半天也无尽头。胸臆间山河浩荡，而南京的伟大，好像没有古今，二十一岁的他，深爱南京。那时候，经过北伐革命，又见内战迭起，在前进与倒退撕掳、升华与沉沦交错的时期，从山地走出闯荡人生的他，心身还是纯正的。

十九岁时他在杭州蕙兰中学读书，曾被开除，那是因为他任校刊英文总编时登载了某君账目不清的稿件；二十岁时进杭州邮政局当邮务生，三个月即被开除，那是因为顶撞了局长的"崇洋媚外"。都有着理直气壮的纯正。

三十四岁时来到南京，由摇笔杆的一介文人平身而起，出任汪精卫的所谓"国民政府宣传部"政务次长与行政法院政务次长，虽是次长，亦为不少人觊觎之位，乃得助于伪宣传部部长林柏生的手腕。成立即日，是个阴沉沉的草率的天气，那阴沉沉草率的成立被人们斥之讥之为沐冠之猴的傀儡剧出演。

他的双足已陷入泥潭，他的灵魂早已满是龌龊。

日本必败。汪精卫政府必垮。战局已临急景凋年，虽然最后的结局尚未到，不过或迟或早而已。他输了，彻底地输了。这些年深陷泥潭已痛感狼窝里觅食的残忍，互相倾轧、冷酷无情。曾几何时，飞扬跋扈不可一世者，转眼就被毒杀，人不如一条狗。或许，他们已不算人，从沐冠之猴到狗咬狗、疯狗咬疯狗而已。

他打了个寒噤。

功名利禄像影子似的沉没下去，他被时代抛弃了。为要证实自己的存在，得抓住一点真实的东西——

他得抓住她。

9

张爱玲上街买小菜。

胡兰成叹息：太清苦了。

可她喜欢，许多身边杂事自有它们的愉快性质：菜场里油润的紫色茄子，鲜嫩的黄芽菜，热艳的红辣椒，金黄的面筋，还有翠绿的菠菜……红翠黄紫盛在竹篮里，不也是田园美的缩影？

眼下她拿着个网袋，里面瓶瓶罐罐，豆腐、甜面酱、黄芽菜、鸡蛋。她有点吃力，可蛮有兴致，因为今天他该回来了。

他依旧一个月里总要回上海一次，住上八九天；而每次回上海，不去美丽园，却先上她的公寓，踏进房门就说："我回来了。"——这日本腔日本习惯，她不欣赏，却喜欢他把她的斗室当成了家。

这回，她要给他一个肯定的答复。

她忽地想起了去年秋凉的薄暮中，"小菜场收了摊子，满地的鱼腥和青白色的芦粟的皮与渣。一个小孩骑了自行车冲过来，卖弄本领，大叫一声，放松了扶手，摇摆着，轻倩地掠过。在这一刹那，满街的人都充满了不可理喻的景仰之心。"

"人生最可爱的当儿便在那一撒手罢？"

所以活在中国就有这样的可爱：脏与乱与忧伤之中，到处会发现珍贵的东西，使人高兴一上午，一天，一生一世。她舍不得中国，如果要她离开，那准是还没离开家已经想家了。

淅淅沥沥就下起了秋雨，一会工夫下得大了，满街的男女老少似乎带点惊喜地四处逃窜，往前奔，往屋檐店铺里躲，带着雨具的得意地穿上雨衣撑开伞：绿色的玻璃雨衣黯淡的橡胶雨衣明丽的油纸伞黑漆漆的洋伞，雨中的汽车电车黄包车也显出泼剌泼剌的淘气相……她喜欢这么痴痴地看着。可担心窗户没关，又辨不清雨的方向，屋里可别闹水灾，她雇了辆黄包车归家。

停电。电梯停开。开电梯的是个人物，知书达理，衣冠整齐。他礼貌地递给她新闻报和小报。

她得拎着网兜一层层爬上去。

楼底下那个俄国人还在响亮地教日文，只是不像夏天敞着门那么清晰入耳；二楼的那位太太，从夏到秋，咬牙切齿敲打着钢琴，像与贝多芬有着不共戴天之仇；三楼的走廊里飘散着萝卜煨肉汤的气味；四楼不知哪家的无线电里正唱着绍兴戏："越思越想越啦懊呃悔啊啊"；五楼静悄悄；六楼的廊上却遇见了隔壁邻居，这对异国绅士淑女满脸喜悦与她点头招呼，这大概是雨天效应，天晴时屋顶花园上，少男少女们咕滋咕滋溜冰，听得六楼人们的牙齿发酸如同吃了青石榴的籽！

可是，较量些什么呢？烦恼中有愉悦，宛若对彼此的私生活无恶意地偷看了一眼，要知道：长的是磨难，短的是人生。

"静安寺路赫德路口192号公寓6楼65室。"

她立在门口，脑海中却浮现了这张字条。是他问苏青要的，苏青回说张爱玲不见人的，又迟疑了一回才写给他的。今天一早，她却没去找苏青，她找的是炎樱。

可毕竟是苏青将他引到这门口的。

她开了门——哈，风不朝这边吹，一屋的风声雨味。放眼望去，灰白色的天幕上千万粒雨珠闪着光，像一天的星！高楼上的雨是可爱的。

她瞥见了衣帽架上男人的雨衣、男人的礼帽——她熟悉的亲切的他回来了……

她急急地把蔬菜往厨房里一堆，却又悄没声息来到西屋门口，窥看这个坐在沙发里翻杂志的男人：房里有金粉金沙深埋的宁静。

她凝视着他：他宽阔的额上早早地烙下了沧桑感的皱纹，他的刮得苍青的腮帮，透着成熟的魅力，而嘴角边的笑涡，别有一种风神。

一时间，她有点恍惚，似做梦般来到了那堵墙下，风雨飘摇中，见着了柳原……他察觉了她，来不及放下杂志，来不及站起来，冲口而出的是："你决定了吗？"

她居然分外冷静地点点头，右手下意识向前方一摆——一个美丽而苍凉的手势。

她走向他，倚坐在沙发扶手上。他只是握着她的手，如梦如幻。

他仰视着她。第一次走进这华贵的西屋时，他分明满心胆怯。那天，她穿着宝蓝色绸袄裤，戴了副嫩黄边框的眼镜，越发显得脸如满月。愈是胆怯愈是自卑他愈要比斗，口若悬河，滔滔不绝，诉说身世，感慨人生，一坐又是几小时，却仍嫌短，实乃一刻值千金。

回家后夜不能寐，拉着侄女青芸夸说张爱玲，又写诗寄情，竟是五四新诗体，炽热如初恋少年；张爱玲见诗虽诧异，却也感激，回信说他："因为懂得，所以慈悲。"

以后每隔一天，他都来看她。三四回后，张爱玲显出烦恼和凄凉，敏感的她惧怕陷进这感情的漩涡。她不愿太委屈自己，于是托人送去一张字条，要胡先生不要再来。

清坚决绝。她要斩断这乱麻似的感情。

他却太懂女人。若无其事又去看她！

她抑制不住那份惊喜。她管不了她自己。

他不屈不挠，穷攻不舍。天天去看她，天天有说不完的话。相言相知、相悦相欢。

他喜爱她登在《天地》上的那张照片;她便送给他，背后题字："见了他，她变得很低很低，低到尘埃里，但她心里是欢喜的，从尘埃里开出花来。"

恋爱对于男人是"我要";对于女人却是"他要"！

却也心甘情愿，因为女人需要崇拜，男人需要被崇拜。张爱玲也不例外。

男人是虚荣的。

自以为能平视诸侯的他，骨子里却对爱玲的贵族血统顶礼膜拜。竟向官宦人家的太太小姐夸耀爱玲的家世高华，母亲与姑母都留学西洋，爱玲9岁学钢琴，西洋文学的原版书读来像剖瓜切菜一般，让这些太太小姐们听了当场吃瘪。又将爱玲一张珠光宝气的淑女照，拿给一位当军长的武夫看，叫他也羡慕。

胡兰成自知英文远不如张爱玲，就以古典向她逞能。读《诗经·大雅》："倬彼云汉，昭回于天"，张爱玲即一惊："啊，真正是大旱年岁。"又读古诗十九首："燕赵有佳人，美者颜如玉，被服罗裳衣，当户理清曲。"她诧异道："真是贞洁，那是妓女呀！"又同看子夜歌："欢从何处来，端然有忧色。"她则叹息："这端然真好，而她亦真是爱他！"

胡兰成又比斗输了。这聪明如水晶心肝玻璃人儿的天才奇女呵。

她对他极柔顺，却不依从。她说："我不依的还是不依，虽然不依，但我还是爱听。"他不可改变她。

她却在重新塑造他，至少是文体文风方面。她在校正他。前人说夫妇如调琴瑟，他就是从爱玲处才得调弦正柱。

想到夫妇，他就烦躁起来："我自己也不懂得我自己，是我要你懂得我！"

她懂得他吗？

她看着他，用手指抚他的眉毛："你这眉毛。"抚到眼睛，"你这眼睛。"抚到嘴唇，"你的嘴。你嘴角这里的涡我喜欢。"她只是恨不得把他包包起，像个香袋儿，密密的针线缝缝好，放在衣箱藏藏好。

她的稚拙她的深虑，她的怜惜她的无奈，她的女儿心她的母性，全在这几句话里了。

其实，她与他的为人处世相异，家族身世相异，性格情趣相异，文化底蕴相异。

就是这雨天，他们的感受也迥异。

她喜欢雨。

《金锁记》中，长安和世舫在公园里遇着了雨。长安撑起了伞，世舫为她擎着。隔着半透明的蓝绸伞，千万粒雨珠闪着光，像一天的星。一天的星到处跟着他们，在水珠银烂的车窗上，汽车驰过了红灯，绿灯，窗子外营营飞着一窠红的星，又是一窠绿的星——曹七巧女儿的最初也是最后的爱。

《倾城之恋》中，流苏将那把鲜明的油纸伞撑开了横搁在栏杆上，遮住了脸。那伞是粉红底子，石绿的荷叶图案，水珠一滴滴从筋纹上滑下来——流苏与柳原恋爱断断续续的背景。后来，范柳原又在细雨迷蒙的码头上迎接她，雨仍是时断时续的恋爱的背景。

《年青的时候》中,年青的潘汝良爱着的俄国姑娘沁西亚结婚了。俄国礼拜堂的尖尖圆顶，在似雾非雾的牛毛雨中，像玻璃缸里醋浸着的淡青的蒜头。礼拜堂的人不多，可是充满了雨天的皮鞋臭——虽是失恋的忧伤，却毕竟弥漫着人世间的气息。

《心经》中的雨可是火炽的雨！小寒爱上了父亲，她将她父母之间的爱慢吞吞地杀死了，一块一块割碎了——爱的凌迟！雨从帘幕下面横扫进来。大点大点寒飕飕落在腿上——可追着搂着小寒的仍是她的母亲！这幅雨中的母女图！

……

喜欢不等于快乐，喜欢包括痛苦。没有雨，大地将化作一片荒漠；没有痛苦，人类的心会变得寂寞无情吧?

胡兰成厌恶雨。

春雨梅雨秋雨他都厌恶。他厌恶雨天乡下人在家里做的事，剪番薯苗、刮苎麻，湿漉漉的让他厌恶；雨天檐下廊里堂前楼下，都牵起绳索晾桑叶，湿漉漉的亦让他厌恶；就是砻谷春米，他何时听见都觉得如在雨声里，厌恶；还有捶打稻草编织草鞋，那声音也让他想起雨天，厌恶……是对荒瘠山地贫困生活回忆而生的厌恶情结？岁月的磨砺让心变得铁硬粗糙？或许，相异正合了爱情互补？

他满心都是"我要"，但他毕竟不是责任心完全泯灭，他叹了口气："时局不好，来日大难，顾及日后不致连累你——是否委屈你，不举行仪式，只以婚书为定呢？"

"兰成——"她的眼睛濡湿了，是他懂得她吗？

她提笔写道："胡兰成张爱玲签订终身，结为夫妇"，胡兰成接上写道："愿使岁月静好，现世安稳。"

竟无话可说。

胡兰成想想，取出一沓钱，小心地说："做件皮袄穿，好吗？"

她在银钱上，从不人欠欠人，凡事像刀切似的分明，从不拖泥带水。与炎樱好得像一个人，可上街喝咖啡吃点心，各付各清清爽爽。与姑姑分房同居，亦是锱铢必较，姑姑常说她："不知道你从哪里来的这一身俗骨！"

对于钱，她是爽直的。

可这回，她却百依百顺："嗳。"

因为在她，用别人的钱，即使是父母的遗产，也不如用自己赚来的钱来得自由自在，良心上非常痛快。可用丈夫的钱，如果爱他的话，那却是一种快乐。

她还是一个普通的女人，即使已能卖文养活自己，却也舍不得这传统的权利。

唉，能够爱一个人爱到问他拿零用钱的程度，那是严格的试验呵。

他又小心地问："谁为媒证呢？"

门铃响了。

张爱玲迎进了穿着印度纱丽的炎樱。

平素淘气活泼的炎樱刹那间如石像般庄严，婚约旁写上炎樱为媒证。

炎樱为他们点燃蜡烛，说这是圣火，围着圣火走五圈，象征永恒的婚姻；又让相互往头上撒三把米，这是对生育和富有的憧憬。

炎樱止不住又淘气了。

炎樱侧着头问爱玲："张爱，这时间，你在想什么？"

他代她回答："爱。"

是的，她在想着那篇短小的散文：《爱》。

一个村庄的小康之家的女孩子，生得美，那年她不过十五六岁。是春天的晚上，她穿着月白衫子，立在后门口，手扶桃树。对门住的年轻人，从来没打过招呼的，却走了过来，离得不远，站定了，轻轻地说一声："噢，你也在这里吗？"

后来这女人被亲眷拐了，又几次三番被转卖，经过无数的惊险风波。可老了的时候，还记得十五六岁时春天的晚上，在后门口的桃树下，那年轻人。

这是真的。这是胡兰成过继给俞家的庶母的故事。只不过后门口是杏树，不是桃树，可他故意说成桃树——这是他的本命树。

"于千万人之中遇见你所要遇见的人，于千万年之中，时间的无涯的荒野里，没有早一步，也没有晚一步，刚巧赶上了，那也没有别的话可说，唯有轻轻地问一声：'噢，你也在这里吗？'"

这个故事，这段议论，让张爱玲怦然心动，她录了下来，取名《爱》。

《姑姑语录》《有女同车》都是实录，都一一交代出处。唯有这篇《爱》，没有说出他。

或许因为，他的也是她的。

爱，是命。

人世间没有爱

他的过去里没有我；曲折的流年，深深的庭院，空房里晒着太阳，已经成为古代的太阳了。我要一直跑进去，大喊："我在这儿！我在这儿呀！"

生在这世上，没有一样感情不是千疮百孔的。

10

在张爱玲，人生的晚景似乎很早很早就降临了。

因为没有爱。

冥冥中常响起苍凉又急切的催促声：快，快，迟了来不及了，来不及了！

这声音压迫着她，恐怖着她，却也鞭策着她。

是三年前的那场战争，围城十八天里，死亡深重地一击，衰老骤然而至；而虚无与绝望是那样无牵无挂，她的五官表情便变得如行将就木般麻木？是七年前为考大学焦虑，在母亲住的公寓屋顶阳台上转来转去，仰脸向着当头的烈日，她像是赤裸裸地站在天底下

在没有人与人交接的场合，我充满了
生命的欢悦。

受着审判！惶惑的未成年的她为命运忧虑，心不复柔和，变得衰老而粗粝了。

是的，十六岁的少女的花季，在父亲的老屋里，她被囚禁着，数星期内她已经老了许多年，在心的一寸一寸的磨损中，年轻的时候却已经悟透："人世间没有爱？"哦，不，还要更早些，是五岁那年吧，他们家住在天津，年初一的早上，她醒来时鞭炮已放过了。她躺在床上哭了又哭，赖着不肯起来。因为一切的繁华热闹都已经成了过去，没她的份了。阿妈强替她穿上新鞋的时候，还是哭——穿上新鞋也赶不上了！

五岁的女孩，却像经历了苍凉人生，却像忙得没抓住什么的老人在悲号！来不及了！来不及了。来不及了……

因为没有爱。

所以她才盲目地珍惜、夸张、美化了胡兰成的爱？

其实，在她呱呱坠地于张家公馆之时，人生的晚景就烙刻在她皱巴巴红稀稀的婴孩脸上！

她的家族早已是唱歌唱走了板，跟不上生命的胡琴了。

可依旧热闹。中国人是在一大群人之间呱呱坠地的，也是在一大群人之间死去——有如十七八世纪的法国君王。因为拥挤是中国戏剧与中国生活里的要素之一。

民国十年 9 月 30 日，凝重中已见浑浊的苏州河沉缓地流淌。

河畔的一条衖堂，古老的青砖老屋门楼上排起灰石的鹿角，底下垒两排山石菩萨，不知是哪朝哪代的建筑！夹杂于大户老屋间，已立起几幢带花园铁门的半西半中式洋房，新与旧的交替中，建筑也留下民国初年的夸张与拘谨。

有一洋房居然没有一扇临街的窗！

老屋的青黑的心子里是清醒的，有它自己的一个怪异的世界。而整个的空气却有点模糊，大概重叠了这个家族太多太纷繁杂乱的记忆。有太阳的地方使人瞌睡，阴暗的地方有古墓的清凉。阴阳交界的边缘，看得见煌煌的太阳，听得见时髦的汽车的喇叭声，世道的变迁，市声的喧嚣阻挡不住，这幢年代不久却早早显旧的房子却拒绝临街的窗。

这栋临街而封闭的洋房是张佩纶遗孀李菊耦在辛亥革命时，离江宁逃难到沪所建。清朝亡了，繁华逝去，可李家毕竟是最先讲求洋务的世家。不小的花园里唯一的树木是高大的玉兰，这是依旧时习俗，于厅堂之前，将玉兰、海棠、牡丹同植一庭，以取玉堂富贵之意，可终是种得草率，成活的只有玉兰，且又杂了种，白玉兰广玉兰，那硕大的白色的花，从春到夏，开了落落了开，反倒像一年开到头，满园地是邋遢丧气的白花。

花园靠墙有个鹅棚，养着呱呱追人啄人的几只大白鹅，大约是这家少爷的爱好，风雅，驱赶寂寞，替代眼下洋派阔少的洋狗吧。

时近黄昏。江南的黄昏有着短暂的悠长。落日与月影共存，一种地久天长的悠悠。

铁门倒是"呛啷啷"早早地关了，锈蚀的门闩"咕滋咕滋"地扣上，一丝不苟地上好大铁锁。这家的家风仍是一丝不苟、刻板严谨。

洋房的厅堂倒有一种反常的肃穆与热闹。主仆老少济济一堂，时而鸦雀无声，时而叽叽喳喳，目光却都不忘望着那铺有湖绿花格子漆布地衣的楼梯，一级一级上去，通入没有光的所在——这家少奶奶要生了。

是头胎。

隐隐约约传出女人的呻吟声，嘈嘈杂杂的脚步声。医生护士还有老阿妈陪嫁丫头忙乎着：要生了要生了……

少爷张廷重①这才慵懒地出了楼上烟室，空气中还漂浮着一缕缕甜丝丝的讨厌气味，花梨炕卷着云头，冰凉的黄藤心子有股柚子的寒香。张廷重少时体弱，这样的大户人家虽趋破落，但以为抽点鸦片平肝导气，比什么药都强，而且还是抽得起的，就这么一路抽下来，原本蛮气派的一张长脸和高瘦的身材，只落得两肩和一脸，还有点飘飘摇摇。

他是个遗少，却又向洋阔少看齐，可谓半新半旧派。抽鸦片捧戏子逛堂子讨姨太赌钱吃花酒是他生活的全部，他只传承了父亲这方面的名士派风头。飘飘摇摇的他并不一味守旧，也打打网球，看看新文艺小说和各色小报，英语德语也还凑合，偶尔也要穿穿滚上多道如意头的花哨衣裳，哦，最抓挠他心的是得买部汽车，时髦时髦。他还有个不伦不类的洋名：提摩太·C.张。他就是这么个文不成武不就的坏脾气少爷。他把人呼来斥去惯了。他寂寞，因为失落而寂寞；他暴躁，因为不如意而暴躁。时代的巨轮一手如何能挽住？

楼上的客厅还没亮灯，他"啪"的揿亮开关。客厅里挂着两张油画，他只喜欢《南京山里的秋》，曙色中一条小路，银溪样地流去，近处两棵小白树，远处一蓝一棕两棵树。虽是油画，却又像潦草写意的中国画意蕴。他依稀记得，父亲牵着他的小手游山观风景，走累了，喘息未定，那蓝乎乎的远山也波动不定。倏忽之间听得鸡叫，这是迢递的梦，只有父亲大手的温暖是真实的。父亲早于1903年病逝于南京。

另一幅油画却是少奶奶挚爱的：《永远不再》。画中门外夕阳里的春天，玫瑰红雾一般地向上喷，是升华还是浮华，可都要成为过去。

① 张廷重，即张爱玲父亲。

屋里有个夏威夷女子，也一切都完了。以前想必爱过，现在呢，"永远不再"了。

他讨嫌这幅名画，他忌讳这"永远不再"！他的家族辉煌显赫的过去，就这么"永远不再"吗？！还有他和少奶奶的婚姻——这画名，简直是谶语！

他本来是不让挂油画的，还有这架钢琴！他的妹子张茂渊和他的妻轮番敲打着，不时发出"啊……咩……"的羊叫声，成何体统？这对姑嫂，一个学琴一个学画，张家气数能不尽吗？可他还是做了让步，因为她们对他的烟室深恶痛绝！还是相安无事吧。

痛苦呻吟着的少奶奶是位绝代佳人，高挺的鼻梁、微微凹陷的美丽的大眼睛，头发不大黑，肤色不白，像拉丁民族，这种异域美在东方女性中的确属罕见。她们家是明朝从广东搬到湖南的，一直守旧，看来连娶妾也不会娶混血儿，所以仍是正宗纯正的汉血统。少奶奶的一双脚就是三寸金莲，但她的父亲原是清末南京长江水师提督黄军门，也算较早讲求洋务的世家，所以女儿自小接受的是西洋文化的教育，如若不是兵荒马乱，张家催着成亲，这位黄家小姐还准备出洋留学呢。

她是被迫结婚的。也可以说是被迫要生孩子的。她太年轻，年轻人的天是没有边的，年轻人的心飞到远方去。

她喜欢绿色。爱穿绿衣绿裙别翡翠胸针，门窗漆绿色，玻璃窗是绿的，糊墙的花纸是绿的，黄昏的卧室中是无量的苍绿，她的苍白的脸有的是惊愕和恐惧。太痛苦了。脸湿漉漉，汗与泪水交融着。她像刚从树上拗下来的花，断是断了，却更美，一种安详的怆楚。

秀丽文雅的小姑用绢帕轻轻为嫂嫂拭汗，她也流泪了。本来家里人是不准未出嫁的大姑娘陪着的，可新派的她与嫂嫂罕见的好，从未有过姑嫂勃豀①，倒是兄嫂像一对天敌，兄妹也不投机。

嫂嫂突地紧抓住小姑小巧的手，撕心裂肺般喊叫起来——

楼下厅堂里黄昏涌进，这一瞬间大地与季节的鼻息分外沉重。

家传的霉绿斑斓的铜香炉里，已点上一炉沉香屑，烟雾袅袅中，顺着墙高高下下堆着的一排排书箱便越发显得阴森幽寂，紫檀匣子，刻着绿色款泥，装着几百年的书——都是人的故事，可是没有人的气味，悠长的岁月，给它们熏上了书卷的寒香，这里是感情的冷藏室。当然这里有已过世的老太爷的集子：《涧于集》和《涧于日记》。

一位满头珠簪，依旧"三绺梳头，两截穿衣"的老太太庄重地点燃了天然几上的一对红烛。缠过的一双脚，脚套里塞着棉花，只能慢慢迈着八字步。烛光映着，锃亮的红木家具里照出她的脸庞，依旧美，有种秘密的、紫黝黝的艳光，像是从前华丽时代的反映。她见得多了，像座记录时间的钟，唉，几上的玻璃罩子里有法兰西自鸣钟，机栝老了，还在优哉游哉报时，却慢上两三个钟头！

她是李鸿章的女儿，这家老太太的姊妹，原本是来做客的，少奶奶生产按推算还有些天数，可说发作就发作了，这孩子像等不及似的。

"苦哇——"一声清晰的婴儿啼哭响彻黄昏。

大脚的老阿妈噔噔噔冲下楼来，合肥口音，响亮地报喜："祖姨——恭喜恭喜——少奶奶生啦——"

厅堂里又一片喊喊喳喳，真正的南腔北调。这个大家族再加上几代呼奴使婢的一群，岂能不口音混杂？主仆男女的衣饰也是土洋兼并新旧杂陈。时髦的女眷已换上了这年最时髦的旗袍，更大胆的

---

① 勃豀（xī），指家庭中争吵。

蠲免① 了衣领，挖成鸡心形，披一条白色的丝巾，女仆们的衣襟下摆长长短短、圆的尖的六角形的都有，就像这乱纷纷的世道军阀来来去去，这跌跌绊绊赶上去的时装！老阿妈喘息着报告："是个……女娃呵。"音量小了许多，像做错了事似的。

有瞬间的沉默。

"先开花，后结籽。"

"会生的，头胎该是囡哦。"

"弄瓦之喜，嘻嘻。"

"我们张家的瓦，可不寻常，是琉璃瓦。"

……

老太太却喜滋滋地问道："母女可都好？"她想，这班人真是见识短，他们这样声名赫赫的阀阅世家，尽管今非昔比，还能看轻千金体吗？

楼上的卧室有了另一番热闹。少爷两眼狐疑地看着雀斑脸的外国护士麻利地给婴儿洗浴——出娘胎就能洗浴？！陪嫁丫头欢天喜地帮着忙，戴着眼镜的医生正在清理亮锃锃的手术器皿，咣当作响。少爷不喜欢这些。窗户还开着呢，岂不受凉？

姑嫂泪眼相对。

小姑目睹了这视生如归的一幕，也许，就在这时暗暗立下了终身不嫁的誓言？

雀斑护士用软毯裹上婴儿，递给做父亲的少爷。

第一次做父亲终归有惊喜，他小心翼翼接过，捧给妻子看，一边喃喃："名还没想好呢，就出来了。"

年轻的母亲流着泪笑了，这刚洗浴过的安静的婴儿，似乎和解

---

① 蠲（juān）免，免除的意思。

了这对不和的夫妻。她轻唤着女儿："瑛瑛。瑛瑛。"

少爷连声附和："成。就叫瑛瑛。瑛瑛。"

秀丽的姑姑虽让刚才的情景吓怕了，看眼瑛瑛，却陡地喜欢上这小侄女。

瑛瑛很安静。大大的黑眼睛像在懂事地看着什么。

敞开的窗外，有一弯月亮。

震天动地的爆竹声响彻这幢庭院。

11

张爱玲的童年是残缺不全的。张爱玲的少年是黯淡凄冷的。

胡兰成以为童年值得怀恋，她不怀恋；胡兰成以为学生时代最幸福，她却根本不喜欢学校生活；胡兰成认为应当的感情，在她都没有这样的应当。

她理直气壮地对他说：她不喜欢她的父母，她对家族中人，亦一概无情。

胡兰成的童年和少年是贫穷的。荒瘠的山地嵊县，唯井头有株桃树的胡村是他的家乡。父亲干的是收购山头茶叶，转卖他家茶栈的小本营生，一生可谓无故事。母亲是个极普通的农家妇女，生下七个儿子，胡兰成排行老六，原名蕊生。家中很穷，常为下锅之米而焦虑。胡父对人说："早晨在床上听见内人烧早饭，升箩括着米桶底'轧砾砾'一声，睡着的人亦会窜醒！"来了客人，母亲常叫蕊生走后门向邻家借米，不让客人知觉不安。有时没米下锅，傍晚才借来谷子，砻出拿到桥上踏碓里去舂，天已昏黑，邻家都已吃过夜饭，他家还在檐头筛米。母亲用木勺撮米到筛里，父亲筛，蕊生一旁执灯照亮，把大匾里与箩里的米堆用手掳掳平，只觉沉甸甸如珠如玉！有时无米下锅，蕊生就懂事地不回家，去溪边摘木莲蓬耍，可母亲却寻着了他，喊他回去吃饭——是留做种子的蚕豆。母亲坐在高凳上看着儿子们吃，脸上带着歉意的笑，却十分安详。

这是怎样的天伦之乐！苦中之乐！

张爱玲痴痴地听着，刻骨铭心。

十年后，张爱玲在香港写作时，竟将这两个细节原封不动"嫁接"过去。勺子刮到缸底的小小的刺耳的声音——一种彻骨的辛酸！母亲叫唤他们回来吃饭——把留做种子的一点豆子煮了出来！母亲微笑着看着他们吃。母爱的伟大无须言语！

张爱玲没有过。尘封的童年少年抖落开来，绝不是穷，而是人世间没有爱。

张爱玲爱他，大概潜意识里也有一份对胡兰成的山地童年的企慕和怜爱吧？

张爱玲的山乡意识是朦胧的。张家的产业、李家的嫁妆、黄家的陪嫁，大概有原籍的田产、京城外的地、天津的房子、青岛的房子、上海的房子、陪嫁过来的首饰……到了张爱玲记事时，家族衰败了，然而百足之虫，死而不僵，田产还是有的，大概都在安徽，她清楚地记得无为州有，这地名太富于哲学意味和诗意了。此外是姑姑想吃"黏黏转"，以前田上来人带来的青色麦粒，还没熟，下在一锅滚水里，满锅的小绿点子团团急转，清香扑鼻，是黏黏转，还是年年转？可张爱玲没这口福，她小时候田上带来的就只有干烘过的暗黄的大麦面子，吃起来也有一股谷香。这些怕就是她的零零碎碎的山乡记忆。

张爱玲是都市的女儿。

她喜欢钱。却不是因为穷，而是因为没吃过钱的苦——小苦虽然经历到一些，和人家真吃过苦的比起来实在不算什么——不知道钱的坏处，只知道钱的好处。

还有，只怕是天性。她满周岁时，张家公馆的厅堂又搅起一番热闹，看小瑛瑛"抓周"，以试她将来的志向。云母石心子的雕花圆桌上放着描金绘彩的大漆盘，漆盘里五花八门琳琅满目，既有李鸿章出使西洋得来的小玩意金象、金蝉，也有素朴的铜顶针五彩丝线；宣纸墨砚、毛笔金笔、脂粉钗环、小算盘小金磅……领她的合肥老妈子姓何，张家称老妈子为什么什么干，这何干抱着小姐，微微倾着身子，好让她抓周。围着桌子的主仆男女又是叽叽喳喳的南腔北调，指点着她抓什么，好像一岁的她能听懂似的，她倒迫不及待，一伸手就抓了个小金磅在手中，还攥得紧紧的！

瞬间的静默。

姑姑最先表示不以为然："嗬哟，怎么抓钱？！"

母亲和父亲也又一次意见一致：怎么说他们都不俗，母亲尤为清高。母亲摇摇头："这一代的人呵……"

用人们却觉得老好，可碍着主人的面子，不敢说什么。何干便又一次倾着身子："来，来，小姐，再抓一回。"

不负众望，小瑛瑛另一只手抓起的是毛笔。

于是皆大欢喜。舞文弄墨终是雅事，抓钱嘛，终是太俗。

瑛瑛两岁时，添了弟弟子静。

瑛瑛便被过继给另一房做女儿，不过仍生活在自己家中，只是喊父母亲为"叔叔婶婶"。

这一年，举家从上海迁居天津老宅。大概因为南方又革命兴起，惊弓之鸟似的张家才又北上，还回过北京。

张爱玲称：第一个家在天津。记忆从弥漫着春日迟迟的空气的家开始。

庭院深深深几许！

早早就让她背诵唐诗。三岁时就摇摇摆摆立在阴暗的书斋里，对坐在藤椅中的清朝遗老吟咏："商女不知亡国恨，隔江犹唱后庭花"，眼见他泪珠扑簌簌而下；稍后，父亲给她和弟弟请了先生，还是私塾制度，一天读到晚，从"太王事獯鬻"到"纲鉴易知录"，不知所云地读着读着……

早早地就读起了石刻的《红楼梦》《金瓶梅》，喜欢的是《西游记》，记住了高山与红热的尘沙。那是父亲窗下的书桌上，《歇浦潮》《胡适文存》、萧伯纳的《心碎的屋》等等全杂乱地并列一处，小小的她，或趴在桌前看，或一本本拖出去看！似不可思议却硬是太早地沉浸于书海中。

当然也爱玩。院子里有秋千架，让被她唤作疤丫丫的高大丫头抱着，荡到半天云里，忽地翻了过去的感觉是惊心动魄的！天井的一角架着个青石砖，一个有志气的男仆常用毛笔蘸了水往那上面练习大字，她喊他"毛物"，爱听他讲《三国演义》。毛物和毛物新娘子以及他两个弟弟，还有后来嫁给三毛物的疤丫丫全是南京人，是用人中的南京帮。领她弟弟的女佣叫"张干"，自以为带的是男孩子，处处压着"何干"，小瑛瑛很小很小就反抗这种"重男轻女"的调调，常常和"张干"争。张干说："你这个脾气只好往独家村！希望你将来嫁得远远的——弟弟也不要你回来！"张干看她吃饭抓筷子处说："筷子抓得近，嫁得远。"她连忙把手指移到筷子上端，张干又说："抓得远当然嫁得更远。"气得她说不出话，很小很小就想着要胜过弟弟。天津的张家还是呼奴使婢的一大群呵。

当然也爱吃，常常梦见吃云片糕，一直喜欢吃牛奶的泡沫，爱吃甜的烂的，像老年人一样！一切脆薄爽口的，如腌菜、酱萝卜、蛤蟆酥，都不喜欢，瓜子也不会嗑，细致些的菜如鱼虾完全不会吃。好不容易学会了吃鸭舌小萝卜汤，咬住鸭舌头根上的一块小扁骨头，使劲一抽抽出来，鸭子真是个长舌妇呵。

母亲却很爱吃蛤蟆酥，那是一种半空心的脆饼，有芝麻撒在苔绿底子上，绿莹莹的如一只青蛙的印象派画像。那绿绒就是海藻粉。母亲喜欢吃，大概还喜欢这绿色。母亲早上醒来时总是不快活。女佣把小瑛瑛抱到她的铜床上，瑛瑛爬在方格子青锦被上，背唐诗、认字块，母女俩玩了许久，母亲方才高兴地起来。

母亲很爱穿。小瑛瑛站在母亲身旁，仰脸看着对着穿衣镜别上翡翠胸针的母亲，羡慕万分。尽管父亲在一旁喃喃："一个人又不是衣裳架子！"她却来不及似的宣布："八岁我要梳爱司头，十岁我要穿高跟鞋，十六岁我可以吃粽子汤圆，吃一切难于消化的东西。"把父母亲都吓了一跳。

父母不和的裂痕越来越大！吃喝嫖赌的父亲变本加厉，讨了姨奶奶，还要带她去小公馆玩！小瑛瑛倒是拼命扳住后门，双脚乱踢不肯去，父亲气得打了她几下，终于还是抱过去了，她居然随和地吃了很多的糖。

不顾父亲的蛮横反对，母亲和姑姑终于下决心结伴出洋。要离家上船的那天，母亲穿上了她最喜欢的绿衣绿裙，上面还缀着许多那时挺时髦的亮闪闪的小薄片。有一双儿女的母亲还是那么年轻漂亮。可要离开家门时，母亲忽地伏在竹床上失声恸哭，谁也劝不住。这些年的委曲求全、矛盾彷徨、等待失望，终于还得抉择一个"走"字！是这样的清坚决绝，又是这样的难舍难离。她不是一个传统的旧式女人，却分明是妻子和母亲呵。无奈丈夫是这样的不称心：妄自尊大又自私冷漠，此刻恐怕还泡在小公馆里吧。她有着"永远不再"的悲怆！

姑姑也劝不住。用人们把小瑛瑛推上前去，叫她说："婶婶，时候不早了。"母亲仍旧只是哭，绿衣绿裙，小薄片波光粼粼，是海洋的无穷尽的颠簸悲恸。

瑛瑛呆呆地立着，一双眼睛定定地望着这"绿色的海"，四岁的孩子的眼睛，却这么认真，像末日审判时天使的眼睛。孩子不像大人们想象的那么糊涂，父母不懂得孩子，她却懂得父母，渴望着把她所知道的全部都吐露出来，把长辈们大大地吓唬一下。

然而她什么也没说。

母亲走了，姨奶奶搬进来了，住在楼上一间阴暗杂乱的大房里，父亲常躺在那烟床上吞云吐雾。姨奶奶原是个妓女，叫老八，比父亲年纪大，却很得宠。苍白的瓜子脸上长刘海齐眉。她能吹拉弹唱，也识字。家中于是常设宴会，叫条子，搅得这深宅大院兴兴轰轰，仿佛重现了昔日的奢靡繁华。老八又是个洋派，每天晚上起士林咖啡馆跳舞，还带上瑛瑛。她一力抬举瑛瑛，却讨嫌瑛瑛的弟弟子静，是真性情还是出于对少奶奶的嫉恨？她偏要重女轻男，给瑛瑛做最时髦的雪青丝绒短袄长裙，让瑛瑛在起士林灯红酒绿中吃着白奶油蛋糕，稀里糊涂眈着，直到三四点钟才让用人背回家。老八性情乖戾，捉摸不透。她一边教自己的侄儿读"池中鱼，游来游去"，一边抽他的嘴巴子，那侄儿一张脸常肿得眼都睁不开。更有甚者，她居然敢用痰盂砸破了瑛瑛父亲的头。后来还是族里人逼着她走路，她从容不迫从老宅里带走了两塌车的银器。

这样野蛮却热闹的妓女加姨太太！瑛瑛却只是很不安。有回老八问她："你喜欢我还是喜欢你母亲？"她说："喜欢你。"至少那一刹那，她没有说谎，老八的热闹、野蛮，甚至癫狂，有种生命的原始的混沌和泼辣，总之，她与老宅世界的女人不同。

老八走了。老宅深院又恢复了幽深和寂静。寂寞的瑛瑛开始写第一篇小说，写一个家庭悲剧。嫂嫂叫月娥，小姑子叫凤娥，凤娥想在哥哥出门经商时谋害嫂嫂——这是一个七岁的小女孩对她的家的逆向思维？写着写着，笔画多的字她就要去问厨子怎么写。故事却没有收梢。

瑛瑛翻出一本旧账簿，空面上淡黄的竹纸印着红条子，她蘸着墨，开篇即是："话说隋末唐初时候。"她喜欢那时候，仿佛是元气荡荡的橙红色时代，她兴兴头头写满了一张纸，有个叫"辫大侄侄"的亲戚走来看见了，不胜惊讶："喝！写起《隋唐演义》来了。"可这篇恢宏的历史小说始终只有这么一张。

来老宅走动的只是亲戚故友。七岁的瑛瑛就有许多二十来岁的堂房侄子。终日无所事事，满是失落感的遗老遗少们，见了面就是抱怨。抱怨世道，抱怨田上的钱来不了，乃至挑剔饭菜、讥评莲子茶；他们感觉有兴趣和刺激的是，相互传播着亲戚故友家的丑闻秘事：某家丫头吞鸦片自杀了，某家小姐女儿病死了，父母都不肯拿出钱来医治，某户姨太太跟人私奔了，某户少奶奶一直守活寡，某家少爷又姘上了某戏子，某户老爷原来是个同性恋者……在急遽变化的时代巨轮间，这样自卑又自大的遗老遗少们苟活着，人生的激流无情地冲刷掉道德的油彩，将病丑狂孽暴露无遗。不是因为穷，而是人性的自私、贪欲、残狠、荒诞是这样的触目惊心。

曲折的流年，深深的庭院，古老的影壁，在这里悠悠忽忽过了一天，世上已是千年。可在这里即使过上一千年，也等于只过了一天，因为只有日复一日年复一年的无聊与单调。一代一代被吸收到黯然又辉煌的背景里，也许留下一点一点怯怯的淡金，也许什么也没有。这里，不稀罕青春，更不在乎你会老！

七八岁的瑛瑛是不会做这样的思辨的。沉闷压抑中，只觉得童年的一天一天，温暖而迟慢，正像老棉鞋粉红绒里子上晒着的阳光。

那老宅里晒着的太阳，已经成为古代的太阳了吧？

狂嫖滥赌抽鸦片的父亲，又染上了打吗啡针的瘾。这个提摩太·C.张！

他们终于离开了天津的家——三十二号路六十一号，又来到上海。瑛瑛八岁，坐海船过黑水洋绿水洋，手里捧着早已读过多次的《西游记》，第一次留下海的印象是快心的感觉。

到了上海，住进很小的石库门房子，侉气的她却做着蓝蝴蝶的梦。然而父亲因打了过度的吗啡针，几乎快死了！外面下着大雨，檐前挂下牛筋绳索那么粗的白雨，父亲直勾勾地望着白雨，喃喃自语，瑛瑛觉得恐怖。

幸而母亲和姑姑从国外归来了！

母亲带来了希望。父亲痛改前非，被送到医院治疗。全家搬到一所花园洋房里，玫瑰红地毯、蓝椅套、狼皮褥子、鲜花草地、外国童话书。她不喜欢的狗。她喜欢的橙红色强行涂抹了弟弟的卧室。不管喜欢的还是不喜欢的，一切都是美的顶巅。因为她们家终于有了新的开始，新的天地。

家里陡然添了许多蕴藉华美的亲戚朋友，母亲和一个胖伯母坐在钢琴凳上弹着唱着一段外国歌剧里的恋爱曲子，瑛瑛大笑着，在狼皮褥子上撒疯打滚。

客人散，装着热水汀的小客厅仍弥漫着温馨。姑姑小巧的手弹着钢琴，腕上紧匝着大红绒线衫的窄袖子，绞着的细银丝闪烁着。母亲立在姑姑背后，手搭在她肩上，"啦啦啦"吊嗓子，母亲学唱是因为肺弱，她唱什么都像她用拖长了的湖南腔吟唐诗。每每这时，瑛瑛总是感动地说："真羡慕呀，我要弹得这么好就好了！"

瑛瑛又喜欢美术，母亲似乎这时才开始真正做母亲，她认定女儿是个天才，要瑛瑛选择音乐或美术作为终身的事业。而且女儿看到书里夹着一朵萎谢了的花，听母亲说起一段故事，竟掉下泪来。母亲的心也感动了，对子静说："你看姊姊不是为了吃不到糖而哭的！"

做着天才梦的瑛瑛踌躇着，在看了一场描写穷困画家的影片后，大哭一场，决心做个钢琴家。

经半老小姐表姑的介绍，母亲带着瑛瑛去见钢琴教师——一个宽大的面颊上生着茸茸的金汗毛的俄国女人。穿过马路时，母亲自然地拉住瑛瑛的手，怕女儿被车撞了？瑛瑛感到一种生疏的刺激性的爱——辽远而神秘的母亲终于变得实在了。

母亲倾力培养女儿具有洋式淑女的风度。教导她弹钢琴即是一生一世的事，第一要知道爱惜你的琴，没洗过手不能碰雪白的琴键，每天得用鹦哥绿绒布亲自拭去上面的灰尘；教导她画图画背景最忌讳红色，因为背景应有距离感，可瑛瑛最爱温暖而亲近的红色；教导她学英文，学了英文去英格兰留学，教导她淑女行走时的姿势，她却冲冲跌跌，在房里也会三天两天撞着桌椅角，不是破皮就是瘀青……这些重大或琐屑的教导中，母女之情日深。尽管母亲未能如愿。

母亲爱读《小说日报》上登着的老舍的《二马》。母亲坐在抽水马桶上看，一面笑，一面读出来，瑛瑛倚在门框上听着笑着。母亲爱看鸳鸯蝴蝶派的杂志：《半月》《紫罗兰》《紫兰花片》，为那些钟情小说垂泪，瑛瑛也似懂非懂地陪着淌泪……这些，母亲并没有刻意教导女儿，可潜移默化影响着女儿日后的创作生涯。

母亲打算送瑛瑛进洋学堂读书，以便成为一个标准又正规的洋式淑女。起死回生的父亲出院回家，却大闹着不依不饶，母亲像拐卖人口一般，硬把瑛瑛送进了黄氏小学插班。填写入学证时，姓名一栏，母亲嫌小名张瑛不响亮，支着头想了好一会，也许脑海中闪过的是"海伦"——宙斯勒达的女儿，引起漫长的特洛伊战争的美貌女子，下笔时却是"张爱玲"，她说："暂且把英文名字胡乱译两个字吧。"

张瑛自此成了张爱玲。父亲对她的进学校也就认了，当然张子静还得在家中请私塾先生，算是父母抗衡后的平衡。

红的蓝的家摇摇欲坠维系着美的巅峰。

然而，太美丽的东西是极容易流逝的。

父亲故态复萌，又反悔起来，抽鸦片喝花酒，居然不出生活费，想逼着母亲拿出私房钱来养家。他像无赖似的打着如意算盘：把你的钱一点一滴逼光，看你还怎么飞？还上哪去留洋？张廷重还是张廷重，豪奢恣肆又软弱卑劣；黄逸梵也还是黄逸梵，敏感柔弱又清坚决绝；谁也无法改变谁！

用人们吓得不敢出声，并小声叮嘱爱玲和弟弟乖点。红的蓝的美到顶巅的家又只有荒凉，荒凉中的男女主人公在做最后的最火炽的撕掳决裂。

晚春的阳台上挂着苍绿的竹帘，爱玲和弟弟骑在小脚踏车上，却一动不动。爱玲的眼前浮现父亲头上搭着帕子两眼直勾勾望着白雨的黄中泛灰的脸，那脸渐渐扭曲出狰狞和凶残……啊，不！她不要！她希望什么也听不见、看不见！可阳光透过竹帘，在他们脸上身上留下密密的横条，她的身她的心已被切割成无数的横条条，世界碎裂了。

父母终于协议离婚了。在黄逸梵，这是最好的结局：无爱的婚姻已经拖了十年！三十岁的她可经不起老，美人迟暮，但她还得走自己的路；在张廷重，这怕也是最好的收梢：怎么着也算是他休了她。女人漂亮、有学问有什么作用？三十岁的青春能怎么倒账？况且不体面。

张茂渊早与张廷重意见不合，于是姑嫂搬出了这幢花园洋房，合租了一套公寓；张廷重也急急搬出，草草迁进一所衖堂里，大概他急于抹去这段记忆。红的蓝的家不复存在了。

幸而协约上写明张爱玲可以常去看母亲，她迫不及待去了公寓，第一次见到安在地上的瓷砖浴盆和煤气炉子，第一次登上六楼的阳台，俯瞰全上海在天际云影日色里，那怅惘的无着落的心忽地就有了安慰：母亲和父亲是应该离婚的。她与他是属于两个世界的。

不久，母亲独自去法国。爱玲已在住读，母亲去学校看她。母亲不再穿她所钟爱的绿衣绿裙，她的衣服是秋天的落叶的淡赭①，散发着淡淡的哀伤，肩上垂着淡赭的花球，随时随地着飘坠状。母女俩在高大的松杉夹峙的小径上走着，爱玲的脑海中只有一个字：飘。母亲又要飘了。曾几何时，母亲不是一次一次又一次地飘了吗？母亲又只能是辽远而神秘的了。爱玲的表情却很漠然，因为"衰老"骤然而至，她的面容烙刻下痛楚后的麻木。母亲不解地看看她，母亲既不掩饰她的高兴：终于争得了自由身自由魂，去到以自由著称的法兰西。母亲也不掩饰对儿女的失望：下一代的人，心真狠呀！

① 赭（zhě），红褐色。

可爱玲还是一张麻木衰老的面容。

淡赭的秋叶飘了，淡赭的花球飘了，隔着高大的松杉远远望着那关闭了的红铁门，爱玲还是一片漠然，爱的心田就这么一寸一寸地磨蚀了，留下的只有荒漠？那心忽地感到一点一点的刺痛，泪水涌出，她终于大声抽噎着，哭给自己听。

荒凉的秋风。荒凉的松杉林。荒凉的心。

十一岁女孩的哽噎是这样的苍老，使人想起"长安古道音尘绝。音尘绝，西风残照，汉家陵阙。"

那巍峨的过去已一点一点没落下去，有的只是没落阶级的荒凉，更空虚的空虚。

12

童年的故事收梢了，完整的家破碎了，其实也不算太坏。与其让那种杂乱不洁、壅塞的忧伤困扰着，像上海人说的心里很"雾数"，那就不如驱散"雾数"，走！

走到哪里去呢？母亲去了法国，小小的张爱玲呢？

张爱玲已就读于上海圣玛利亚女校。

当时的圣玛利亚女校是一所有近五十年历史的美国教会女中之一，与上海中西女塾同负贵族化声誉。

高大的松杉，年轻的梅树植满校园，树丛中有纵横交错的小径，树丛上耸立着饱历风霜的古老钟楼的尖角顶，凝重清亮的钟声准时敲撞着，带着历史的邈远和苍凉。红铁皮的校门紧紧地关闭着，生得黑里俏的舍监是青浦女子，成天灰着脸，女生背后给她取的绰号就叫阿灰。这是所常年不见天日的教会女校呵。

可也还有盎盎生趣，宿舍里走私贩卖点心的老女仆卖给她们"油炸鬼"——其实就是油条，经高年级女生指点，才晓得油条是南宋才有的，因为当时对奸相秦桧的民愤，叫"油炸桧"。大饼油条同吃，甜咸厚薄韧脆对照，别有滋味，比学校里的榨菜鹅蛋花汤好吃多了，那汤仿佛有腥气，连榨菜的辣都盖不住。

即使那用污暗的红漆木板隔开成一间间的浴室，灰色的水门汀地汪着水，鞋都无处放；门下就是水沟，风嗖嗖吹进邻近厕所的水汽，可是女生们还是抢着霸占了浴间，排山倒海哗啦啦放水时，爱玲的心里膨胀着欢喜。高年级的女生隔着几间房也放肆地呼喊着交谈着。有人把脚跨进冷水里，"哇！"地大叫起来，又哇哇叫着往身上泼着。有人说："喂！别把嗓子喊坏了！"可她自己跨进冷水里时哇哇叫得更厉害。有个常唱歌演戏风头出尽的校花高声唱着意大利歌："哦嗦勒弥哦！"是"哦，我的太阳"吧？

"哦噢噢噢噢噢！哈啊啊啊啊啊！"掷地有声的嗓音，像群群白鸽飞过圣玛利亚女校的上空，飞过女生们熟悉的林间小径，是向上向上飞往艺术的永生里？还是下坠下坠坠到女人低陷的平原呢？

女生们可不愿多想，青春就是青春！是外交官太太、买办夫人还是社会交际花还是老处女助教，那是明天的事！

"啊噢噢噢噢噢！啊哈哈哈哈哈！"

正在抽条拔高的张爱玲，板滞的脸庞上也有了青春的笑靥：她要飞！她有海阔天空的计划。

青春是美丽的，也是短暂的——只有十年吧。母亲是面镜子，她把对母亲的思念写进《迟暮》：

只有一个孤独的影子，她，依在栏杆上；她的眼，才从青春之梦里醒过来的眼还带有些朦胧睡意，望着这发狂似的世界，茫然得像不解这人生的谜。她是时代的落伍者了，在青年的温馨的世界中，她在无形中被摈弃了。她再没有这资格、心情，来追随那些站立时代前面的人们了！在甜梦初醒的时候，她所有的惟有空虚，怅惘；怅惘自己的黄金时代的遗失。

咳！苍苍者天，既已给人们的生命，赋予人们创造社会的青春，怎么又吝啬地只给我们仅仅十余年最可贵的稍纵即逝的创造时代呢？这样看起来，反而是朝生暮死的蝴蝶为可美了。……像人类呢，青春如流水一般的长逝之后，数十载风雨绵绵的灰色生活又将怎样度过？

她，不自觉地已经坠入了暮年人的园地里，当一种暗示发现时，使人如何的难堪……她曾经在海外壮游，在崇山峻岭上长啸，在冻港内滑冰，在广座里高谈。但现在呢？往事悠悠，当年的豪举都如烟云一般霏霏然地消散……

灯光绿黯黯的，更显出夜半的苍凉。在暗室的一隅，发出一声声凄切凝重的磬声，和着轻轻的喃喃的模模糊糊的诵经声，"黄卷青灯，美人迟暮，千古一辙"。她心里千回百转地想。接着，一滴冷的泪珠流到冷的嘴唇上，封住了想说话又说不出的颤动着的口。

这与其说是一个十二岁女孩子遥寄母亲的思念，不如说是三十岁少妇感慨人生的自白！

譬喻的巧妙、色彩的鲜明、形象的入画、苍凉的气氛。《迟暮》已初显其独立的风格。

十二岁的女孩，已深切感受到生命的紧迫，青春的短暂！快！

快！来不及了！来不及了！

1993 年圣玛利亚女校年刊《凤藻》刊登着这篇文章。

只可惜那时的教会学校大都注重英文，而轻视中文，尤以圣约翰大学一系的各校为最。圣约翰大学是美国圣公会所设立，圣玛利亚女校、圣约翰青年中学、桃坞中学等皆其一系。十二岁女孩的天才梦并没引起师生的注目。

母亲走了，但是姑姑的家还留有母亲的空气。她所知道的最好的一切，美的顶巅，不论是精神的还是物质的，全都在这公寓的房子里。光明、美好、善良全在这里！

十二岁的女孩像拜火教的波斯人，把世界强行分成两半：光明与黑暗，善与恶，神与魔。属于父亲的一半必定是不好的！烟炕、鸦片、咳嗽、痰盂、教弟弟作"汉高祖论"的老先生、章回小说，父亲的房间里永远永远是下午，懒洋洋灰扑扑地活下去，在那里坐久了便觉得沉下去，沉下去……

可小女孩也会一阵恍惚：有时候分明是喜欢的呀！鸦片的云雾，雾一样的阳光，乱摊着的小报分明给她一种回家的感觉呀！书桌上的《歇浦潮》《人心大变》《海外缤纷录》《胡适文存》……她分明欢喜一本本拖出去看呀！父亲是寂寞的。寂寞的时候他喜欢女儿。和女儿谈谈亲戚间的笑话，或忸怩地笑着咕噜："你姑姑有两本书还没还我。"是指《胡适文存》和萧伯纳的《圣女贞德》，德国出版的米色袖珍本。兴致来了，他会带女儿到飞达咖啡馆去买小蛋卷，由她自己挑拣；而他总是买香肠卷，其实不过是一只酥皮小筒塞肉，女儿偶尔吃一只，味道还真好极了呢。这样的时刻，专横暴戾的父亲变得真实可亲了。

可是有一天，她住校回来，所有的书已经一本都没有了！父亲洗手不看了。为什么呢？

夏夜的姑姑家的阳台上，姑姑告诉她：父亲要续娶了。这是一件结结实实的、真的事。她哭了！看过太多的关于后母凶恶歹毒的小说的她，万万没想到会应到自己身上！她只有一个念头——阻挡这事！

女孩终究是女孩，她无法阻挡这事。后母是孙宝琦的女儿，孙宝琦曾以遗老身份在段祺瑞执政时出任总理，官声不好，但后来仍家境拮据。这个虽是江南人却说得一口道地京片子的家族，有八个儿子，十六个女儿！后母仿佛带着她那家族浩浩荡荡的气概开进了张家，而且也吸鸦片，而且结婚后就搬进了那幢民初式样的老洋房里——张爱玲的出生之地！

这似乎是个凶险的预兆。后母不一定全是坏的，而张爱玲撞上个不好惹的，虽然说到底不过是小奸小坏，可张爱玲的人生轨迹却硬是在后母手里脱出轨道！幸耶不幸耶？张爱玲后来慨叹："女人的活动范围有限，所以完美的女人比完美的男人更完美。同时，一个坏女人往往比一个坏男人坏得更彻底。"事实是如此。后母治下岁月的伤痕，怕是永远难以弥合的。

青春的红晕和笑靥消逝了。瘦骨嶙峋的她，自惭形秽地穿着后母穿剩的衣服！刻骨铭心的是一件暗红的薄棉袍，碎牛肉的颜色，穿不完地穿着，就像浑身都生了冻疮；冬天已经过了，还留着冻疮的疤瘢。是这样的憎恶与羞耻，又是这样的鄙夷和淡漠。在学校她不交朋友，回到家里也不多开口说话。她只是一个孤零零的旁观者。她冷眼看着这人世间，她的嘴紧紧地抿着的线条如同石刻般；她的眼睛里有种石子的青色，晨霜上的人影的青色；她的面容板滞得麻木。

如同刚结成的蓓蕾却猛遭霜雪冰雹的欺凌，再也绽不开，却留下了永恒的嫣红和无数伤心的皱褶，这是怎样的艺术和人生！

她失落了自我。过度的自鄙和自夸折磨着她，今后的事业、眼前的路在哪里？

她已经不喜欢音乐，憎恶弹钢琴了。不只是因为圣校的美国琴先生粗暴，动不动一掌打在她手背上，把她的手横扫到钢琴盖上砸得骨节咔吧响；也不只是立在烟铺前，问父亲要钱去付钢琴先生的薪水，许久许久都得不到回答；她不喜欢音乐，因为一切的音乐都让她悲哀，音乐永远是离开了它自己到别处去，到哪里？谁知道呢？而且刚到又走了，跟着又是寻寻觅觅、冷冷清清。最怕的是小提琴，水一般流着，把人生紧紧把握贴恋着的一切东西都流走了。

而那叮叮咚咚的钢琴声，她听着像是黎明时的雨点打在洋铁棚上，天仿佛永远亮不开了；又像独自走上几十层大厦的后楼梯，在灰水泥黑铁栏的夹峙中永无止境往上走，伴着阴风惨惨！虽然下了几年的工夫，还有着母亲的期待，她还是终止了弹琴。

她倒是喜欢中国式的喧哗吵闹。中国的锣鼓不问情由劈头盖脑打下来，再吵她也能忍受，还有胡琴，虽也苍凉，但临了总像是北方人说的"话又说回来了"，远兜远转，还是回到了人间。

可总不能重打锣鼓另学胡琴吧？

那么学画图？也许由于母亲的遗传基因，她从小爱画图，对颜色敏感，而且画图使她快乐。她特别能体味颜色的婉妙复杂的调和，参差的对照。她懂得古人的配颜色：宝蓝配苹果绿，松花色配大红，葱绿配桃红等的回味；她亦懂得现代混合色里的秘艳可爱，就像梵高的画，那法国南部烈日下的向日葵，总嫌着色不够强烈，将颜色堆上去堆上去，油画仿佛成了浮雕，照在身上像另一个宇宙的太阳；

就是翠蓝夏布衫与青绸裤放在一起，她也能体味到森森细细的美！应该说，她是当画家的料！刚进中学时，她画漫画一张，勇敢地投到《大美晚报》，居然登出来了！得稿费伍元，她立刻去买了一支小号的丹琪唇膏。母亲怪她不把那张钞票留着做个纪念。可在她，钱就是钱，买到唇膏涂抹在小嘴唇上，明亮滋润的橙红色，使人安心呵。眼下她迷上了卡通画，没有一个爱看电影的人不知道华特·迪士尼的"米老鼠"吧？虽然卡通影片在中国不到十年的历史。她想学画卡通影片。她预卜未来的卡通画绝不仅仅是取悦儿童的娱乐。未来的卡通影片将介绍历史故事、科学知识、伟大的探险新闻……她还要把中国画的作风介绍到英国去，而大世界、天韵楼都放映着她的卡通影片！然而，通向灿烂前景的路在哪里呢？

其实，她一直钟情的是写小说。今古奇观体、演义体、笔记体、鸳鸯蝴蝶派、新文艺派……她都跃跃欲试。得心应手、驾轻就熟不敢说，却硬是乐此不疲。既自娱，也娱人。读小学时第一次写成一篇有收梢的三角恋爱悲剧小说。用铅笔写在笔记簿上，女同学们在蚊帐里传阅着，小说中负心男子姓殷，有个姓殷的同学就提抗议，把"殷"改成"王"，她又改回，改来摩去，一片模糊，纸都破了。她的母亲也认真看了，对细节设计提出批评，总之，反响是有的。与这通俗文体并驾齐驱的是新文艺体《理想中的理想村》，这里有的是活跃的青春，有的是热得火红的心，没有颓废的小老人，只有健壮的老少年。进中学后写了部长篇浪漫章回小说《摩登红楼梦》，订成上下两册的手抄本，居然博得父亲的青睐！读高二时，新来了一位中文部教务主任汪宏声先生教授中文，慧眼识英雄，认定她将来的前途，是未可限量的。张爱玲却依旧是忘了交作文，忘了给校刊写稿，忘了将鞋子放进鞋柜里。"我忘啦！"几乎成了张爱玲在圣玛利亚女中的绰号。可她切切实实闪过这样的念头："我要比林语堂还出风头！"

她在学校住读，尽量少回家。因为实在难得回来，与后母也客气地敷衍过去了。因续娶而戒了看小说的父亲，兴致勃勃为《摩登红楼梦》代拟回目，共计六回。

> 沧桑变幻宝黛住层楼，鸡犬升仙贾琏膺景命；
> 弭讼端覆雨翻云，赛时装嗔莺叱燕；
> 收放心浪子别闺闱，假虔诚情郎参教典；
> 萍梗天涯有情成眷属，凄凉泉路同命作鸳鸯；
> 音问浮沉良朋空洒泪，波光骀荡情侣共嬉春；
> 陷阱设康衢娇娃蹈险，骊歌惊别梦游子伤怀。

小小张爱玲却与《红楼梦》开了个不大不小的玩笑：贾政老爷乘专车从南京回上海。贾琏得了一个铁道局局长。鸳鸯蹲在小凳上就着烟灯给贾母烧鸦片。尤二姐请下律师要控告贾琏诱奸遗弃。主席夫人贾元春主持新生活时装表演。秦钟智能儿私奔。芳官藕官加入歌舞团。宝玉闹着与黛玉一同出洋。临行时，宝黛又拌了嘴，宝玉单身出国了。

童心一片！天才的意识流小说家。天才的魔幻现实主义。时空交错、纵横捭阖、大煞风景、却又自有它的妙处谐趣。要不，自大的父亲是会不屑一顾的。父亲还鼓励她学作诗，有两句先生曾浓圈密点："声如羯鼓催花发，带雨莲开第一枝"，张爱玲自己也颇为得意。

但是，这个家毕竟被杂乱、壅塞的烦恼忧伤困扰着。弟弟与年老的何干受着磨折，而弟弟偏偏不争气！少时大眼睛长睫毛白皮肤女性美的弟弟变得又高又瘦，穿着不干净的蓝布罩衫，居然还在租连环画看！而且还逃学，在饭桌上挨了父亲一个嘴巴，倒若无其事，一眨眼就到阳台上踢球！倒是她气得恸哭。后母嘲笑她："咦，你哭什么？又不是说你！你瞧，他没哭，你倒哭了！"

唉，生命是一袭华美的袍，爬满了蚤子。

她也不记得这话是看来的，还是她自己杜撰的。可是，她切切实实地受着许许多多蚤子咬噬之苦。

1937 年，她即将从圣玛利亚女校高中毕业时，母亲回来了！几年不见，母亲展现空前绝后的美。闯荡世界的精彩与无奈融汇成淡淡的悲哀，美人迟暮的印象烙刻进她的心田。以至于六年后她执笔写《倾城之恋》，执拗地要将白流苏安排成三十好几的迟暮美人，只是顾及读者接受心态，才忍痛改为二十八岁。她对母亲的依恋当是自然不过的，可是父亲却不能忍受了。吃他的穿他的用他的还受教育，居然心还在不要儿女的母亲一边！

张爱玲却懵懂不知就里，她用期期艾艾的演说方式向父亲提出留学的要求！因为她的蓝色的梦、英格兰的梦始终没有完全破灭，即便父母亲离婚后，她还有着海阔天空的计划：去英国读大学，学画卡通影片。她要把中国画的作风介绍到美国去。要比林语堂还出风头，要穿最别致的衣服，周游世界，在上海自己有房子，过一种干脆利落的生活。

父亲勃然大怒。他最痛恨女人留学，张爱玲偏偏哪壶不开提哪壶。父亲申斥她受了人家的挑唆，后母当然骂了出来："你母亲离了婚还要干涉你们家的事！既然放不下这里，为什么不回来？可惜迟了一步，回来只好做姨太太！"这样刻毒尖酸，张爱玲还能说什么呢？

"八·一三"沪战爆发，苏州河畔炮声隆隆。张爱玲以夜间不能入睡为由，征得父亲同意住到母亲处，当然，这是个借口。她喜欢和母亲姑姑住一处，这里有光明、温暖、美好和新鲜，一住两个礼拜。母亲却有预感，叮嘱她："万一他打你，不要还手，不然，说出去总是你的错。"

　　她却掉以轻心。不知等着她的是灭顶之灾。

　　时近黄昏。夏末初秋江南的黄昏更有一种地久天长的悠悠。

　　张爱玲悄悄走进厅堂，见着的是后母。后母像是憋足了气恶狠狠地质问："怎么你走了也不在我跟前说一声？"张爱玲小心地辩解："我跟父亲说过。"后母被刺痛了："噢，对父亲说了！你眼睛里哪儿还有我呢？"唰地抢了张爱玲一个嘴巴子！即便有着戒备的张爱玲也还是猝不及防！她本能地要还手，被两个老妈子赶过来拉住了。后母一路锐叫着奔上楼去："她打我！她打我！"

　　刹那间，死一般的寂静，一切都变得异常的明晰。下着百叶窗的餐室暗沉沉的，饭已经开上了桌；没有金鱼的金鱼缸，白瓷缸上绘着细细的鱼藻；顺着墙高高下下堆着的一排排紫檀匣子书箱；铺着湖绿花格子漆布地衣的楼梯——父亲趿着拖鞋就啪哒啪哒冲下楼来，揪住爱玲，拳打脚踢："你还打人！你打人我就打你！非打死你不可！"眼前的一切模糊了，耳被震聋，眼冒金花，那季节和大地的气息却涌进了厅堂，她被打得跪倒、躺倒，父亲还揪住她的头发一顿猛踢，最后总算被用人们拉住了，劝走了。遍体鳞伤的她记着母亲的叮咛，始终没有反抗。可这时她疯了般冲出去，她要去报巡捕房！大门却锁住了。任凭她怎么摇撼呐喊也没有用。再回到厅堂，父亲又炸了，将只大花瓶向她头上砸来，幸而她偏了偏，飞了一地的碎瓷！父亲咆哮着，扬言要用手枪打死她。这位张廷重怕是真正地愤怒了！他恨这个女儿！恨那个妻子！还恨这个时代！眼里全没有他张廷重！这还得了！

他又一次被劝走后，何干赶来了，向着她哭："你怎么会弄到这样的呢？"张爱玲这才一下扑向她的肩头，号啕大哭起来。从小就是何干领着她，她常用手去揪她颈项上的皮，渐渐地那颈上的皮松垂下来，何干也年纪大了。何干一直跟着张家小姐却弄成这样，何干为瑛瑛恐惧着，若是将老爷得罪了，要苦一辈子呢。张爱玲满腔委屈、气涌如山地哭了很久，晚上就在楼下空房的红木炕床上糊涂地睡了。

何干偷偷去报信，姑姑第二天来说情。不想后母一见她就冷笑："是来捉鸦片的么？"一个恶毒的女人真是恶得无孔不入！火上添油，张廷重从烟铺上跳起来，朝他唯一的嫡亲妹子打去！张茂渊被打伤了，用人们送她去了医院。张茂渊只是为了张家的面子，才没有去报巡捕房。

张爱玲被监禁在空房里，一天，两天，一星期，几星期……如果说父亲那天的殴打，是失控的狂怒，那么这么些日子了，他还囚禁着自己的亲生女儿，还要关个几年？几星期内她像老了许多年！诞生她的屋子变得陌生了，睁眼看着楼板上的蓝色的月光，潜伏着的是静静的杀机。不！她要逃走！在这癫狂的、残忍的、恐怖的屋子里，不死也要疯！何干偷偷捎来母亲的话："你仔细想一想。跟父亲，自然是有钱的；跟了我，可是一个钱都没有，你要吃得了这个苦，没有反悔的。"何干却又怕她逃走，再三叮嘱："千万不可以走出这扇门呵！出去了就回不来了。"何干为小姐恐惧，何干也为自己恐惧，一辈子做张家的用人，老了不能没个依靠，恐惧使她变得冷而硬。

张爱玲该怎么办？仰头问天，天是有声音的，满天的飞机，她希望炸弹掉下来，把一切夷为平地。不自由，毋宁死。她懂得了。

祸不单行。她生了很厉害的痢疾。父亲却不给她请医生，也不准何干送药，像要活活将她逼死。原本这个家就没有什么含情脉脉的面纱，而今不只是不要面子，连人性都丧失殆尽了。她躺了半年，形销骨立，从夏到秋，从秋到冬，淡青的冷冽的天，还有对面门楼上挑起的灰石的鹿角，底下累累两排小石菩萨……是哪朝哪代？何年何月？囚禁的女奴……生在这里，死在这里，埋在这满地白玉兰的院子里。

父亲忘记了她，后母忘记了她，弟弟忘记了她，这幢房里所有的人都忘记了她。旧历的年底毕竟最像年底，全上海都在忙着过年，她可以扶着墙壁走路了，逃走！逃走！她向何干打听到两个巡警换班的时间，晚上伏在窗上用望远镜侦察到没有"敌情"，才挨着墙一步一步摸到铁门边，费力地拔开门闩，竟敏捷地闪身而出！她站在天和地中间了，昏黄的街灯下周遭一片寒灰，她打着寒噤，可是发了疯似的快乐，她扶着街墙跌跌撞撞地走着，她与见着的第一部黄包车车夫讲起价钱来了！她看到他骇异的眼光，可他还是让她还了价坐上了车，黄包车在阴历年底空无行人的荒凉的街上奔跑着。天哪，她还是一个人，不是鬼！车夫骇异她的瘦削苍老吧，骇异她额头嘴角深深的裂痕吧，是的，她已经一寸一寸地死去了，可她终于活过来了，她能说人话，她会还价，她逃走成功了。

这个没有爱的人世间！可她却仍然叹一声：多么可亲的世界呵。

她还只有十六岁。过了年，该是十七岁了。

故事如果到这里收梢，也算弃暗投明、苦尽甜来。然而，故事还没完——完不了。

13

童年的梦魇是张爱玲创作的馈赠。

在家庭变故中早早老去了的张爱玲，也早早地悟透了人性、人情和人生。

张爱玲是那个时代的见证者和摄影者，或许她只从某个视角某个层面作了展示。但因为身在其境却又出了其境，那透视便少了点"只缘身在此山中"的混沌，也少了点旁观者的若无其事，多了点清醒和深刻。

张爱玲的父亲张廷重，是时代急遽变迁中遗老遗少们的典型缩影，是中西文化中的腐朽糜烂媾和畸变下的怪胎。张爱玲的伟大，在于她能直面亲人，直面人生。

这是很难的，她却轻而易举地做到了，而且没有太多的偏激。

二十世纪初，清朝灭亡了。原本养尊处优骄横跋扈显赫一世的清朝贵族，被赶下了历史舞台。妄图挽住历史车轮找回失去的世界的强烈欲望，与惶惶然若丧家之犬难以生存的环境之间，形成的是巨大的落差，落寞与不甘寂寞的苍凉心境，社会与时代的夹缝中的进退维谷，加速了这批遗老遗少的精神崩溃。相当一批遗老遗少躲进声色犬马十里洋场的上海滩，过起了寄生的公寓生活，关起门来做家族的小皇帝，根深蒂固的本土的封建主义与五光十色的外来资本主义的糜烂毒汁交融，渗进他们的精神和肉体，人生的激流冲刷掉昔日装饰的油彩，自私狭隘、残暴淫虐、刚愎自用、昏庸糊涂、卑鄙虚伪、怯懦自贱……一切非人性的劣根性在他们身上展览得淋漓尽致。人性泯灭、人格分裂、心理变态。张廷重就是这么一个病态人格者。无所事事坐吃山空，偏偏还豪奢腐化恣肆狂纵；空虚怯懦，偏偏还势利凌弱；他对妻子、妹妹、女儿的不近人情乃至丧失人性的狐狼举止，分明是失去心态平衡的畸形的发泄。他嫉恨她们，是因为她们新鲜、向上、有生命力？

然而她们并不是那个时代女性世界的普遍现象！女人……女人一辈子讲的是男人，念的是男人，怨的是男人，永远永远。这使她悲怆。但独立的新女性自身呢？

张爱玲的伟大，还在于她去除矫情，清醒地直面包括自己在内的家族中的女性世界。

张爱玲逃进了母亲的世界。

她一直用一种罗曼蒂克的感情来爱着母亲，辽远而神秘的母亲是光明、美和艺术女神的象征。

然而，母亲到底是一个普通的女人，哪怕已是西洋化的淑女！

母亲的个人奋斗似乎没有什么结果，经济却拮据了。有钱的时候她绝口不提钱，眼下被钱逼迫得很厉害的时候，她仍把钱看得很轻，因为她是一尘不染的清高的人。她托何干偷偷捎去的话是真实的，没有一点夸张。

姑姑也因投资股票生意栽了，心境很不好，姑嫂两位新女性仿佛还得重新赤手空拳打天下。爱玲骤然明白：自己拖累了她们！可有一天姑姑还是给爱玲捏了四只小小的包子，用芝麻酱作馅，包子蒸出来皮皱皱的，爱玲的心也皱起来，一把抓似的，喉咙里哽咽着，强笑着说"好吃"！

舅舅家就住在对街，舅母也是湖南人。大概爱玲身上那件碎牛肉、冻疮似的暗红旧棉袍太扎眼，舅母好意说，等她翻箱子时要把表姐们的旧衣服找点出来送给爱玲。爱玲的心又骤然受伤了，她成了被周济的穷亲戚？"不，不，真的，舅母，不要！"立刻红了脸，落下泪来。

母亲却与她开诚布公：如果要早早嫁人的话，那就不必读书了，用学费来装扮自己；要继续读书，就没有余钱兼顾到衣装上。

别无选择。要做一个独立的女人，大概首先得忘记自己是女人。她补书预备考伦敦大学，努力学做人；同时，母亲又教导她适应环境：教她煮饭，用肥皂粉洗衣，练习行路的姿势，看人的眼色，点灯后记得拉上窗帘，照镜子研究面部神态，如若没有幽默天才，千万别说笑话……可怜天下母亲心！可不知是天生在这些方面的愚笨还是出于逆反心理，母亲的苦心孤诣的调教并没有塑造出另一个张爱玲！

在窘境中学做人，分外困难；母亲为她做出了许多的牺牲，当然，环境越艰难，越显出母爱的伟大，可是对张爱玲的前途无一点把握，母亲怀疑自己的牺牲值得吗？

生存要钱，补书要钱，在母亲的窘境中三天两天伸手问她要钱。那滋味原来不比站在父亲的烟铺前要钱好受！

为母亲的脾气和烦恼磨难着，为自己的忘恩负义磨难着，琐琐屑屑的难堪，一点点地毁了爱！

一点点。只有她彻骨地懂得这"一点点"。多少年后她成名了，她说，她最爱用的字是"荒凉"，其实，还有这"一点点""一寸寸"。"一寸寸都是活的""一寸寸陷入习惯的泥沼里""她自己一寸寸地死了，这可爱的世界也一寸寸地死去了"。

这年夏天，弟弟带着一双报纸包着的篮球鞋，也要投奔母亲。母亲解释说她的经济力量只能负担一个人的教养费，因而无法收留他。弟弟哭了，张爱玲也哭了。为钱逼迫着毕竟是苦痛的，可父亲家里尽管满眼看到的是银钱进出，又有什么用呢？

后母已经把张爱玲的一切东西分给了旁人，只当她死了。张爱玲在她所诞生的民初式洋房里画了个句号。何干自然受到牵连，但义仆还是义仆，偷偷摸摸将瑛瑛小时的一些玩具拿了出来，有一把白象牙骨子淡绿鸵鸟毛的扇子，年数久了，一扇鸵鸟毛便漫天飞着，使人咳呛下泪。对张家的回顾，怕就是这样的感觉。

母亲的家呢？她常常上到屋顶阳台上转来转去，西班牙式的白墙将蓝天割出断然的条与块，为前途焦虑的她的心，也被割成无数的条与块了，母亲的家不复是柔和的了。

只有每天过街到舅舅家吃饭，带一碗菜去时，却烙刻下瞬间的记忆。端着的是乌油油紫红夹墨绿丝的苋菜，一颗颗肥白的蒜瓣染成浅粉红。她像捧着一盆不知名的西洋盆栽在天光下过街，有车开过，母亲轻扳住她的肩头，触了电似的微微发麻，热乎乎的苋菜分外香——这记忆，一直到老也不能忘吧。

人世间没有爱。因为人的本性是自私的，爱在一寸寸的磨损中毁灭了。看看吧，世上哪样感情不是千疮百孔的呢？

这，是张爱玲在十六岁前后坎坷际遇中形成的人生观，也可以说，刻骨铭心结结实实影响着她日后的文艺观。

这似乎灰色了点、悲观了点、偏执了点？哦，不。早熟的她的心田有着地母的根芽，她以一个女性真实的体验和独特的人生感悟，平静地展示了人性丑恶的一面，辛酸而又不无美感地反映着生命的本来面目；她并没有刻意夸大人生的苦难，只是平静地展示了一个女性对荒凉世界的直觉和观感，因了这苍凉底色的映衬，人生启示录才更显其深沉吧。

因为理解，所以宽容；因为懂得，所以慈悲。她对人世间的爱心并未泯灭。

《私语》《童言无忌》《必也正名乎》《存稿》《天才梦》——张爱玲童年和中学时代生活纪实，像是一个"月落如金盆"的夜晚，张氏喊喊切切絮絮叨叨告诉你的心腹话。

并非郑重的秘密，然而，这是真的。

一切是赤裸裸的真实，没有丝毫的矫情和掩饰。有美也有丑，有爱也有憎，而且爱一点点地毁了！父亲的暴戾和寂寞，母亲的多才和自私，姑姑的善良和小气，后母的恶毒和偏狭，妓女老八的刁蛮和诱惑，女佣何干的忠诚和胆怯，弟弟子静的漂亮和无用，还有她自己的天才、怪癖、视钱如命、忘恩负义……行云流水般倾注笔端，因为所写的都是不必去想的，永远在那里，是她下意识的一部分背景。她静静地、不露声色地、毫不夸张地追忆着，在这些独语式语境的散文里，还原了人性的真实本性。而且直逼自己的家族父母，尤其是对母亲、母爱的正视，平静中见犀利。即便五四时代第一批崛起的女作家群，也难以挣脱母女纽带。冰心讴歌母爱："心中的风雨来了，我躲进母亲怀里。"而张爱玲发现，母亲的怀里亦有风雨。庐隐也罢，冯沅君也好，在情爱与母爱的冲突中，母亲仍是神一般被理想化。张爱玲却如胡兰成所说，像民间喜爱的哪吒、桃花女、樊梨花，不孝不肖，从一个独特的视角探入人性的里层，达到了少有先例的深度。叛逆女性丰盈而纤细的感触，却有着一种久远的震慑力。

十七岁的张爱玲就不再像拜火教的波斯人，把世界强行分成两半；她彻悟到现实生活里其实很少黑白分明，但也不一定是灰色，大都是椒盐式。在她的小说里，除了《金锁记》里的曹七巧，全是些不彻底的人物，有着不明不白、猥琐、难堪、失面子的屈服，但他们有什么不好她都能宽宥，有时候还有喜爱，就因为他们存在，他们是真实的，是这时代广大的负荷者。

《花凋》里的郑川嫦，有着张爱玲少女时的身影吗？也许这故事就是来自夹在书中的一朵凋谢的花，母亲讲给她听的故事？垂死前的郑川嫦偷偷雇了部黄包车，她要重新看看上海！可人世间怎么看她呢？郑川嫦在黄包车上的感受，怕就是16岁的爱玲除夕逃出时在黄包车上的心境！人们用骇异的眼光看着她，眼里都没有悲悯。人世间只接受戏剧化的、虚假的悲哀！这没有爱的人世间。郑川嫦的家族呢？父亲是个遗老，因为不承认民国，自民国纪元起他就没长过岁数，他是酒精缸里泡着的孩尸，可一样知道醇酒妇人和鸦片，还特别宠下堂妾的儿子，他出演的是闹剧；母亲是个美丽苍白、绝望的妇人，生了四女二男，在无爱无钱的家中出演冗长单调叮当琐屑的悲剧；姊妹们明争暗斗弱肉强食，跟捡煤核的孩子一样泼辣有为，受尽挤兑的是最小的女儿川嫦，她是没点灯的灯塔。等到19岁中学毕业，这种家族的女儿，不能当女店员、女打字员，便只能当"女结婚员"，等到刚刚与未婚夫拉开恋爱帷幕，川嫦却病倒了，是肺病，一病两年。父亲不肯出钱买药，因为这年头做老子的一个姨太太都养不活，肺痨女儿还一天两只苹果！母亲忖度着，若是自己掏钱，岂不证实自己有私房钱？川嫦明白了，她是个拖累，对于整个世界，她是个拖累。在没有爱的人世间，川嫦悄悄死了。花凋了。

比起跌宕起伏、不同凡响的张爱玲少女传奇，《花凋》淡化了传奇。川嫦一生的挣扎微弱无力，更说不上叛逆奋斗；川嫦父亲也不像张廷重般残忍暴虐，川嫦父母的无爱是不动声色的；川嫦的卧室有着的是没有波澜的寂寂死气。然而，不正是从这平淡无奇中，彻骨的悲凉令人不寒而栗吗？

《花凋》开篇，是川嫦的父母发了点小财，将她的坟加工修葺了一下，芳草斜阳中白大理石天使蹁跹而立，小碑上刻着："……回忆上的一朵花，永生的玫瑰……安息罢，在爱你的人的心底下。知道你的人没有一个不爱你的。"

张爱玲说：全然不是这回事。

张爱玲还嫌不够：全然不是那回事。

张爱玲对人世间没有爱，不是判断，而是慨叹。

《茉莉香片》中的聂传庆，那个萎蕤阴沉却有着女性美的白痴似的青年，莫非就是张爱玲弟弟子静穿着不太干净的蓝布长衫、晃一晃就不见了的身影吗？

弟弟！张爱玲唯一的亲弟弟，仅比她小一岁却总像是个小玩意的弟弟。

弟弟漂亮而且虚荣，但可爱。"你的眼睫毛借给我好不好？明天还你。"不，弟弟认真地一口回绝。

弟弟好吃却因体弱又得抠着吃，他便爱哭，吃不着松子糖哭，松子糖加了黄连汁哭，拳头塞在嘴里哭，拳头上涂黄连汁，还是哭！

弟弟听姐姐的调派打古仗玩，却又常常不听她的调派，他是"既不能命，又不受令"的。

弟弟忌妒姐姐，会偷偷撕掉姐姐的画或涂上两道黑杠。可姐姐要他编个故事，他只能编老虎呜呜叫着追人，姐姐在他腮边轻轻亲一下，可爱的小弟弟。

然而父母离异后，在这幢阴阳交界，弥漫着鸦片的云雾、摇晃着私塾先生的诵读声的屋子里，父亲的暴虐，后母的挑拨已将他作践得不像人，逃学、忤逆、没志气、没自尊，没落的家族制造出一个精神残废！为这，爱玲感到一阵寒冷的悲哀。弟弟！

聂传庆也处在一个没有爱的荒凉的家庭里！荒凉的大宅里弥漫着鸦片云雾，荒凉的网球场上晴天也煮着鸦片！后母刻毒，父亲骂他是"猪狗"，他的耳朵有点聋，就是给父亲打的！因为父亲把对母亲的恨发泄到他身上！因为死去了的母亲从来不爱他父亲。母亲不是笼子里的鸟。笼子里的鸟，开了笼，还会飞出来。她是绣在屏风上的鸟——悒郁的紫色缎子屏风上，织金云朵里的一只白鸟，年深月久了，羽毛暗了，霉了，给虫蛀了，死也还死在屏风上！母亲死了，屏风上又添了一只鸟——聂传庆！20年了，即使给了他自由，他也跑不了。他是这个家庭制造出而且继续折磨着的精神残废！

偏偏他发现了教授言子夜就是母亲当初的恋人！偏偏言子夜的活泼幸福的女儿丹朱对孤独的他又有着异乎寻常的热情——只能说是富裕的同情吧。原本落落寡合病态的他，越发心理变态了。他憎恨父亲，却又发现自己酷似父亲，因此深恶痛绝那存在于自身体内的父亲！他怨恨母亲，怨恨她当初为什么不私奔，那么而今他的父亲便是言子夜！他对言子夜则失魂落魄般畸形的倾慕，却因回答不出课堂提问遭呵斥而号啕大哭！他嫉恨天之骄女丹朱，因为有了她，就没有他！多么的错综复杂畸形变态的心理，却又有条不紊丝丝入扣入情入理！圣诞节之夜，丹朱请他送她回家，深夜的空山崖中，这颗扭曲畸态的心终于爆发出邪恶，他疯狂地殴打丹朱。他以为她死了。丹朱没有死。这故事也完不了。他跑不了。

聂传庆是张子静，又不是张子静。弟弟的遭际进行了侧面的转化和升华，张爱玲的勇气和功力不只是展示出人世间没有爱，而且深掘出"没有爱"是人自造的！人与人之间的隔阂、猜疑、嫉妒、荒谬、畸态的爱与恨、莫名的是非恩怨正在自觉不自觉地制造出无数悲剧。

没有爱的人世间处处是畸形的变态者，何止聂传庆这一个？

《倾城之恋》中白流苏迟暮之美如果说是爱玲对母亲的记忆，但那只是皮毛。白流苏两次从白公馆出走，那切肤之痛的感受，却是母亲和张爱玲共有的。"这屋子里可住不得了！……住不得了！"因为"这里，青春是不稀罕的，他们有的是青春——孩子一个个地被生出来，新的明亮的眼睛，新的红嫩的嘴，新的智慧。一年又一年地磨下来，眼睛钝了，人钝了，下一代又生出来了。这一代便被吸收到朱红洒金的辉煌的背景里去，一点一点的淡金便是从前的人的怯怯的眼睛"。这屋子里人人"隔着一层无形的玻璃罩——无数的陌生人。人人都关在他们自己的小世界里，她撞破了头也撞不进去。她似乎是魔住了。"这种没有爱的破落户大家族的空气，女性分外能领略那壅塞的窒息的忧伤。张爱玲说《倾城之恋》的背景即是取材于《柏舟》那首诗中的："……亦有兄弟，不可以据……忧心悄悄，愠于群小。觏闵既多，受侮不少。……日居月诸，胡迭而微？心之忧矣，如匪浣衣。静言思之，不能奋飞。"她尤其喜欢"如匪浣衣"的譬喻。堆在盆旁的脏衣服的气味，杂乱不洁的、壅塞的忧伤如何能驱之呢？

《金锁记》的诞生，应该是没有爱的大家族的"馈赠"。那时代那家族，既是呼喇喇似大厦倾，也还是百足之虫死而不僵。繁华与没落交替，礼教与沉沦杂交，大户与小户联姻，情欲与金钱撕掳，同舟共济与飞鸟各投林的矛盾……人性的自私与丑恶得到充分的表演，八岁就读《红楼梦》的张爱玲，以罕见的早熟的兴趣，注目着思忖着，厚积薄发！三万余字的篇幅，展现了时代的变迁、大家族的分崩离析、人性的扭曲变态。兄妹、姑嫂、婆媳、夫妻、叔嫂、妯娌、母子、母女、堂姊妹、恋人……纵横交错几代几家形形色色的婚姻，却又清晰分明让人过目难忘，负重若轻！张爱玲实在是太年轻，将童年的积累毫不吝啬倾出；张爱玲也实在是超凡的早熟，人世间没有爱被她刻画得淋漓尽致。然而，即使在她自己称之为最彻底的人物曹七巧身上，从她衰老的脸上那滴渐渐自己干了的泪上，不是反衬出她的心对这人世间还有一丝最后的爱吗？

如同苍凉的胡琴，咿咿呀呀拉着，远兜远转，话却又说回来了，张爱玲可以说是晚清的中国士大夫文化走向式微与没落之后的最后一个传人，她于不知不觉中濡染着中国士大夫的乐感文化的历史遗留，同时又烙上了那个时代浓重的末世情调——荒凉，这是她的风格，也是她的感悟。

夜深沉，张爱玲忆着往事，仿佛寄住在旧梦里，在旧梦里做着新的梦。

"托，托，托，托"，是古代夜里更鼓，还是现在卖馄饨的梆子？

"托，托，托，托"，千年来无数人的梦的拍板，这可爱又可哀的年月呵，这可爱又可哀的家族呵。

虽然给她留下了累累伤痕，虽然她为这崩溃的家族做了风卷残云的扫除，可毕竟是自己的家，随着生长的家应当是合身的，哪怕没有爱。

香港的回忆

有一天我们的文明，不论是升华还是浮华，都要成为过去。

然而香港之战予我的印象几乎完全限于一些不相干的事。人生的所谓"生趣"全在那些不相干的事。

14

第一次看见香港的海。

脑海中竟浮出明信片上一抹色的死蓝的海。

爽然若失。

"赤日炎炎的下午，望过去最触目的则是码头上围列着的巨型广告牌，红的，橘红的，粉红的，倒映在绿油油浓而呆的海水里，一条条，一抹抹刺激性的犯冲的色素，蹿上落下。在水底下厮杀得异常热闹。"

张爱玲以敏感得近乎神经质的艺术家的气质打量着香港，几天来乘坐小小荷兰船的颠簸之苦为之一扫。

这图景她喜欢。虽然母亲说：画图的背景最得避忌红色，背景看上去应当有相当的距离，红的背景总觉得近在眼前。可她喜欢，赵匡胤形容旭日"欲出不出光辣挞，千山万山如火发"，她爱这样辣挞的刺激颜色。

旋即，她却忐忑不安起来，在这满是刺激、夸张的城里，就是栽个跟头，只怕也比别处痛些吧？

这是 1939 年的夏。

张爱玲十八岁。她的蓝色的英格兰梦总算若即若离地半圆了。

经过近两年的补书预备，张爱玲义无反顾地走进英国伦敦大学在上海设置的考场——她考取了！呵！看看英格兰究竟是微雨多雾的青色，还是蓝天下满目小红房子？看看淡漠自足的英国人的绅士风，说是在非洲的森林里也照常穿上燕尾服进晚餐呢。然而因为战事，不能上英国，改到香港大学就读。

十八岁的女儿家只身闯天下。放眼周围，各色人等熙熙攘攘，满是喧哗与骚动，五彩缤纷繁华耀眼的香港却又使她漫过哀愁，香港，当时毕竟被英国殖民统治，从 1842 年中英签订《南京条约》起，丧权辱国，经历近百年的变迁，资本经济与殖民文化杂交，各种不调和的地方背景和时代气氛，全给硬生生掺揉一起，造成一种真实又奇幻的境界。

她是孤独的。幸而李先生很快接着了她。这位宽厚又富于幽默的中年男子是张爱玲母亲和姑姑的朋友，张爱玲在香港的法定保护人。

李先生叫车送爱玲去香港大学。城里，早期澳洲式的古旧建筑物与流线型几何图案式的摩登建筑杂陈，各类广告越发充满刺激，让人目不暇接；行人摩肩接踵，街道便显得狭窄拥挤；她忽然发现，眼中的粤东佳丽大都橄榄色皮肤，深目削颊的糖醋排骨类——她偷偷笑了，为自己的俏皮。

车驰出闹市，渐渐地只见黄土崖、红土崖，土崖缺口处露出森森绿树，露出蓝绿色的海。哦，郁郁的丛林里，参天大树上窝着一蓬蓬一蓬蓬的小花，红得不能再红，"哔哩剥落"燃烧着，一路烧过去，把那湛蓝的天也熏红了。

她从车窗口仰着脸，惊异地叹道："红！真红！红得不可收拾。"

李先生看她的稀罕劲，笑着说："这是南边的特产，广东人叫它'影树'。英国人叫它'野火花'。"

那树叶却像凤尾草，车驰过，耳边恍惚听见一串串小小的音符，像是檐前铁马的叮当。

她的心怦怦直跳，脸颊滚烫滚烫，野火花像是直烧上身来，生命也是这样的吧，生命该是一种燃烧呵。

海阔天空的计划得付诸现实，一切来之不易，她得真正地发奋用功。要晓得，女儿家的大学文凭原是最狂妄的奢侈品呵。

香港大学坐落于半山腰，修道院天主教尼僧管理她们的宿舍。同学大多是东南亚诸国富侨子弟，而本埠和大陆的学生家世大都宽绰，因此随着送子女上山来的汽车喇叭响，往往也是一掷千金的大施主！与这班太阔的同学相比，张爱玲就算穷学生了，但她知晓母亲算是尽心尽力了。

穷且益坚，不坠青云之志。张爱玲两耳不闻窗外事，一心只读圣贤书。她喜欢待在图书馆里，那乌木长台，那影沉沉的书架子；那堆着的是几百年的书。悠长的岁月，给它们熏上了书卷的寒香，她酷爱这略带一些冷香的书卷气，让她想起家中紫檀匣子上刻着绿泥款识的书箱，想起祖父的集子……她阅读马卡德耐爵士出使中国谒见乾隆的记载，那些大臣的奏章，那象牙签，锦套子里装着的清代礼服五色图版，汇成阴森幽寂的空气。哦，她迷上了英国作家伯纳德·萧，赫伯特·乔治·威尔斯，奥尔德斯·里奥纳德·赫胥黎，德·赫·劳伦斯……他们的作品她都爱读，当然，对威廉·萨默塞特·毛姆不改初衷！因为母亲也喜欢毛姆。毛姆那审视人生的冷静客观的目光，那首尾完整娓娓动听的故事让张爱玲倾慕；毛姆那对侨居异都的英格兰人的刻画，对中产阶级的荒凉，更空虚的空虚的勾勒，引起的是心的共鸣……她读书，如饥饿的人扑在了面包上；她读书，远离尘世，这里是感情的冷藏室！她捧着一叠借好的书匆匆忙忙回宿舍，是薄暮时分，突然她站住了—— 一条蛇，钻出洞来矗立着，总有两尺来长！一刹那间，一切都变得非常明晰，路旁挤挤挨挨长着墨绿的木槿树，结着一朵朵硕大的绯红的花；树下枝枝叶叶，不多的空隙里，长着各种草花，都是毒辣的黄色、紫色、深粉红——火山的滋味呵。在一片怔忡不宁的不彻底的寂静中，蛇静静地望着她，她也静静地望着蛇，对望了半晌，她才突地哇呀呀叫出声来，返身便跑！

可这没吓跑她的海阔天空的计划，她不放弃大学毕业后去英国留学的打算。她苦练英文，给母亲姑姑的信全用英文书写，哦，她顶喜欢收到姑姑的回信，淑女化的蓝色字细细写在极薄的粉红拷贝纸上，读起来"淅沥咔啦"作响。信里有种情趣，像春夏的晴天，让人百无聊赖——这是家的气息！姑姑的信却是语气平淡，间或指出她英文信中某个文法错误，但几乎全用惊叹号做标点，也许这是姑姑年轻时时髦文章的做派吧。母亲却很少回信。为了让英文流利自然，娴熟如母语，张爱玲竟不无残酷地断掉中文创作之念！《天才梦》算是前阶段中文写作的小结吧。

"我是一个古怪的女孩，从小被目为天才，除了发展我的天才外别无生存的目标。然而，当童年的狂想逐渐褪色的时候，我发现我除了天才梦之外一无所有——所有的只是天才的乖僻缺点。世人原谅瓦格涅的疏狂，可是他们不会原谅我。"

"生活的艺术，有一部分我不是不能领略。我懂得怎么看'七月巧云'，听苏格兰兵吹 bagpipe，享受微风中的藤椅，吃盐水花生，欣赏雨夜的霓虹灯，从双层公共汽车伸出手摘树巅的绿叶。在没有人与人交接的场合，我充满了生命的欢悦。可是我一天也不能克服这种咬啮性的小烦恼，生命是一袭华美的袍，爬满了蚤子。"

在这篇不到 1500 字的文章里，十八岁的张爱玲似乎要从天才梦中醒过来，可是，字里行间，却依然故我地对天才梦充满依恋和执着！

《天才梦》是张爱玲见到上海《西风》杂志三周年纪念征文广告而作的，随即懵懵寄出。自九岁画漫画一张投到《大美晚报》登出后，她其实一直零零星星投稿，可惜都如石沉大海。征文题为《我的××》，限定字数不超过 1500 字。此征文引起强烈反响，国内外各地、社会各阶层计 685 位热心作者寄出了征文！执笔者有大学教授、新闻记者、银行职员、军人、男女学生、家庭主妇，还有舞女、小妾、流浪汉乃至囚犯。人，是需要倾吐的呵。1940 年 4 月 16 日征文揭晓，张爱玲为十名得奖者之外三名名誉奖的第三名！《天才梦》可戏称为"压卷之作"。这其实很不容易，从近七百名竞争者中脱颖而出。可心气极高的张爱玲却愤愤不平，因为刊登出的获奖文章不少超出 1500 字！犯规还获什么奖？该罚出赛场！

《天才梦》获奖后，张爱玲的母亲悄然去了新加坡。也许，母亲放心了，女儿认识了自己便是自立的体现。张爱玲在暮春雨中有过怅惘，好在母亲始终是朵飘来飘去的云。

张爱玲在啃教科书的同时，不忘揣摩每一个教授的心思，每每摸准，她本就是写小说的料嘛，每一样功课她总是考第一！落落寡合、离群索居的张爱玲让同学也让老师刮目相看了。固然，听课的滋味并不都是美的享受。有的教授十五年来没换过他的讲义，二十年前他在英国读书时的笔记仍旧用作补充教材，偶然在课堂里说两句笑话，那也是十五年来一直在讲着的！唉，再美的一碗菜，炒上十五遍，还有什么滋味呢？讲授莎士比亚的眼镜教授，"莎士比亚是伟大的，伟大的，伟大的……"似乎要说上一万遍，用忧愁的、固执的、不信任的眼光看着同学们，时而挑战地抬起下巴，时而肯定地低下头，一个下巴挤成了两个更为肯定的。莎士比亚倒乏味了。爱玲像中学时代一样，恶习不改，埋头为教授画速写像，却像是最认真的记笔记学生。眼镜只有一分钟的幽默："朱丽叶十四岁。为什么十四岁？啊！因为莎士比亚知道十四岁的天真纯洁的女孩子的好处！啊！十四岁的女孩子！什么我不肯牺牲，如果你给我一个十四岁的女孩子……"他喋喋有声，做出贪嘴的样子，学生们开怀大笑。教授对于莎士比亚的女人虽然放恣又佻挞，在现实的校园里却是道貌岸然的严谨者。历史教授佛朗士却是个豁达的人，彻底地中国化，不按笔画顺序写的中国字蛮有气魄。他爱喝酒，曾同中国教授们一同游广州，到风流庵里去看小尼姑。他却又不赞成物质文明，家里不装电灯自来水，有幢房子专门养猪！上课的时候他抽烟抽得像烟囱，讲课时嘴唇上永远险伶伶地吊着一支香烟，跷跷板似的一上一下，却从未落下过。他的历史课上得极有个性！官样文章被他耍着花腔念得滑稽可笑。张爱玲喜欢听他的独到的见解，从他那里得到一点历史的亲切感和扼要的世界观。他的头发稀了，但仍有一张孩子似的肉红脸。张爱玲崇拜的是中国文学史教授，在这美丽的岛屿上仿佛第一次发现中国长袍的一种特殊的萧条的美。那宽大的灰色绸袍，那松垂的衣褶，在这个略微有点瘦削的中年男子身上，显示的是中国男子的成熟美。他也欣赏张爱玲的中文根基。在香港，一般学生的中文都很糟，可又还看不起中文，不肯虚心研究，认真教书的他怎能不灰心呢？只有张爱玲，中文根基比谁都强，他给了张爱玲极高的分数，他忧郁又期待地说："我教了十几年的书，从没给过谁这样的分数！"

张爱玲却忍痛割爱，辍笔中文创作。

她连得了两个奖学金，毕业之后还有希望被送到英国去！

英格兰，似乎不再是迢递的梦。而香港人人事事处处时时的"英格兰风"，又让她深感到殖民空气的压抑和窒息！这个阴湿郁热的小城呵。白种人拥有自以为应有的声望，种族界限森严壁垒，尤其在婚姻上，谁娶了个东方女人，一辈子的事业就完了。混血儿杂种人就更难安身立命。女学生学弹琴，是因为英国大户人家小姐都会这一手？香港大户人家的小姐们，得沾染上英国上流阶层的保守派习气，得有一种骄贵矜持的风格？富豪的园会，便是英国十九世纪的遗风。香港人处处模仿英国习惯，却又喜欢画蛇添足，草地上遍植五尺来高福字大灯笼，黄昏时点上火；灯笼丛里却歪歪斜斜插几把海滩上的遮阳伞，洋气十足，真是不土不洋不中不西不伦不类！浮滑的舞男似的年轻人、三宫六嫔的老爷、中尉上下的英国军官、修女嬷嬷、太太小姐真真假假调情嬉戏其间，最后总是要弹唱一曲《夏日最后的玫瑰》！唉，这美丽又肮脏、浅薄又复杂，不可理喻的香港呵。

就是让人倾慕的香港中等以上的英国社会，又怎么样呢？男的像一只一只白铁小闹钟，按着时候吃饭，喝茶，坐马桶，坐公事房，脑筋里除了钟摆的嘀嗒之外什么都没有；也许因为香港炎热的气候的影响，钟不太准了，可是一架钟还是一架钟。女的，成天地结绒线，茸茸的毛脸也像拉毛的绒线衫……白种人的小天地与张家古老的深宅大院朦胧一片，莫非，他们唱歌也唱走了板，跟不上生命的胡琴？

几年后，因为战事，张爱玲书没读完就回了上海，在上海重操中文写作的营生，第一部第二部第三部连着抛出的就是香港传奇——华美的但是悲哀的城的传奇。

《沉香屑·第一炉香》《沉香屑·第二炉香》《茉莉香片》是张爱玲的香港的回忆，《倾城之恋》是香港的回忆的高潮也是尾声。《烬余录》则是纪实散文，也是她散文式的文艺理论《自己的文章》形成的重要又必要的铺垫。

《沉香屑·第二炉香》写的是一位四十岁的英国教授的传奇！罗杰教了十五年的化学物理，做了四年的理科主任与舍监，一个月挣 1800 元港币，住宅由学校当局供给；有这样一个相当优裕的但是没有多大前途的职业，可他本是一个平静平凡安分守己的人呀，他活着并没有碍着谁。他又是一个正常的男人，要恋爱要结婚，他的新娘是有着浅金色头发的世界上最美丽的女人——二十一岁的愫细。然而，愫细一家在性知识方面的教育匮乏又封闭，新婚之夜，愫细出逃了！大考前的校园搅得沸沸扬扬！罗杰被斥之为衣冠禽兽！而罗杰也陡然明白，愫细的姐姐斥责丈夫为禽兽的轩然大波中，那男子也是个无辜的正常的男人呵！而罗杰生存的人世间呢？如果愫细和姐姐是因为性知识的幼稚缺乏，而让他活着比死了还难受；那么老校长巴克明知实情，却逼着他自动辞职，冠冕堂皇称之"为了职务而对不起自己"，仍是一种极其虚伪的自私；教务主任毛立士的兴风作浪，赤裸裸是出于私怨而做的香甜的报复；毛立士的填房太太对罗杰异乎寻常的热情，是出于邪恶女人的邪念狂欲；女秘书女打字员女学生以及教职员的太太们鄙视他憎恶他却又在潜意识里喜欢他，是出于女人不可思议的心态吧？男学生们攻击他诋毁他，出于青春的正义更出于对他平素管教的狠狠的还击；而教务书记、医科工科文科的办公人员，乃至校役、花匠……无不关注此事，是因为人类天性中的好奇与幸灾乐祸？

愚蠢的残忍。这圈子里圈子外无处不在的愚蠢的残忍！小蓝牙齿——愫细的姐姐在灯光下白得发蓝的牙齿！啊，到处是小蓝牙齿！罗杰教授开了煤气，煤气的火光，像一朵硕大的黑心的蓝菊花，细长的花瓣向里拳曲着。他把火渐渐关小了，花瓣子渐渐地短了，短了，快没有了。只剩下一圈齐整的小蓝牙齿，牙齿也渐渐地隐去了，在完全消灭之前，却突然向外—扑，伸为一两寸长的尖利的獠牙，只一刹那，就"啪"地一炸，化为乌有。罗杰开煤气自杀了。他的故事才算完了。

这是一出悲剧，与其说是性知识贫乏而酿成的悲剧，倒不如说是舆论杀人的悲剧。

鲁迅先生曾说：我们民族最缺乏的东西就是诚和爱。换句话说，便是深中了诈伪无耻和猜疑相贼的毛病。

岂止是我们的大汉民族？

这荒凉的人世间，何处去觅爱？

15

然而，不管怎么说，在香港的大学生活，毕竟是张爱玲一生中最珍贵的时代记忆。

虽然她一天也不能克服种种咬啮性的小烦恼，可生命毕竟是一袭华美的袍，她能够遗世独立。她实践着，也证明着。

她有了知心朋友。这知己，与她同行于人生旅途，从香港到上海，以后还先后漂洋过海到了美国，这样密不可分的挚友，也只能说是命运的恩赐，人生奇缘吧？

当然是炎樱。读书时的本名姓是"莫黛"。她们是怎么成为知交的？记不太清楚了。也许，是爱玲在洗小手绢子，将苹果绿、琥珀色、烟蓝、桃红、竹青，一方块一方块，有齐齐整整的，也有歪歪斜斜的贴了一墙，莫黛跳了进来：喝！漂亮的画！也许是夏天的午后，女同学们爬过黄土陇子去上课时，只见夹道上开着红而热烈的木槿花，又是莫黛嚷了出来：许许多多烧残的小太阳呵。也许是春天，满山的杜鹃花在缠绵雨里红着，簌落簌落，落不完地落，红不断地红，好不容易晴了，蝴蝶恋恋飞舞，这个莫黛神秘兮兮说：每一个蝴蝶都是从前的一朵花的鬼魂，回来寻找它自己。啊，莫黛说的，就是她心里想的。尽管一个好静，一个好动。

是的，对色彩近乎神经质的敏锐感触，对绘画的天才和爱好，是她们相互默契的共同处；而莫黛的活泼叽喳、无忧无虑、没心没肝与张爱玲的深沉文静、忧郁落寞、沉默寡言分明形成鲜明的对照。然而她们硬是成了一对形影不离的好朋友。

莫黛个子小而丰满，乌溜溜的会撒娇的眼睛总让张爱玲生出给她取个名字的念头。取名是一种轻便的、小规模的创造，在老中国，似乎只有做父母祖父的和乡下的塾师有这权利。张爱玲跃跃欲试；叫炎樱吧。莫黛大大咧咧地应允了，同时也将张爱玲的俗名改成"张爱"。别以为炎樱凡事听张爱的，倒是许多事张爱心甘情愿听炎樱的。

多亏炎樱，张爱玲才像被逼迫着一般偷空游山玩水，偷空上高街逛印度绸缎庄，偷空谈天看人……心里很不情愿，总认为是糟蹋时间、不务正业，可人怕是天性中有犯贱的脾气，这种偷偷摸摸的玩，分外快乐，分外记忆深刻，或许，还分外有益？

如若没有这偷空的玩，怎能领略浅水湾的风情？那口渴的太阳汩汩地吸着海水，漱着，吐着，哗哗地响。人身上的水分全给它喝干了，人成了金色的枯叶子，轻飘飘的，让人感到奇异的眩晕与快乐。却又有一种叫沙蝇的小虫，咬一口，就是个小红点，像朱砂痣。人生就是这样，充满了小小的咬啮的烦恼吧？

如若没有这偷空的玩，怎能玩味香港山中最有名的雾，所有的房子黏黏地融化在白雾里，浩浩荡荡都是雾，一片蒙蒙乳白，恍惚间，你成了甲板上的望海者。人生就是这样的虚幻缥缈、不可捉摸么？

还有太阳！还有月亮！不错，自小她就喜欢看月亮，北国的月亮，江南的月亮，可那毕竟是都市的月亮。瓦屋上的月亮，庭院里的月亮，摩天大楼夹峙的峡谷里的月亮。香港的月亮，为她敞开一扇又一扇窗口，那月亮越白越晶亮，仿佛是一只肥胸脯的白凤凰，栖息在路的转弯处，在树丫枒里做了窠。那月亮又是一团蓝阴阴的火，缓缓地煮着锅里的水，水沸了，"骨嘟骨嘟"地响……太阳月亮是永恒的又是瞬间万变的，你的视野如若有着浓郁的印象式的主观投射，那不只是营造了荒凉荒寒荒漠的气氛，不只是烘托出人物的复杂细腻的心理，而是形成了张爱玲小说独特的风格。那时的张爱玲已与写小说绝了缘，却仍在有意无意不经意间积淀生活的感受。她忘不了圣诞夜狂欢后，她与炎樱急急回宿舍，香港虽说是没有严寒的季节，可圣诞夜也够冷的，林子里的风，呜呜吼着，与较远的海面上的风起伏呼应，就像狂犬的怒声与哀哀的狗哭混杂着。冬天的微黄的月亮出来了，不远处有颗微弱的小星星，炎樱跳了起来：

"月亮叫喊着，叫出生命的喜悦；一颗小星是它的羞涩的回声。"她倾慕地看着炎樱，炎樱的生命的喜悦也感染着她。

生命的喜悦不只在大自然。进城、逛街、看人。香港的街市永远出演义务的时装展览，而时装是女人的天地。男人的服装永远是戴了墨镜看的世界。炎樱能双手一摊，吐出一连串的"灰"："鸽灰、石板灰、铁灰、烬灰、烟雾灰、雷霆灰、呶呶的灰、轻飘的灰、机械灰、桃花灰、母灰！"叫人忍俊不禁。女人的服装世界都是姹紫嫣红的。女人对衣装总是一往情深的，而且永远少一件衣服！张爱玲说："衣服似乎是不足挂齿的小事。刘备说过这样的话：'兄弟如手足，妻子如衣服。'可是如果女人能够做到'丈夫如衣服'的地步，就很不容易。"女人爱衣服！衣服是一种言语，是随身带着的一种袖珍戏剧。这是女人的缺点，却也是女人的特点。

张爱玲毫不隐讳她对衣装的追求。香港的最切实的快乐，是随心所欲地做了些衣服！因为得了两个奖学金，算是为母亲省下了一点钱，于是"八岁我要梳爱司头，十岁我要穿高跟鞋"的张爱玲终于如愿以偿，大大地放肆了一下。那穿着自己挑选的衣料自己设计的奇装异服炫耀于校园与街市的快乐，一直延续到上海滩，她真是久久沉溺其中。炎樱一针见血："说句老实话，我们是为别人而打扮的。理由很简单，既然是社会性的动物，我们的快乐与心理的均衡多少倚靠着他人。"可爱的炎樱，不仅会说俏皮话，还有叫人心惊的思想。

香港大学的女同学几乎没有不爱衣服的。即使生活在马来亚小镇上的女同学金桃，淡黑脸、略有点龅牙的她也不例外。那边的女人穿洋装或是短袄长裤，逢到喜庆大典才穿旗袍。小镇只有一家电影院，金桃每晚往戏院子里去，看见其他富家小姊妹穿着洋衫，她就要心急火燎赶回家去换洋装！这种蒸闷的野蛮的底子上盖一层小家气的文明，就像一床太小的花洋布棉被，盖了头却盖不住脚。在宿舍里，她爱捏着大手帕子挥洒着摇摆着唱着："沙扬啊！沙扬啊！"沙扬是爱人，这是她家乡的舞。她有一只特大的皮箱，满装着显焕的各式衣服。

宿舍里还有一位极有钱的华侨女同学，行头多得让人眼花缭乱！音乐会、牌局、茶会、水上跳舞、园会、隆重的晚宴……对于社交上不同的场合则炫弄不同的行头。即使平常穿的，也是织锦袍子、纱的、绸的、软缎的、短外套、长外套、海滩上用的披风、睡衣、浴衣、夜礼服、喝鸡尾酒的下午服，半正式的晚餐服，色色俱全，令人咋舌！风头真靓呵。

迷迷糊糊中，张爱玲忆起家中一年一度的六月六晒衣服。在竹竿与竹竿之间走过，两边挂着绫罗绸缎的墙，淘气地把额角贴在织金的花绣上，太阳将金线晒得滚烫，甜而稳妥的樟脑的香扑鼻而来，这是记得分明的甜而怅惘的快乐，逝去了的快乐。昔日的辉煌与繁华都一寸寸地逝去了。

新鲜的时装散发的是丁香花末子的气息。毛茸茸的毛织品像富于挑战性的爵士乐，厚沉沉的丝绒像忧郁的古典化的歌剧主题歌，而柔滑的软缎，是《蓝色的多瑙河》，凉阴阴地匝着人，流遍了全身。

她像所有的女人一样，对衣服一往情深；然而，为了衣服，为了一支巴黎新拟的"桑子红"唇膏，就卖人？！

她不寒而栗。

寒假、暑假，她都没回上海。炎樱原本答应了留下来陪她的，可奈何不了在上海开珠宝店的父母的催促，悄悄回上海了。从不牵愁惹恨的她，突然有种汹涌而来的身世之感，她倒在床上大哭大叫，把管理宿舍的天主教尼僧都惊动了，看她平素只不过恻恻轻愁，发作起来却如晴天霹雳又滂沱大雨。

因了不归家，阴历三十夜她跟着远亲到湾仔去看了回热闹。湾仔那地方平时充满了下等娱乐场所，唯有一年一度的新春市场热闹非凡，人山人海，类似北方的庙会，很多时髦的上流人也愿去挤一挤。此行不虚！头上是紫魆魆的天，天尽头是紫魆魆的海，可海湾里却有个热闹的场所：密密层层的人，密密层层的灯，密密层层的耀眼的货品；古花瓶、金丝绒、佛珠、香袋、小十字架、大凉帽、吧岛虾片、榴、糕，还有花！是带盆的鲜花！可是，可是，最主要的还是卖的是人！惨烈的汽油灯下，站着成群的女孩子，稚气未脱的脸上已早早地飞着妓女的媚眼，她们在任人选购！醉醺醺的英国水兵、恶狠狠的杀手……在这灯与人与货之外，是凄清的天与海！这才是热闹中的荒凉！无边的荒凉。无边的恐怖。

她的心战栗了。

为这群无助的女孩子。也为她们这一代的女性。

大学毕业了又怎样呢？大学毕业生找不到事是常事。事也有，在修道院办的小学堂里教书，一个月五六十块钱，还得净受外国尼姑的气。修道院小学的女孩子，是各种国籍的孤儿，她们的天性和普通小孩一样爱吵爱玩，可只要一声叱喝，就鸦雀无声。她们得背诵经文，每次上课下课都得绛綵下跪做祷告；常常不许作声，常常挨打；在这样凄惨的慈善地方，女孩子不是被打成呆子就是被调教成狡黠的小奴才吧？有年暑假，她们搬到了张爱玲宿舍楼来歇夏，张爱玲已感到那种漠漠的悲哀，她们即便快乐，也是一百个不准！哪个女大学生愿在这样的环境里觅食谋生呢？

香港，华美而悲哀的城中，畸形的繁荣、奢靡浮华的生活，虚伪的衣冠社会，赤裸裸的拜金主义、物欲横流，这一切如一口正燃煮着的大锅，锅里的水沸了，"咕嘟咕嘟"作响，清纯又怎样？有知识又怎样？你抵不住这口锅的诱惑，栽进去，非脱胎换骨不可！

女学生中有时也会有种种传闻，或捕风捉影，或证据确凿的风流韵事，或许这是毕业后嫁人的演习？当不了自食其力的职业女性，那只有干女人最大的事业——嫁人？现代婚姻是一种保险，由女人发明的。可要嫁有钱有势又合意的丈夫，几乎是不可能的事！力排众议，嫁给年逾耳顺的富翁当妾？等到富翁死了，她有了钱，却没有爱。她需要爱！需要许多许多的爱，来弥补她以往的损失，她要挽住历史的巨轮，关起门来做小慈禧太后。她得有诱饵。年轻美貌的女孩子会来自投罗网的，像她年轻的时候一样……创作的灵感激活了！听来的、臆造的，从这里取得故事轮廓，那里取得脸型，另向别的地方取得对白……《沉香屑·第一炉香》也许在这时就已酿成腹稿？也许还只是一个雏形？姑母的家就是那口大锅，钢琴上的仙人掌就是一窠青蛇，那枝头的一捻红，便是吐出的蛇信子！侄女薇龙为了摆脱贫寒，走上所谓的上流社会，一寸一寸地心甘情愿地陷于蛇窠！难道真的千年积习不变：以美好的身体取悦于人，是世界上最古老的职业，也是极普通的妇女职业？

张爱玲却没有把构思变成文字，她信守自己立下的诺言：不用中文写小说。

一夜，班上同学在男生宿舍的餐室里聚会，留声机放着卡门麦兰达的巴西情歌，不知谁挑起了男人女人的话题，刹那间，全忘了来这里的初衷，七嘴八舌、嬉笑怒骂，热闹异常。有一位女士以老新党的口吻侃侃而谈：女子的被逼而为玩物，完全是男子的欺凌和欺骗！因为女子是柔弱的、感情丰富的动物……张爱玲差点跳起来要驳她！

张爱玲独自跑了出来，她实在听厌了这一切。她不明白，和男子一样受了高等教育的女人，为什么仍让人失望？与她的老祖母别无二致？多心、闹别扭，说男人、怨男人、念男人，永远永远？

天完全黑了，她觉得整个的世界就像一张灰色的圣诞卡，年复一年，不再改变？可她知道，红得不能再红的野火花就是夜间也泼泼辣辣地烧着，也许，她应该破戒，为女人写点什么？

生命的图案该怎么描摹呢？她仍没有动笔。她的英文功底已达炉火纯青，不要说阅读原版本的英文文学著作，即便一本物理或化学，她也能拿起来就看；英文书写则流利自然，比汉字书写还略胜一筹。

张爱玲，如同她对她自己的清醒剖析：她是自私的，尤其在大处。在所有的大潮中，她永远站在外头。

而那时，"中华全国文艺界"抗敌协会已于1939年3月26日在香港成立，因为唯有这南天海角的香港还未受战火之扰，成了离乱的中国文坛的洞天福地。主持协会工作的许地山，1935年便经胡适引荐而任香港大学教务长，这时，他还写下许多爱国抗日的文章。许地山不幸于1941年8月4日病逝于香港。"七·七"事变后，有一大批知名作家来到香港，或办刊，或创作，或来来去去，茅盾、夏衍、于伶、萧红、端木蕻良、骆宾基、戴望舒、郭沫若、叶灵凤等都活跃于香港文坛，香港新文学运动呈现空前的繁荣，成为中国抗战前期的文化中心之一。《文艺阵地》《立报·言林》《星岛日报·星座》《华商报·灯塔》《大公报·文艺》《大风》《时代文学》《时代批评》等刊物如雨后春笋，遍及港九。遗憾的是，年轻的张爱玲似浑然不觉，她站在大潮的外边。

她当然更不知道，那个几年后与她有过一段恋情姻缘的胡兰成先生，正在香港任《南华日报》总主笔，以流沙的笔名大写社论；就在此时此地，追名逐利的他投靠了汪精卫，早早地将自己钉上了历史的耻辱柱。

张爱玲不问政治，她虑及的只是自己毕业后的前景。再扩大也只是她的家庭她周围人的天地吧，她已经乐于以大都市的小市民自居。

她应该知道却似乎也不知道的是，以《生死场》而名震文坛的萧红，心境寂寞地"蛰居"香港，写作了《呼兰河传》，这是一篇叙事诗，一幅多彩的风土画，一串凄婉的歌谣，然而，张爱玲似也浑然不觉。

等不及她毕业，太平洋战争爆发，炮声落进香港……

有一天，我们的文明，不论是升华还是浮华，都要成为过去。

16

1941 年 12 月 8 日。

炮声响了。一炮一炮，从容不迫。这其间，冬晨的迷人的银雾渐渐散开，松杉绿竹在风中嘘溜溜响着，落叶林子却凄迷稀薄得像淡黄的云，缥缥缈缈。山巅、山洼子、屋顶、阳台、全岛上的居民都向海面上望去，"开仗了，开仗了。"谁都不能够相信，可是毕竟是开仗了。

香港大学之晨却是一片欢腾！男女学生像过狂欢节似的活蹦乱跑，奔走相告——不是说战争，而是说大考。这一天正是大考的第一天，校方已做出决定免考！而平白的免考是千载难逢的盛事。要晓得，多少人昨夜开了手电筒孜孜矻矻看书呢，真正是：少年不识愁滋味，战争再近，在他们的眼中也还是远的。

很快就进入了鏖战。炮声轰隆，子弹穿梭般往来，恐怖攫住了每个人，呼啦啦往宿舍里跑，那里是眼下的家。邻近的屋顶上架着高射炮，流弹不停地飞过来，尖溜溜一声长叫："吱呦呃呃呃呃……"，然后"砰"落下地。一声声一声声，撕裂了空气，也撕毁了神经。

女生的心理反应，却仍然与衣服有关？！那位行头多得让人眼花缭乱的阔女，最着急的是："怎么办呢？没有适当的衣服穿！"转了几个寝室，好不容易借到一件宽大的灰布棉袍，才算解了燃眉之急，衣服从随身带着的袖珍戏剧变成了保护色。

小家子气的金桃在危急时刻分外珍惜她的衣服，不忘把最显焕的衣服整理起来，一一放进大皮箱中；却仍旧穿着合身的赤铜地绿寿字的织锦缎棉袍，棉袍宛若战袍。

秀丽洁白的马来西亚来的月女，她哥哥也在港大，可她最担心的却是被强奸的可能！从大陆来的艾芙林，自诩身经百战，能吃苦耐劳……

飞机营营地在顶上盘旋，"孜孜孜孜……"像牙医的螺旋电器，直挫进灵魂深处。难言的痛楚中，又是"吱呦呃呃呃呃……"一声，"砰"削去屋檐的一角，沙石唰啦啦落下。身经百战的艾芙林却第一个受不了，歇斯底里大哭大叫着要冲出去，就在这当口，轰天震地一声响，整个的世界黑了下来！

死一般的寂静。却都没有死。睁开眼来，太阳照着一地玻璃屑子，点点银光四溅。舍监不得不督促大家避下山去。慌乱中金桃不听别人苦口婆心地劝阻，硬是在炮火下将那只累赘的大皮箱搬运山下。皮箱没有锁牢，一个趔趄，绫罗绸缎如洪水倾泻在山路上——

刹那间，张爱玲的思绪又一次被激活：战争、女人、罗愁绮恨。

她们聚集在宿舍最下层的箱子间里，黑漆漆中紧紧挨着相依为命。艾芙林仍歇斯底里讲着恐怖的战争故事，听众无不骇然变色。小大姐不敢到窗户跟前洗菜，喝的菜汤满是蠕蠕的虫。可只要活着！艾芙林则拼命吃拼命哭！

只有炎樱依然如故，偷偷溜去城里看五彩卡通电影；回来后又上楼洗澡，在流弹声中从容地泼水唱歌！舍监惊怒了，炎樱的不在乎对大家仿佛是个嘲讽。战争中，人的个性反而分外张扬吧？

这样的"蛰居"也不长久。港大停止办公，异乡的学生只有参加守城工作，才能解决膳宿。张爱玲稀里糊涂当了防空员，领到了一顶铁帽子和证章，然而回来的路上就遇到空袭，防空员也仓皇从电车上逃出，躲在门洞子里，捶门呐喊要进去，进去了能保证没趁火打劫的吗？乱糟糟的世界乱糟糟的人。只有一辆空电车停在街心，车里车外满是太阳。荒凉！张爱玲触目惊心，这原始的荒凉。

应征入伍的历史教授佛朗士被枪杀了，大概他正思索着历史和现实的一桩桩傻事，没听见哨兵的吆喝，结果没命了。张爱玲只知道从此听不到他的课了。那个长相有三分像拜伦的乔纳生加入了志愿军上九龙打仗去了，他将战争看成基督教青年会组织的九龙远足旅行？自顾不暇，安及他人？有两天张爱玲什么吃的也没领到，就这么飘飘然去做防空员。他们驻扎在冯平山图书馆，张爱玲欣喜地发现了《官场现形记》和《醒世姻缘》。少时她向父亲要了四元钱去买来《醒世姻缘》，买来后弟弟争着想看，她便大气地让了。家的琐屑的回忆让她觉着些微的晕眩。《官场现形记》字印得小，屋里光线又暗，可是，一个炸弹下来，命都没了，还心疼什么眼睛呢？屋顶上架着高射炮，日舰不停朝这边发炮，一炮一炮，越落越近，可她捧着《醒世姻缘》拼命读着，心里想的是：至少等我看完吧。她才发现对中文小说仍是一往情深，痴心不改。围城中竟是乱和糟，政府的冷藏室里，冷气坏了，堆积如山的牛肉腐烂了，也不肯拿出来。她们只能分到一点米和黄豆，没有油，没有燃料，甚至自来水也断了！炒菜用的是椰子油，那强烈的肥皂味让人作呕，但张爱玲后来却发现那也是一种寒香！没有牙膏，她就用洗衣服的粗肥皂刷牙。没有被褥，晚上盖着报纸，垫着大本的画报，真是在书香中呵，只是那是美国的《生活》杂志，又冷又滑，毕竟是人家的书。不管怎么说，总是在经历战争，像一个人坐在硬板凳上打瞌睡，虽然不舒服，而且没完没了地抱怨，到底还是睡着了。

围城十八天！香港之战的洗礼并不曾将张爱玲感化成为革命女性，许许多多软弱的凡人大概都一样。虽然行头极多的女华侨再见面时已剪成男式的菲律宾头，这样可以冒充男性；穿着赤铜地绿寿字织锦缎棉袍的金桃当过临时看护，劈柴生火，与男看护们一块担风险、开玩笑，人变得干练了；但是仗打完了，香港沦陷了，死里逃生重逢的港大女生们，第一件事却是进城去吃冰淇淋和买唇膏！满街每一家店去寻！扑空而归，第二天又走十几里路进城，终于以昂贵的价钱吃着了冰淇淋，里边吱吱咯咯全是冰碴子！这一年香港的冬天空前绝后的冷，她们渴求的竟是冰淇淋！反常却也正常。

男生们也致力于买菜烧菜吃菜。一位已小有名气的画家学生抱怨他的胳膊没有了力度，因为无休无止地炸茄子劳损了胳膊肌！

全香港都沉浸在"吃"的喜悦中！汽车行因没汽油改成了吃食店。绸缎店、药店、当铺无不兼卖糕饼。街上五步一岗十步一哨的全是卖炸饼的！那衣冠楚楚的炸饼者，是战前的教员、职员、店伙、律师乃至买办！吃者踊跃，张爱玲她们就立在摊头吃滚油煎的萝卜饼，尺来远的脚底下躺着穷人的青紫的尸首。

"吃"，这人的最基本的功能和生活艺术，突然得到过分的注意和夸张，竟变成下流和反常的！

而结婚广告每天在香港报上挤挤挨挨登着，大有"爆满"之势。学生中结婚的也不乏其人。大概围城中谁都有清晨四点钟难挨的感觉：寒噤的雾的黎明，一切都是模糊的、靠不住的，靠得住的只有腔子里的这口气？谁受得了这个？得攀住一点切实的、可靠的东西，那就是结婚。结婚成家——总算有家可回了。

饮食男女！战火、死亡去掉了一切的浮文，人终于回归于"大欲存焉"的食色本性。然而人类几千年的努力、人类的文明不正是要跳出单纯的兽性生活圈子么？张爱玲感悟着，又糊涂着。她毕竟刚满 20 岁。

港大设了"大学堂临时医院"，收容的病人多是中流弹的苦力与被捕时受伤的趁火打劫者。张爱玲她们做看护。病人的日子无聊悠长得不耐烦，拣出米中的沙石和稗子的工作让他们喜欢，除此就是对自己的伤口生了感情！偶有戏剧化的一刹那：某病人趁火打劫恶习不改，手术刀叉、绷带和三条病院制服的裤子都藏进了他的褥单底下！也有不尽的叫唤："姑娘啊！姑娘啊！"那是一个尻骨生了蚀烂症的垂危者，痛苦到了极致，面部表情却近于狂喜！值夜班的张爱玲不理，实在没办法才去敷衍一下，终于有一天天快亮时，这发出奇臭的病人永远停止了叫唤。鸡叫声中，她们吃着椰子油烘的一炉小面包，若无其事地活下去。

在张爱玲的心目中，病人多是没思想的愚蠢野蛮者，尽管正在受着磨难。而张爱玲也反躬自省：自己也是个不负责任、没同情心、没良心的看护！一样是个自私的、恬不知耻的愚蠢者！是的，人世间没有爱！可扪心自问，每个人自己又给过人世间多少爱呢？哪怕一点点？

除了工作，张爱玲她们还得学日文，派来的教师是位俄国小伙子，可学日文者日日见少，少得不成模样，俄国小伙赌气不来了，却又另派了日文老师，香港沦陷了呗。从九龙打仗生还的乔纳生说到实战，最气的是指挥官竟派两个中国大学生出壕沟去把一个英国兵抬进来，乔纳生愤愤然："我们两条命不抵他们一条。"殖民空气是中国人头上驱不散的阴霾！

这样的日子也不长，香港大学停办，张爱玲和炎樱乘船回上海。再见了，香港大学。她们没有毕业，更没有学位。张爱玲尤其迷惘，近三年的苦读、发奋、无数个第一、罕见的高分数，可战争将学校的文件记录统统烧掉了，一点痕迹都没留下，过去的一页成了空白？可这一类的努力，即使有成就，也是注定了要被打翻的吧？

船开了。码头上依旧矗立着缤纷刺目的广告牌，倒影依旧在浓绿的海水里一条条一抹抹激烈冲杀着。别了，香港。别了，英格兰梦。她惊异自己竟很沉静，因为这毕竟是归家。她想到秀丽的月女，非常担心被强奸，可偏偏就是她一个人倚在阳台上看排队的兵走过，还大惊小怪叫别的女孩子都来看！月女是空虚的。她的空虚像一间空闲着的、出了霉虫的白粉墙的阴天的小旅馆。张爱玲想到了华侨，华侨大概一辈子隔着适当的距离崇拜着神圣的祖国，可是在思想深处是无家可归的，没有背景，没有传统。哦，张爱玲从未有过如此清晰、强烈的爱中国爱家乡的情感，虽然那里满是脏、乱。让她伤心，可分明还是爱，那是她的根系所在。张爱玲成熟了，她的面容褪去了衰老，一张丰满端正的鹅蛋脸；她的身材出落得高挑挺拔，穿着别出心裁又得体的时装化衣裙；她的头发生得又浓又密又黑。炎樱咋咋惊惊："非常非常黑，这种黑是盲人的黑。"老天！是战争期间特殊空气的感应？她画了许许多多的图，一样是空前绝后的好！她几乎不相信是自己画的。挤挤挨挨的人头速写杂乱重叠于纸上，让她惊讶、眩异，却又明了，这是战时个性突出的众生相，即使以一生的精力为这些芸芸众生写注解式的传记，也是值得的。这些可哀又可爱的小市民。那教日文的俄国小伙子曾想出五元港币买她一张画——炎樱的肖像，她却舍不得。从画图中，她得到了教训：想做什么，立刻去做，否则来不及了。"人"是最拿不准的东西。

别了，香港。别了，我的英格兰梦。

她却管不住自己的双眸，视野中那美丽的岛屿渐渐朦胧了，港大、冯平山图书馆、高街、青鸟咖啡馆、中环一家电影院、浅水湾……却在脑海中清晰地凸显出来。

她似不知道，浅水湾坟地近丽都花园的海边，又添了一冢新坟——女作家萧红孤独地葬在那儿。太平洋战争爆发中，萧红病重卧床，无法转移，恳求好友骆宾基将她送往上海许广平先生处，可那样的时局，何能如愿？况且许广平于 1941 年 12 月 15 日被日本沪西宪兵队逮捕，受尽酷刑。1942 年 1 月 19 日，医院中萧红已不能说话，唯在纸上写道："我将与蓝天碧水永处，留得那半部'红楼'给别人写了。""半生尽遭白眼冷遇……身先死，不甘，不甘。"这是一个能写能画的天才奇女，是一只大鹏金翅鸟，可惜，如她自己所叹：女人的天空是低的！大鹏金翅鸟，被她的自我牺牲精神所累，从天空，一个筋斗栽到"奴隶的死所"上了！ 22 日，萧红去世，年仅三十一岁。果真与蓝天碧水永处。

张爱玲似不知道，浅水湾的风光与一对陌生的男女叠印一处，这是一对来防空办公室借汽车去领结婚证书的男女，来了几次都未借到，可他们挺有耐心地每每等上几个钟头，默默对坐着，对看着，熬不住满脸的微笑，是这样的哀哀恋恋，招得爱玲和大伙都笑了。那男的气度轩昂，怕平素并不是善眉善眼之辈。这对男女曾有过怎样一段曲折迂回、跌宕起伏的恋爱？这平常无奇的女子有过怎样的希望、失望和万般无奈？可香港的陷落成全了她？倾城之恋？是这样的平常又微妙、凡俗又传奇，不可理喻又千真万确，那报上挤挤挨挨的结婚广告便不那么可恶可悲，却有着一种苍凉的启示，芸芸众生依恋着人生安稳的一面！而这安稳的一面正是飞扬的一面的底子吧？它应该是人的神性，也可以说是妇人性。战争、女人、倾城之恋。写小说的欲望抵挡不住地袭来，她只能凭直觉思维，也只爱直觉思维。而她的思维又常常是矛盾兼容，莫衷一是的。有什么办法呢？她不是超人，她只是一个绝顶聪明的女人。

轮船向北驶去。张爱玲和炎樱倚在甲板栏杆上，看着船头将海水犁开，看着微波粼粼的海面。张爱玲想，这海面平静时连溪涧的浪花都没有，可是，溪涧之水的浪花是轻佻的，海再平静，也仍然是饱蓄着洪涛大浪的气象的。这就是底子，人生素朴的底子。应该用参差对照的手法写出现代人的虚伪之中有真实、浮华之中有素朴，而不应该是善与恶、灵与肉的斩钉截铁的冲突那种古典的写法。

船过台湾海峡，秀丽的岛浮在海上，那样的小，宛若中国的青山绿水画里的，爱玲和炎樱如醉如痴地喜欢着。船上年老的日本水手过来和她们亲切地搭讪，说日本的风景也是这样的！又掏出他的三个女儿的照片给她们看，她们让他想起了女儿想起了家？多么和蔼可亲呵。

夜深了，从船舱圆圆的窗户洞望出去，夜的海是蓝灰色的，恍惚间有只静静的小渔船，照着一盏红灯笼，哦，这是古中国的厚道含蓄的意境么？她喜欢。可大老中国的腐败、沉闷、那壅塞的窒息，她憎恶。她大概得永恒地矛盾兼容，执着中迷惘，迷惘中依然执着。

鲁迅，她是知道的。她还知道1927年鲁迅曾应邀赴香港讲演，猛烈抨击英当局鼓吹封建思想的文化逆流。她也是崇拜鲁迅的，可鲁迅先生逝世多年了。

晃悠悠的轮船迷蒙间成了轰轰地往前开的车。"时代的车轰轰地往前开。我们坐在车上，经过的也许不过是几条熟悉的街衢，可是在漫天的火光中也自惊心动魄。就可惜我们只顾忙着在一瞥即逝的店铺的橱窗里找寻我们自己的影子——我们只看见自己的脸，苍白、渺小；我们的自私与空虚，我们恬不知耻的愚蠢——谁都像我们一样，然而我们每一个人都是孤独的。"

然而，香港的回忆哪能是清坚决绝的条分缕析呢？现实本来没有系统，像七八个话匣子同时开唱，各唱各的，打成一片混沌。香港之战给她留下的几乎完全限于一些不相干的事，也许，人生的所谓"生趣"全在这些不相干的事上？

谁知道呢？"人"是最吃不准的东西。

灵跳过人的炎樱搡搡她："张爱，想回香港了？"

张爱玲理直气壮地回答："我就是想回学校念书！"

她还是个没毕业、没学位的大学生嘛。

人生却没有停留。

一千多年前的月色，但是在她三十年
已经太多了，墓碑一样沉重的压在心上。

留下一段真情

　　在她的回忆中，比花还美丽的，有一种玻璃球，是父亲书桌上面用来镇纸的。扁扁的玻璃球里面嵌着细碎的红的蓝的紫的花，排出俗气的齐整的图案。那球抓在手里很沉。想起它，便使她想起人生中一切厚实的，靠得住的东西。

17

　　莫愁前路无知己，天下谁人不识君？

　　1943 年 3 月末的下午，张爱玲左腋挟个报纸包，右手拿着一只特大信封，正依着信封上的地址，在衖堂里弄略显焦急地寻找着。她不太认识路，可为了谋生，得自己闯出一条路。那信正是爱玲母亲的远亲黄岳渊老先生给挚友周瘦鹃的引荐信。周瘦鹃先生早已蜚声文坛，由他主编的《紫罗兰》即将复活，已写就两部小说的张爱玲，充满自信又惴惴不安前来请教——这是面子上的话，她当然希望周先生能喜欢并采用。

　　回上海住进姑姑的家已一年了。一年来从事于卖文生活，卖的是"西文",给英文《泰晤士报》写剧评影评,还替德人所办的英文杂志《二十世纪》写文章,勉强成了个自食其力的小市民,个中苍凉,只有自己咂摸。

一群女学生勾肩搭背叽叽喳喳上学去,与细瘦微黑的香港女学生相比,她们像白嫩的粉蒸肉。倏地,她却打了个寒噤。春寒料峭、乍暖还寒之际,她已早早穿上了半臂的鹅黄缎旗袍,可青春——嬉笑、噪闹、认真、苦恼的青春,在着的时候不觉得;觉得的时候,只觉得它嘶嘶流走!她下意识掂掂腋下的报纸包,竟如石头般沉重。

写信的黄岳渊老先生亦是她极敬重的人。这位黄园老人称得上近代高士,宣统元年他本是朝廷命官,可他想古人云三十而立,自己年将三十,立什么?做官是应付人家,经商是坑害人家,得做一件得天趣的事。主意一立,清坚决绝,辞官隐退,购田十余亩,渐渐扩至百亩,号"黄园",每日抱瓮执锄,盘桓灌溉,莳花扶木,一生只能做一件事,叹曰:既浑浊之世,百无一可,惟花木可引为知己。

其实,花木引来知己,文坛名人周瘦鹃、郑逸梅等皆为黄园老人的花木挚友。只是周瘦鹃心大些,一生要做两件事:亦文亦花木,作家园艺家。周瘦鹃也是"九·一八"以后,感慨国事日非,文笔不济于世,乃投笔毁砚,于1935年以历年在上海等处卖文所得,在故乡苏州买到园地,渐渐扩展成"紫罗兰小筑",园中一角叠石为"紫兰台",书室名"紫罗兰庵",亲手增植花木水石盆景,广蓄古今书画文玩,自比陶渊明、林和靖,洁身自好,陶醉其间。早在二三十年代,周瘦鹃主编的杂志定名便是《紫罗兰》《紫兰花片》,深受都市市民喜爱,却被文坛亦贬亦褒为鸳鸯蝴蝶派。停刊数载,眼下《紫罗兰》复活,周瘦鹃之意是与其让上海滩色情凶杀恐怖怪异之类泛滥成灾，不如让紫罗兰给人们送去一缕幽香。

周瘦鹃居住在一幢有庭无院的三层楼房中，张爱玲终于寻到了此处，摁响了门铃。

是夜，三楼"紫罗兰庵"书室里，案头宣德炉中燃着的紫罗兰青烟袅袅，柔和的灯光下，周瘦鹃展开了张爱玲的手稿——《沉香屑·第一炉香·第二炉香》，这名字，就挺别致，挺有意味。"请您寻出家传的霉绿斑斓的铜香炉，点上一炉沉香屑，听我说一个战前香港的故事。您这一炉沉香屑点完了，我的故事也该完了。"

他不由得会心地笑了，张女士，还挺会抓人呢。再往下读，一边读，一边击节！他坐立不安，在摆满古色古香的书橱和各式花木盆景的书室里踱来踱去。无须隐晦，张爱玲的小说给了他新奇的、深切的刺激！

下午，小女儿送上一只大信封，他看毕黄园主人岳渊老人的信后，便急匆匆赶下楼，只见客厅里高挑挺拔、一袭鹅黄缎旗袍的女子站起来向他鞠躬，一派大家闺秀的气度。随即两人坐下聊了个把小时，张爱玲声称中文的作品除了以前给《西风》杂志写过一篇《天才梦》，便没有动过笔，这两部小说是最近作的，请周先生看看行不行？谦和诚恳，不卑不亢，周瘦鹃对张女士第一印象颇佳，况且他素来以扶植新秀为己任，于是请她留下稿本，容细细拜读。

可真是名副其实的拜读！哪里是春苗出土、初露锋芒？分明是浑然天成、自成一体！她的风格很像英国名作家毛姆的作品，而又处处似有《红楼梦》的影子，但绝不是雷同不是模仿，而是出神入化，她就是她。周瘦鹃是深喜之了。

《第一炉香》是女孩子葛薇龙的故事。薇龙，上海一守旧的中产人家的女孩子，因战事举家迁至香港，她上了南英中学，又因家境窘迫,两年后父母决定搬回上海。薇龙却舍不得香港,舍不得学业,于是主动地投靠了早与她家反目的姑母梁太太。梁太太曾是富翁的四姨太,老头死了她也老了,可她需要无数的情人来填满心里的饥荒,她留下了薇龙,只因她需要诱饵!薇龙有吃有穿有玩也有学业,进入了所谓高等华人的上流社会,可是不能有自己的爱情!几番曲折后,她在梁太太操纵下结了婚,嫁给了梁太太的猎物乔琪乔。但等于卖给了他们,整天忙着,不是替乔琪乔弄钱,就是替梁太太弄人。她感慨:她与那群下等妓女有什么分别呢?有。"她们是不得已,我是自愿的!"虽彻悟,却不能自拔。

故事题材,并不新奇。换个城市背景,在他们鸳鸯蝴蝶派笔下屡见不鲜。想到"鸳鸯蝴蝶",周瘦鹃不禁自嘲一笑。老友郑逸梅动辄以"一双蝴蝶,卅六鸳鸯"来比拟才子佳人,授人以柄嘛。他们的小说亦以精巧的构思、曲折的情节、缠绵的爱情吸引读者,亦摹写世态之炎凉人心之狡狯,太多太滥,也就不足为奇。可张女士,雏凤清于老凤声,不,不,简直就是化腐朽为神奇。

细细咀嚼,《第一炉香》中诸多人物,竟无一个是彻底的好人!主仆男女、黄种人杂种人无一完人。骄奢淫逸、狡诈残忍的梁太太自不必说,女主人公薇龙呢?张爱玲又何曾手下留情?犀利地解剖出这貌似纯情少女灵魂中的腌臜:爱虚荣、图享受、自甘堕落。这深刻犀利的人性透视,怕就是张爱玲小说新奇的震撼力所在吧?

周瘦鹃可不是这样的笔力!他是缠绵多情种。他酷爱紫罗兰,考希腊神话,司爱司美的女神维纳斯 Venus,因爱人远行,分别时泪洒泥土,来春发芽开花,就是紫罗兰。他与紫罗兰,不用讳言,自有一段隐事,刻骨倾心,难以忘怀,那年轻时的恋人,西名便是紫罗兰。这雅事大概宣传太广,一时各界争相仿之,附庸风雅,广东一女舞蹈家艺名就叫紫罗兰，杭州的商店招牌大书紫罗兰，苏州上海大大小小的紫罗兰理发店亦不少！这些与他周瘦鹃有何相干？唉，身居俗世，如何清高？

丢开小烦恼，继续品味"第一炉香"，不到四万字的篇幅，却包罗万象，可谓香港高等华人社会病丑面面观。纸醉金迷灯红酒绿中混合着笑声与哭声、膨胀与幻灭、追求与沉沦，这些姑且不论；看那季节变换，从春到冬四季风景，日月意象衬着心理或细微或跌宕的变化，多色彩的丰富变化的衣服乃至首饰似流泻着数不清的罗愁绮恨，园会、野宴、湾仔新春市场、中西合璧的建筑，不伦不类的书房，无不弥漫着殖民空气……布局穿插得天衣无缝、丝丝入扣，已令人咋舌；遣词造句、譬喻的独特鲜活，你不得不拍案叫绝：才女！

48 岁的周瘦鹃与年已 63 岁的黄岳渊算是忘年交。这时，他不禁感激老友的推荐了。从老友的信和下午与张爱玲的交谈中，已略知张爱玲的家学渊源，看来，此女子的确功底深厚、才气逼人，乃大家手笔。

一星期后，张爱玲如约而至。她沉静地坐一旁，沉静地听周瘦鹃先生的剖析赞叹。与人谈话，如果是人家说她听，她总是愉快的。

可聪颖的她也绝不会让谈话冷场。她表示心悦诚服："是的，我正是毛姆作品的爱好者呢。《红楼梦》，八岁读起，最初只见一点热闹，以后每隔三四年读一次，才逐渐得到故事的轮廓、风格、笔触，每次的印象各各不同，现在再看，只看见人与人之间感应的烦恼。"她说得很慢，并不用上海话，而是略略南腔北调味的话语。低低的却清晰，她顿了顿，"个人的欣赏能力有限，而《红楼梦》永远是'要一奉十'的。"

这回周瘦鹃心悦诚服地点点头，继而开诚布公，问她愿不愿将

《沉香屑》发表于《紫罗兰》中?

她这才像个初出茅庐的女孩子，毫不掩饰她的喜悦，一口应允。

周瘦鹃便约定在《紫罗兰》创刊号出版之后，带样本去看她。不只是来而不往非礼也，这年头，思才如渴呢。

张爱玲彬彬有礼，称谢而去。

没想到，当晚张爱玲又急匆匆赶来周家，周家小女儿领她径直上了三楼"紫罗兰庵"，她不肯坐，涨红着脸说："我姑姑说，届时请先生师母同来寒舍……参加我们的一个小茶会，可好？"说毕又匆匆离去。

真是个涉世未深的女孩！她的诚挚和热情没有一丝伪装，周瘦鹃不由想道：对待人生，透彻和天真，怕是一对孪生姊妹呢。

急急归家的张爱玲，眼前却总是浮现镇纸的玻璃球，父亲书桌上有，周先生书桌上也有。小时生病发烧时，家里人给她捏着，冰那火烫的手，那球抓在手里很沉，那里边嵌着的细碎的红的蓝的紫的花俗气却实在，想起它，便使她想起人生中一切厚实的、靠得住的东西。

周瘦鹃早已蜚声文坛，又是早期介绍西方进步文学来中国的作家之一，早闻这位"哀情巨子"待人清高孤傲，没想到他对一个名不见经传的无名作者，竟如此厚道谦和！人世间还是有厚实的、靠得住的东西呵。

春和景明五月初的一天，周瘦鹃带上《紫罗兰》样本，独自去到静安寺路赫德路口 142 号公寓，乘电梯上了六楼，张爱玲和姑姑倒是郑重其事专门为周瘦鹃夫妇准备了茶会呢。周瘦鹃告知夫人凤君因家中有事不能前来后，主客三人坐上沙发，边品茶边聊天。小客厅收拾得纤尘不染，茶是牛酪红茶，点心是甜咸俱备十分精美的西点，就是茶杯与点心碟都异常精美，足见主人待客的至诚和细心，也看出这个家庭的文化即教养吧。

复活的《紫罗兰》封面就是紫罗兰，叶圆而尖其端，很像是颗心；花五瓣，黄心绿萼，小小地顾影自怜地开着。也许是触景生情，自称不喜欢文人、不爱看小说的张茂渊也随和起来，忆起年轻时她们姑嫂都是《紫罗兰》《紫兰花片》《半月》的忠实读者。《恨不相逢未嫁时》《此恨绵绵无绝期》曾赢得她们不少眼泪。说到爱玲母亲还曾写过信给周先生，请他别写下去，以免读者柔肠寸断肝胆俱裂。周瘦鹃拍拍脑门，幽默地说："哦，有这档子事?！可惜我已记不得了，此恨绵绵无绝期呵。"三人都笑了，气氛融洽和谐。客厅桌上放着张爱玲母亲的相架，那丰容盛鬋的太太漆黑的眸子透出淡淡的哀怨，仿佛为不能参加这茶会而遗憾。唉，天涯孤旅，而今你在何方呢?

谈文艺谈园艺谈家事谈国事。周瘦鹃忆及其父病危时，正是八国联军攻陷北京之日。当时周瘦鹃年仅六岁，但父亲死不瞑目之情景至今仍历历在目，追忆往事，思想今日，三人不禁心事沉沉。

待到分手时，姑姑不免又客气地代侄女致谢。周瘦鹃笑着说："你侄女儿的这两炉香，可不是平平常常的香，不同凡响呵。在这龌龊的上海滩燃起几缕奇香吧，让人耳目一新。"

18

1943 年。农历七月。

张爱玲着一袭色泽淡雅的丝质碎花旗袍，腋下依旧挟着个报纸包，又在衖堂里巷寻觅门牌号码，这回没有信封引路，没有焦虑，却仍有几分紧迫。

她寻觅的是《万象》杂志编辑室，自然还是投稿。没有引荐信，她也不认识《万象》的任何人，就这么单枪匹马、懵懵懂懂闯一闯吧。

福州路昼锦里。再拐进一条小弄堂，一座双开间石库门房子，楼下店堂，楼上住宅，这就是中央书店？就是《万象》编辑室所在地？

她站住了。农历七月的太阳煌煌地照着，才半上午，就热辣辣地刺痛皮肤，刺痛眼睛，脸上已沁出细细的汗珠，眼睛也有点眯缝着。因为热，行人似乎少了许多，嘈杂喧嚣也似乎退成了背景，都市倒显出一种苍淡的荒凉。

她伫立着。顶天立地伫立着。她知道她的眼睛里，此刻是几千里没有人烟的荒漠的神气；淋浴着煌煌的阳光，她知道她却有种凛凛的美。

《沉香屑·第一炉香》袅袅燃于《紫罗兰》，《茉莉香片》也为《杂志》采纳，眼下，她要叩开《万象》的门扉，她相信胁下报纸包的实力。

一生只做一件事。"学成文武艺，货与帝王家"，从前的文人靠帝王吃饭，她的衣食父母则是买杂志的大众。卖文为生，做个自食其力的小市民，苦虽苦点，但她喜欢。

她是独立的。独立的姑姑亦赞成她的独立。

祖姨家的表姐妹可不同，还在讲究门第所限，不能抛头露面当女店员、女打字员……可是，繁华早已逝去，走在路上的她们，只有一点解释也没有的寒酸，谁睬你"奴有一段情呀，唱拨拉诸公听"？提起来话长的家族的背景、根底，留着点吧。生在现在，要继续活下去而且活得称心，得有"双手辟开生死路"的勇气和决心。

中央书店和《万象》杂志的老板都是平襟亚。二十世纪二十年代末平襟亚以"网蛛生"笔名写过社会谴责小说《人心大变》，这话在社会小说里是老调，骂归骂，可那骂的背景怕是作者深知的唯一的世界吧？那《人心大变》当年曾杂乱地堆在张爱玲父亲的书桌上，被张爱玲拖出去看过。中央书店就是平襟亚于1927年创办的，专门翻印古籍和通俗小说之类，"一折八扣"靠低价倾销取胜，中央书店即以此起家。《万象》月刊是太平洋战争后创办的，一种综合性杂志，内容芜杂、五花八门：民俗风情、知识小品、历史掌故、海外猎奇、翻译作品、小说戏剧。真正地包罗万象！其中文艺作品所占分量很轻，但这类中性杂志，销量还蛮好。张爱玲寻上门来，大概是冲着《人心大变》和影响大而来的。

却是这样一座双开间石库门房子！她不知道，当时上海的文化，相当一部分就是在这类屋檐下产生的。老板平襟亚夫妇住楼上，隔着一道门，《万象》编辑室就设在厢房里，编辑室倒精简，只有主编柯灵和助手杨幼生。

此时，柯灵正独自在编辑室忙碌着。柯灵那时以写电影评论和剧本闻名上海，并先后出任过上海《文汇报》副刊《世纪风》、杂文期刊《鲁迅风》《浅草》《草原》等副刊编辑，是上海文坛进步作家，眼下也还从事秘密的抗日宣传活动。这年夏季，他才刚受聘接编这份商业性杂志《万象》的，并非兴趣所至，谋生呗。但柯灵为人做事，丁是丁卯是卯，一丝不苟，倒也谋划提高该月刊的艺术水准，寻求像样点作家的支持。前几天偶尔翻阅《紫罗兰》，竟奇迹般地发现了《沉香屑·第一炉香》！张爱玲——这通俗名字在文坛却是陌生！他急于找着张爱玲。他觉得张爱玲的小说远离政治、艺术品位又极高，是这种气候这种刊物上最适宜发的东西。可是，上哪去寻张爱玲呢？《紫罗兰》主编周瘦鹃，他倒是认识的，请周瘦鹃作青鸟使，未免唐突。犹豫再三，无计可施之时，没想到，素朴高雅的张爱玲像是从天而降，奇迹似的出现在编辑室门口！

两人一见如故。

柯灵桌上，也有一只镇纸的玻璃球。

本来，张爱玲只爱听不爱说，柯灵亦不善与人周旋夸夸其谈，两人乍然相见，会感到突兀尴尬。但恰恰相反，两人都无陌生感。柯灵毫不掩饰自己喜出望外之情，张爱玲赤诚相见，打开报纸包，内有手稿《心经》和自绘的插图，两人都是至诚至信者。会见短、交谈短，却在见面的瞬间，彼此就像已经认识了100年！不管以后有什么样的风险变故，这友情和信赖始终不变。

那嵌着彩色碎花的玻璃球，让她觉得厚实、靠得住。

这样纯正的友情，有。只怕也是一种缘。

太阳煌煌地照着这世界，张爱玲急急地走着——每一脚踏在地上都是一个响亮的吻！她清楚地记得，除夕当天从父亲家逃出来，也有这种感觉，这是冒险的喜悦！闯荡的喜悦！这还是一个可亲的世界呵。

而且今非昔比。她闯过，她信自己有独立于世的能力。她是个主见挺大的女子，她要让她的散文小说在全上海的各杂志开花。

张爱玲。张爱玲。张爱玲眨眼红遍上海滩。

她如愿以偿。

是她勇敢又机灵地"全面出击"？是"桃李无言、下自成蹊"？还是醉翁之意不在酒者的推波助澜？

谁知道呢？环境特殊、清浊难分，什么样的情况都有。

这情境，让柯灵一则以喜，一则以忧。就他所知，卖力地为张爱玲鼓掌拉场子的，就很有些背景不干不净的报章杂志，他们的兴趣是不在文学的。

张爱玲小说散文发表最多的刊物是《杂志》，《杂志》倒是文学性的，除小说外，还发些掌故、小考据等杂文。《杂志》也很为张爱玲等女作家捧场，茶话会、聚谈会常有。但是《杂志》也有不干不净的人物。

《古今》半月刊，是 1942 年 3 月在上海创刊的，内容以小考据、掌故、古学术为主。在它创刊一周年时，报纸上登出广告说："《古今》半月刊为国内唯一之散文杂志，创刊以来，眨逾一载……宿学名士，网罗无遗，领袖文坛，当之无愧，而风格高超，尤称独绝。"张爱玲的散文《洋人看京戏及其他》《更衣记》都登载其上，"第一流"是"第一流"，可混迹其间，值吗？

……

关注着张爱玲的大有人在，亦一则以喜，一则以忧。

在上海的郑振铎要柯灵劝说张爱玲，不要到处发表作品，并具体建议：她写了文章，可以交给开明书店保存，由开明付给稿费，等河清海晏再印行。

其时，已有很多著名作家拒不执笔。在"第二届大东亚文学者大会"上，日本作家草野心平就抱怨说：日本报纸上常有巴金、茅盾等返回上海，"投入和平阵营"的"流言"，然而，"这是很难实现的"，即使回来，他们也不会同日伪合作的，"例如与巴金、茅盾等战前即已有名的作家郑振铎、李健吾等，虽在上海，然早已断笔不书，所以他们虽已转回，如不握笔，仍无济于事"。

郑振铎已隐姓埋名，典衣节食，正肆力于抢购祖国典籍，挽救"史在他邦、文归海外"的大劫。

而开明书店，叶圣陶已举家西迁重庆，夏丏尊和章锡琛老板留守上海，店里延揽了一批文化界耆宿，如王统照、王伯群、周予同、周振甫、徐调孚、顾均正等。名为编辑，实则借此躲风避雨。

郑振铎的建议实乃上策，也看出他对新秀张爱玲的器重。

柯灵又左思右想、无计可施于编辑室中。打《心经》在《万象》刊登后，又索得《琉璃瓦》和长篇连载《连环套》之稿，可他与张爱玲，始终是编辑与作者的君子之交淡如水，交浅言深，直通通传话给她，是否过于冒昧？就在此时，张爱玲寄来一信，告知平襟亚愿给她出一本小说集，问他意见如何？言简情挚，张爱玲分明已把他视为良师益友。机不可失。柯灵当即寄去一份中央书店的书目，供她参阅，意即何苦与这些劣质书籍为伍呢？仍不放心，干脆明言："如果是我，宁愿婉谢垂青"，又恳切陈词，"以你的才华，不愁不见知于世，希望你静待时机，不要急于求成。"

张爱玲也立即回信，坦率直言，她的主张是"趁热打铁"。因为在张爱玲，人生的晚景似乎很早很早就降临了。冥冥中常有苍凉又急切的催促声：快，快，迟了来不及了，来不及了！出名要趁早。然而她又是听话顺从的，她的小说集子没有交给中央书店的平襟亚老板出。

抉择是错误的么？谁知道呢？或许"过了这村，没有那店"，一切稍纵即逝？她毕竟是那沦陷区的废墟中生出的荷莲，离开了环境和背景，不只是没有张爱玲的奇迹，恐怕连张爱玲也不会有，幸耶不幸？谁知道呢。

张爱玲的第一个小说集《传奇》是《杂志》社出版的。

柯灵见着蓝绿封面的小说集时，不禁苦笑着摇摇头。他暗自有点失悔，早知如此，倒不如成全了中央书店。至少中性的中央书店，大节上没有不干不净。在大节上，柯灵是斩钉截铁、泾渭分明的。

而这时，他刚从日本宪兵队释放出来，亲身领教了现世地狱灭绝人寰的残忍暴戾。

宪兵队在贝当路原来的美国学堂里，这是一幢雪白的建筑，四周是碧绿的草地，似乎如诗如画如梦的天堂就是这图景；"天堂"对面是庄严肃静的国际礼拜堂，紫酱色的斜屋顶，爬满常青藤的墙壁，礼拜堂的钟声悠悠响起，赞美诗的歌声柔和诚挚，人间与天堂仿佛只有一步之遥！这条幽雅安静的贝当路，人们走过似有一种净化灵魂之感。可是，日本宪兵队偏偏挑选这里设置人间地狱，法西斯的兽性心态就是要变一切美好、哪怕是虚幻的美好为血淋淋吧。贝当路地狱，人们讳言其名，称为"贝公馆"。1944 年 6 月，柯灵被日本沪南宪兵队逮捕进"贝公馆"。这一次虽幸而没有遭受严刑拷打，但那被害者受刑的号叫让他毛骨悚然！是这样的现世地狱！1945 年 6 月，柯灵又因抗日之嫌被日本沪南宪兵队抓进"贝公馆"，便尝到了老虎凳辣椒水等酷刑的滋味，宪兵队是一群灭绝人性的野兽！

释放归家的柯灵，倍感人世间的美好；而他见到张爱玲的留言，知她得悉他被捕后特意来他家慰问时，柯灵不禁被感动了。他即用文言复了她一短笺，柯灵说，那大概是他最好的作品，因为是真情。

柯灵并不知道，张爱玲那时正在热恋中！文学圈子里的传闻不是没有，但他讨嫌对别人的隐私叽叽喳喳，而且拒绝，至少在潜意识中拒绝传闻的真实！

在柯灵看来，张爱玲与他接触并不多，是作家和编辑的友好关系；但在与外界极少往来的张爱玲，柯灵可算得上异性朋友中举足轻重的一位了。张爱玲对话剧电影感兴趣并跃跃欲试，并终于将自己编写的剧本搬上了舞台和银幕，怕也得助于柯灵的指点和引荐。

1943 年年底，张爱玲便兴致勃勃编了一出戏，是热热闹闹的普通中国人的戏，有悲哀、烦恼和吵嚷，但都是愉快的烦恼和吵嚷。有一幕，有个男人拖儿带女去投亲，和亲戚闹翻了，他愤然跳起来要出走，走到哪里去？"走！走到楼上去！"——开饭的时候，一声呼唤，又全下来了——这是对娜拉出走的苍凉手势的庸俗化也是喜剧化吧，中国社会处处充满了这样的无奈和烦恼，张爱玲有点小得意，请教柯灵，柯灵却不客气地指出结构太散漫，末一幕得推翻重写，于是张爱玲反反复复改了好几遍才算定了稿。戏是给人演的。上海那时一直是话剧的一个中心，各种专业业余的剧团不少，且又正闹着剧本荒，可张爱玲要将自己的戏推出去，还真感到这圈子的壁垒森严呢。况且剧团对写小说的人有种偏见——编出来的戏必是能读不能演的！心高气傲、才华横溢的张爱玲可犯上了犟劲，她要克服人们这一成见，又尝试着将《倾城之恋》改编为舞台剧本，当然，柯灵义不容辞又助一臂之力，这时，柯灵被日本宪兵队逮捕了。

与柯灵过从并不密的张爱玲，却深知柯灵宁折不弯、刚正不阿的禀性，她想法设法托人说情，最终柯灵被释放了。

柯灵被释放出来后，张爱玲有段时间可说与他过从甚密，为的是《倾城之恋》剧本的修改和上演，柯灵是尽全力而为之的。但是，张爱玲未向他透露有关胡兰成的一个字！张爱玲毕竟懂得柯灵先生：丁是丁卯是卯，泾渭分明，他是容不得民族大节上的失足者的。

世上第一篇批评张爱玲小说的迅雨的《论张爱玲的小说》，正是柯灵编辑发排的。在自己主编的刊物上毫不留情地批评正在连载中的《连环套》，这种铁面无私是常人难做到的；对自己赏识的年轻的女作家，以如此严厉乃至严酷的批评文章做当头炮，尽管评价也是极高的，怕也是常情难以承受的。然而，道是无情却有情，批评家、主编爱才、惜才、重才之心切切，也就跃然纸上了。

张爱玲因为了解柯灵，便心不存任何芥蒂；张爱玲因为不了解迅雨，所以才会迫不及待地、不很礼貌地以《自己的文章》给予回击。迅雨后来没有交战，也许是"大人不计小人过"的宽容，也许有"好心当作驴肝肺"的遗憾，后来迅雨，即傅雷举家迁往昆明，这事似乎淡了，但半个世纪将过去时，傅雷的儿子傅聪还记得当年父亲写《论张爱玲的小说》的情景——天天张爱玲长张爱玲短！傅雷是爱才的。不叫失之交臂，而是人与人永远摆脱不了这样那样有名莫名的隔膜！

迅雨的文章其实还有个更高的立足点，就是以张爱玲之所长，见一般新文学作品之所短，指出："我们的作家一向对技巧抱着鄙夷的态度。'五四'以后，消耗了无数的笔墨是关于主义的论战。仿佛一有准确的意识就能立地成佛似的，区区艺术更不成问题。"一扬一抑，有一段还涉及巴金的作品，柯灵以为未必公允恰当，又顾及当时环境复杂，编辑时将原稿擅自删掉了一段，这事倒惹恼了傅雷，引起一场小风波，但柯灵对傅雷对人生对艺术的态度仍是钦赞不已。或许，这一段未删掉，张爱玲会是另一番感触？谁知道呢，阴差阳错，谁说得清。

对大洋彼岸的张爱玲，他遥寄一片真情，对她的好心，有着加倍的感激！

子在川上曰：逝者如斯夫。

真正的友情，却是流逝不去的花儿……

19

又是黄昏。又是急急忙忙向前奔。

周围是缤纷的广告牌，琳琅的店铺，汽车喇叭嘟嘟响，这是个高速度的都市，而无线电里娓娓唱着的申曲，却是有来有去入情入理的家常是非。哦，申曲里也有"急急忙忙向前奔"的特殊音乐，慌慌张张，脚不点地，耳际生风，倒像是给张爱玲的脚步打拍子。

她已经在一家印刷所忙乎了整整一个下午，眼下，又急急忙忙奔向另一家印刷所。

然而，不觉辛苦只觉甜。她的第一本散文集《流言》，即由中国科学公司出版，收散文三十篇。

这是 1944 年初冬的黄昏，街两旁洋梧桐的叶快落尽了，还有那么一片两片，极慢极慢地掉下，以中年人的漠然，经过淡青的天，经过灰楼房的尘梦，可一到地，就恢复儿时捉蟋蟀的调皮相了，金焦的手掌摁着："唔，在这儿了！"人生怕就是这样的过程吧。可她还年轻！出名要趁早啊！

《流言》。她给她的散文集取名叫《流言》，她记得一句英语诗："水上写的字"。多美，多虚幻。不持久就不持久，只希望它像谣言一样传得快！

流言蜚语，哗于民间。《传奇》《流言》，她相信她揣摩准了她的读者群的接受心态，因为她也是小市民中的一员了，每当看见"小市民"的字样就局促地想到自己，仿佛胸前佩着这样的红绸字条，虽局促，却又泰然。

对这本并不厚的散文集子的开印出版，她倾注了太多的热情和精力，得有自绘的漫画，还得有玉照几张！明知不大上品，可她乐意，读者大概也想看看她是什么样子嘛。

　　大一点的照片，是夏天在莫黛的导演下拍的。中分头，黑发蓬蓬披下，肩膀袒露着，露出自己的骨头！戴着宝石项链，因要有维多利亚时代的空气，得笑在眼睛里，那神态就成了负气了。小一点有两张，都包裹得很严实。一张是当代新女性，昂首望青天，却有点怯怯的斜视；一张是前清宽袖长袍，垂首看地，依旧是负气的样子。照片旁题上："有一天我们的文明，不论是升华还是浮华，都要成为过去。"

　　自以为基本圆满，然而印照片却不简单。制版费是预先付了的，样子出来却像个假人，于是恳求老板一次一次又一次重印，老板只有攒眉诉苦，各色材料都缺货，又贵，损失太大……今天下午去到印刷所，看见散乱的蓝色照片一张张晾在木架上，虽仍不完美，可忽地觉得有了人气！再看看一架架的机器上卷着大幅的纸，正印着自己的文章，咣咣啷啷喊喊喳喳，是她在窃窃私语呢，温暖亲热包围着她，仿佛这里可以住家似的！印刷工人已认识她，大声招呼着："哪！都在印着你的书，替你赶着呢。"这灰暗简陋的大房间，这搭着小木桥的凹凸不平的水泥地，这工人们的粗嘎却亲切的话语，她突然觉得都是自家人！自家人。她笑了："真开心！"常常遇上停电，机器便要用脚踏，一个职员说："印这样一张图你知道要踏多少踏？十二次呢。"是的，她给他们添了许多麻烦，却也不为奇，觉着应当，因为不只是买卖关系，而像是自家人帮自家人。这种感觉奇怪又清晰，创作的灵感又被激活了，或只不过是几星碰撞的火花，也许就是日后《十八春》最初的朦胧的轮廓？

　　人世间还是有温暖的。活在中国就有这样的可爱：脏与乱与忧伤之中，到处会发现珍贵的东西，让人高兴一下午、一天、一生一世！这样的切身感触不是第一次，也绝不是最后一次，所以，她的自负的眸子里还是有对这世界的难言的恋慕！

从印刷所出来，急急归家途中却遇到钱公侠先生。着长袍西裤的钱公侠卖关子似的问道："中学时代的先生给你印象最深的是谁呀？"张爱玲脱口而出："汪先生呀，教授法新颖，人又是非常好的。"钱公侠颔首："不错，还记得中学时代的中文老师。"张爱玲急了："什么呀，人家一回上海，见到老同学就问汪先生近况嘛，听说他已离开了上海。"钱公侠这才眨眨眼："他不仅在上海，见你这位高足终于出名了，按捺不住钦服之情，写了篇文章《记张爱玲》呢，蛮生动有趣。"张爱玲眼亮了："在哪？"钱公侠笑笑："在《语林》，已下了印刷所。"

她可等不及！立即跟钱公侠去印刷所看清样。

急急忙忙向前奔。往事历历，如电影镜头，一幕幕急急闪过。在很多人的心目中，中学时代是最幸福的。她不，因为中学连着后母的统治，连着那件永远穿不完的暗红碎牛肉颜色的薄棉袍。冬天已经过去，还留着冻疮的疤……

圣玛利亚女校和所有的教会学校一样，注重英文，轻视中文。这种歧视延伸到教师身上：英文教师每人有一间考究的书室，男性的中文教师的休息室却是门房！中文教师初中部的多是三十岁以上的中国老小姐，高中部的多是前清科举出身的老学究，一片暮气沉沉！这样的学校培养出来的女生，英文或许熟极而流，本国文字却连张请假条也贻笑大方："某某因病故请假一天"？！她不爱参加英文讲演，不爱参加英文戏剧，已厌烦了练钢琴，落落寡合，沉默不语的她总是坐在教室的最后一排，拿支铅笔在纸上画教师的速写像，这，是她听课唯一的乐趣所在。当然，她门门功课的考试都应付得挺好，不是 A 就是甲。

读高二时，却来了一位朝气蓬勃、让人耳目一新的中文教师！只见他在黑板上唰唰写下两道作文题：《学艺叙》和《幕前人语》。继而言明："学艺叙——可把你们学钢琴学唱歌的经过与感想写下来；幕前人语——大家都喜欢看电影吧，就写影评一则。两题任做一题。"讲台下已是一片叽喳，以往的作文题全是说知耻说立志等准八股呢。学生们正在新鲜惊奇中，又听教师说："如自己另有愿发表的思想，尽不妨自由命题，应用任何体系。"真是惊世骇俗，一扫昔日中文课的沉闷死气。张爱玲从画纸上抬眼，认真地注视着这位教师，虽然表情依旧板滞，可脑海里开始了"白日梦"——《看云》：不同季节不同天气白天黑夜的云涌现着变幻着……她是那次全班唯一的自己命题作文者。这位教师就是 1936 年秋受聘来圣玛利亚女校任中文部主任兼中文教师的汪宏声先生。

她跟着钱公侠进到这家印刷所，一样的灰色大房间，一样的凹凸不平架着小木桥的水泥地面，一样的轰轰隆隆嚓嚓喳喳的命运性的机器声！黄昏的苍茫中，她捧着油墨未干的清样，读着、读着……

油墨的清香刺激着她，朦胧着她。是的，她喜欢刺激性的气味：雾的轻微的霉气、雨打湿的灰尘、葱、蒜、廉价的香水、汽油、生火炉的烟、烧焦的炭与火柴……大概因为生命追求无尽的享受，包括痛苦包括无数大大小小的刺激。

她读到了发还《看云》文卷的那天，汪先生追述道："我挟卷唱名，学生依次上讲台领卷。唱到张爱玲，便见在最后一排最末一只座位上站起一位瘦骨嶙峋的少女来，不烫发（我曾加统计，圣校学生不烫发者约占全数五分之一，而且大半是虔诚的基督教徒或预科生——小学高年级程度），衣饰也并不入时——那时风行窄袖旗袍，而她穿的则是宽袖——走上讲台来的时候，表情颇为板滞。我竭力赞美她文章写得好，并且向全班朗读了一遍，还加以种种的说明，特别指出思想应以真实为上，形式不应再被过去呆板的规范所束缚。像爱玲（圣校的习惯，教师呼学生是只名而不姓的）那样的作文，才称得起是写文章等等的话，而爱玲则仍旧保持着那副板滞的神情。"

泪水模糊了双眸，百感交集！瘦骨嶙峋，不烫发，衣饰不入时，板滞的神情，这就是中学时代的她！

汪老师是个好老师，好老师都有点苦口婆心，哪怕是男教师也会婆婆妈妈。汪先生细致的描绘还加许多的说明括号，又让她感触到昔日的温暖。

汪先生分外器重她。张爱玲的文名在女校迅速传播，汪先生又推波助澜，利用课外活动组织"国光会"，发动出版《国光》小型刊物，力荐爱玲出马任编者，但她只答应写稿。第一期《国光》上有她的小说《霸王别姬》，汪先生又在课堂上大加赞赏，说与郭沫若的《楚霸王之死》相比较，简直可以说一声有过之无不及！汪先生满怀厚望对她说："应该好自为之，将来的前途是无可限量的。"

可是，张爱玲依然故我。不激动、不奋勉，教师像蜡烛，她却似乎没有被点着熊熊燃烧却也未曾熄灭。她继续着一贯的松散懒惰。圣校宿舍规定，不穿的鞋一律得放进鞋柜，否则被舍监查出要放在走廊示众。爱玲的平跟旧皮鞋几乎被展览过一百次！她，两手摊着，一副可怜相："啊哟，我忘啦！"她继续是出名的欠交课卷的学生，在教师的催逼中，两手摊着，一副可怜相："我忘啦。"她还继续欠交作文，汪先生催她，她欲张口，汪先生代她说："我忘啦！"她不好意思笑了，赶忙补交，汪先生一看，竟是《霸王别姬》！而且还只是上半篇！大概下半篇留着应付再一次的"我忘啦"！这个张爱玲，真叫人拿她无可奈何。"我忘啦"几乎成了张爱玲的绰号。

是的，那时的爱玲没对汪先生表示过分外的感激。她生活在冬天里，寒天里，人冻得木木的，倒也罢了。一点一点的温暖，更使她觉得冷得彻骨酸心，这一层，老师不曾想到吧？可是温暖终究是春天的气息，她难忘、她向往。她想象着，汪先生的书桌上一定有镇纸的玻璃球，里边嵌着红的蓝的紫的细碎的花，想着它，就想起人生中一切厚实的、靠得住的东西。

回忆总是朦胧模糊的，汪先生回忆《国光》曾收到两首未署真实姓名的打油诗，嘲讽两位男教师的。一首云："橙黄眼镜翠蓝袍，步步摆来步步摇，师母裁来衣料省，领头只有一分高。"另一首云："夫子善催眠，嘘嘘莫闹喧，笼袖当堂坐，白眼望青天。"诗是张爱玲写的，但汪先生说这两首诗登出后曾惹起一场轩然大波。她却记不清了，登没登出？闹没闹风波？总之，有时她在懒惰外还加调皮捣蛋。同班有个才女张如瑾很勤奋，1937年夏她们班毕业时张如瑾已写就长篇小说《若馨》，汪先生代她交给赵家璧先生，因为战争，没有出版。因为战事，圣校改在大陆商场上课，兵荒马乱，而这一年张爱玲几乎不见踪影，直到1938年夏补行毕业典礼时，汪先生才见着依旧瘦骨嶙峋的她。而张如瑾，听说快要结婚了。张爱玲在毕业年刊上的调查栏里，关于"最恨"这一项她第一次激动地写下："最恨——一个有天才的女子忽然结了婚。"汪先生的文章结尾语重心长："爱玲是有天才的，我希望她暂时——我只好希望暂时——不结婚！"

彻骨的温暖。今日依旧。老师自是话中有话，绝非无的放矢。关于她的流言不会太少，师长不管谁管？旁敲侧击的管也是一种温暖。老师父母心。只有老师，才会在这篇文章里为她从香港归来后未考上圣约翰大学而愤愤不平，因为她中文不及格！汪先生打抱不平："如张爱玲的中文要入补习班，则请问有些大人先生应编入何年级！"

万感交集。两颗晶莹的泪溅落在清样上。

钱公侠笑道："嗬，要么写几句？"

她唰啦啦写了几行字，最后几句是："终在黄昏的印刷所里，轰轰隆隆命运性的机器声中，万感交集地写了这几行字。"

她的耳畔隐隐约约响起了教堂的钟声——1938 年夏，圣玛利亚女校借贝当路美国礼拜堂举行毕业典礼，张爱玲参加了。

钟声。歌声。一个个鱼贯而上领取了毕业证，各种别扭不自然的鞠躬……

啊，那庄严肃穆的礼拜堂，那紫酱色的斜屋顶，那爬满常青藤的院墙，那对面的绿草坪上的童话般的小白屋，那静幽幽的贝当路……

而今，那里是让人谈虎色变的"贝公馆"，传出叫人毛骨悚然的惨叫声……

这可诅咒的时代！

为什么不能多留下一点真情呢？

蛮荒·女人·玫瑰

在任何文化阶段中，女人还是女人。男子偏于某一方面的发展，而女人是最普通的，基本的，代表四季循环，土地，生老病死，饮食繁殖，女人把人类飞越太空的灵智拴在踏实的根桩上。

20

女人是什么？

张爱玲似乎是有心无心、有意无意、亦庄亦谐、亦调侃亦执着，或中庸或偏颇、或旁观或投入地，在她的小说、散文、随笔中做了回答。

答案却是既矛盾而又兼容的。像苍凉的胡琴，临了又像北京人的"话又说回来了"，远兜远转，依然回到了人间。

西方的《圣经》说，女人是上帝用男人身上的一根肋骨造成的；东方的传说，则是女娲用泥捏成人，来不及了，就用草绳拎人，捏的是高贵者，拎的是卑贱人，男女怎么造的倒是含糊的。

张爱玲说：像大部分所谓知识分子一样，我也是很愿意相信宗教而不能够相信。如果有这么一天我获得了信仰，大约信的就是奥涅尔"大神勃朗"一剧中的地母娘娘。女人纵有千般的不是，女人的精神里面却有一点"地母"的根芽。超人是男性的，神却带有女性的成分。超人是进取的，是一种生存的目标。神是广大的同情、慈悲、了解、安息。所以完美的女人比完美男人更完美。同时，一个坏女人往往比一个坏男人坏得更彻底。

张爱玲说：女人当初之所以被征服，成为父系宗法社会的奴隶，是因为体力比不上男子。但是男子的体力也比不上豺狼虎豹，何以在物竞天择的过程中不曾为禽兽所屈服呢？可见得单怪别人是不行的。

张爱玲又说：女人常常被斥为野蛮，原始性。人类驯服了飞禽走兽，独独不能彻底驯服女人。几千年来女人始终处于教化之外，焉知她们不在那里培养元气，徐图大举？

是的，纵观张爱玲鼎盛期的作品，写女人视角独到，而且她笔下的女性，不论性恶性善或不恶不善，不论遭际结局如何，她们中的绝大多数是生命的"强者"！

《金锁记》中的曹七巧是刁泼强悍的，从做女儿到出嫁到做母亲到做寡妇到做祖母，她几乎是没有停息地一路厮杀过去！没得到黄金时用利牙毒嘴全方位撕咬，戴着黄金枷锁时则用枷角大刀阔斧地劈杀！《倾城之恋》中的白流苏也非等闲之辈，虽是处境艰难万般委屈，亦是能战能守能进能退把握得住自己的厉害女人！《沉香屑·第一炉香》中柔美无助的葛薇龙也不是省油的灯，而是个与世有争的女子！更不消说她那关起门来做小慈禧太后的姑奶奶了。《心经》中的女儿许小寒敢于张扬恋父情结，敢爱敢恨不顾一切，也不得不叫人咋舌。《琉璃瓦》中的一群女儿与《花凋》中的一群女儿，虽在锦绣丛中长大，其实跟捡煤核的孩子一般泼辣有为。即使小可怜郑川嫦，也在临死前偷偷上街看了世界最后一眼，这生命的最后一跃！

也许生长在破落了的豪门巨族的张爱玲，睁眼看人世间时，与形形色色绝非因为忠厚而硬是无用的男人们相比，视野中的女人们便呈现着种种的强态：追求知识追求独立的新女性，强撑门户典当度日的旧女性，明争暗斗工于心计的长辈女性，不择手段出人头地的晚辈女性……张爱玲自己走过的路，又有哪一寸不是千疮百孔呢？可是终究走过来了，倔强地走过来了，还将一如既往倔强地走下去。

她钟情于生命的原始奔腾。她喜欢印度的一种癫狂的舞：舞者剧烈地抖动着，身子底下烧了个火炉似的；那音乐高而尖叫人痒得难受，歌者像是嘴里含了热汤；这舞让她想象出地球的混沌初开！最早开始有动物，应该在泥沼里，太阳炎炎晒着一丛丛壮大的厚叶子水草，水底有小的东西蠢动起来了，那么剧烈地活动，不是腌臜，是混沌，元气荡荡的混沌！这就是原始的生命。

她认为中国京戏的象征派表现技术极为彻底，具有初民的风格。这种粗鄙的民间产物之所以得到清朝末叶儒雅风流的统治阶级的器重，是因为京戏中有一种孩子气的力量，正合了他们内在的需要。中国人的原始性没有被根除，就在这一点中，可以找到中国人的永久青春的秘密。

张爱玲的思维总是不同凡响的，张爱玲的议论总是惊世骇俗的。她并不注重逻辑的合理与思想的严密深刻。

但她很能强词夺理，因为中国的文化就是随随便便的，譬如中国诸神中的王母，她在中国神话中最初出现的时候是奇丑的，但后来却被装点成一个华美的夫人；还有麻姑，八仙之一，这两个都是寿筵上的好点缀，也可以与观音大士平起平坐。玩笑与虔诚间，并没有太清的界线。她张爱玲为什么不能呢？

她不掩饰对过了时的蹦蹦戏的兴趣。高雅人视之为低级趣味、破烂，她却津津乐道：那风急天高的胡琴调子，夹着嘶嘶的嘎声，还有拍着竹筒的"俦！俦！俦"声，将脑浆都给砸了出来，剩下的只有最原始的！塞外的风，永远是飞沙走石的黄昏，黄土窟里住着的出外挑水的女人记得的只是父母公婆哥嫂丈夫和儿女。台上的李三娘不搽一点粉脂，黄着脸声嘶力竭与胡琴的酸风与梆子的铁拍相斗。这是蛮荒世界的女人！

还有那出谋杀亲夫的玩笑戏，荡妇水汪汪的眼仿佛生在脸两边近耳朵处，像一头兽。当她被拘捕后，唱道："大人啊，谁家的灶门不生火？哪一个烟囱里不冒烟？"这也是蛮荒世界的女人！观众却报以喝彩。

蛮荒世界的女人，其实并不是一般人幻想中的野玫瑰！张爱玲不无欣赏又不无伤心地想着："将来的荒原下，断瓦颓垣里，只有蹦蹦戏花旦这样的女人，能够夷然地活下去！在任何时代，任何社会里，到处是她的家。"

《连环套》中的霓喜是这样的女人！她是具有魅惑力的荡妇，出于性爱也为了生存；她是有泼辣生命力的母亲，出于动物的属性也为了养儿防老。这样的一个女人并非天生的荡妇，她在人世间处处寻找爱寻找地位，可是处处碰壁，撞得头破血流可是也还爱不进去！即使如此，她仍夷然地活下去，六十岁看上去得减去二十岁！怎么样的变故挫折打击都扼杀不了她泼辣的生命力。这样的女人不会是文学创作中没有典型意义的形象吧？

然而，才在《万象》连载四期，迅雨的《论张爱玲的小说》对《连环套》一顿棒喝，抨击得体无完肤。要强的张爱玲再续了两期，心境已不佳，觉得一期一期赶，太逼促了。又与《万象》老板平襟亚为壹仟元稿费生出嫌隙，《连环套》便应了迅雨的预言：逃不过刚下地就夭折的命运。不，还要快些，是流产。

壹仟元稿费的风波还真搅得不算太小。张爱玲认为事关职业道德，有辩白的必要，《连环套》连载每期预付稿费壹仟元，第一次平襟亚的确给了贰仟元的支票，但张爱玲认为还是一期一期拿为好，否则寅年吃了卯年粮，于是平襟亚收回了那张支票，另开过一张壹仟元的。平襟亚算是文坛前辈，经营书店多年，本人又学的是法律，也摊出账目凭证，在《海报》上甩出两篇文章，不只是讥讽张爱玲的"生意眼"，而且将他欲为张爱玲出集子时，又将张爱玲写给他的信公布于众："我书出版后的宣传，我曾计划过，总在不费钱而收到相当的效果，如果有益于我的书销路的话，我可以把曾孟朴的《孽海花》里有我的祖父与祖母的历史，告诉读者们，让读者和一般写小报的人去代我义务宣传——我的家庭是……"而且，又牵扯到张爱玲与胡兰成的"风流韵事"，这真是现实中的"连环套"！平襟亚先生火气略大了些，气量也小了些。张爱玲的信有失淑女风，却有大幽默大白话。可事情还没完，柯灵出于好意，又在《海报》登一文为张爱玲洗刷，想她是一时疏忽云云。张爱玲的老师在《记张爱玲》一文中写道："我忘啦"是张的口头禅时，顺手又写到这壹仟元怕也是"我忘啦"？真叫越帮越忙。于是张爱玲、平襟亚、汪宏声又在《语林》里登文各作说明，此后，这桩公案才算不了了之，留给人们的记忆怕还是三三两两勾搭住了、解不开的连环套。

腰斩了的《连环套》一直遭厄运，几乎在岁月的长河中湮没了；待有好事者挖掘出来，评论者多以为仍是破烂，里面什么东西也没有。就是张爱玲本人，三十二年后，台北《幼狮文艺》将《连环套》清样寄给她，让再校一次时，她看着不禁骇笑，没想到这么恶劣，通篇胡扯！连牙齿都寒嗖嗖起来，这才尝到"齿冷"的滋味，并且说，这些年来没写出更多的《连环套》，始终自视为消极的成绩。

张爱玲是终于、还是早早地认同了迅雨的严酷批评？而且她的自我批评似乎还要苛刻无情些。

连作者本人都否定了的作品还能有什么价值吗？但有一点，张爱玲始终念念不忘《连环套》！不要说当年创作高峰期时她或明明白白或捎带为《连环套》辩护解释的文字不少，就是三十二年后，她否认《连环套》时，那当年激活写作《连环套》的契机仍历历在目，而且那真实的故事在她脑子里还潜伏浸润了好几年！她写的是真的，而且怕是一辈子忘不了。

《连环套》还是有价值的。作者其实也不过是一读者，读自己的作品的感觉也并非完全准确。况且作者也一样时过境迁！迅雨的文章指出："《连环套》的主要弊病是内容的贫乏。已经刊布了四期，还没有中心思想显露。"张爱玲在《自己的文章》里也承认："在那作品里，欠注意到主题是真，但我希望这故事本身有人喜欢。我的本意很简单：既然有这样的事情，我就来描写它。"

然而，就从被腰斩了的《连环套》来看，并不是无主题变奏曲，尽管无主题也不一概是坏事。《连环套》是有主题的，而且主题很鲜明。

女人是河。霓喜是条腌臜混浊，却仍在流淌、也会溅起浪花的女人的河。

流淌、浪花，是她不乏野蛮的原始生命力的腾跃；腌臜、混浊，因她自身的缺陷，更因这周遭的人世间的龌龊！

这，应该是《连环套》的中心思想。

汤姆生太太——霓喜第三个丈夫赠给她的英国名字——从生物学的观点来看曾结婚多次，而从律师的观点来看始终未曾出嫁，到得她三十八岁的时光，终于第一次有个印度老妇上门来做媒！霓喜笑了！"她伸直了两条胳膊，无限制地伸下去，两条肉黄色的满溢的河，汤汤流向未来的年月里。"

霓喜以为，"她还是美丽的，男人靠不住，钱也靠不住，还是自己可靠"。男人"走就走罢，走了一个又来一个"。

自己其实也不可靠！人会老，女人更经不起老。印度老妇是为她的 13 岁的女儿来做媒的。"霓喜知道她是老了。她扶着沙发站起身来，僵硬的膝盖骨克啦一响，她里面仿佛有点什么东西，就这样破碎了。"破碎了也没完，肉黄色的满溢的河，仍得汤汤流向前去，怎么流的？文章被腰斩了，但斩处自成一节，一个精彩的"结"。溯源而上，她也还是河的女儿。

是广东一个偏僻的村镇小河边，还是九龙附近的小河边，一个恶妇养了十几个女孩子，其中一个就是霓喜。为了点小事，妇人就罚她们站在河里一两天，出来时湿气烂到腰上！挨打挨饿，就是睡梦里也挨打挨饿。穷人终年穿着黑，黑色的贫穷与折磨里，四五丈高的野火花将朱砂点子撒了满天。十四岁时她被养母以 120 元价格卖给了个绸缎商人雅赫雅。这恶妇养一群女孩子，本来犹如养猪养狗，为的是卖钱！这印度人雅赫雅，亦是买牲口一般："有砂眼的我不要。""有湿气的我不要。"于是恶妇抓过霓喜翻眼扒鞋，性子倔的霓喜略略一挣，就被扇嘴巴子。笼罩着霓喜的是黑。穷与恶郁积的黑。

绸缎店是女人的彩色的河：千红万紫百玄色。可这不属于霓喜。雅赫雅当初从印度来中国香港，一个子儿也没有，白手起家，支撑出个绸缎店不容易，爱钱已偏于悭吝。情感上也如此，霓喜替他做事管家、生儿育女，过了整整十二年，而他就是不娶她！他忘不了她的出身，他忘不了她是他买的！女人不是人。霓喜却连女人也不是，一般女人总还有婚嫁的一天。她要报复！她要上进！她唯一的资本是美好的身体——沉甸甸的大黑眼睛，碾碎了太阳光，黑里面揉了金。这眼睛能勾魂摄魄，倚门卖俏，随时随地调情，在色情的圈子里她是强者，这是对雅赫雅的扭曲的报复！她是他脚底下的泥？！她与修道院梅腊妮师太拉扯上，对中国地方的外国官米耳先生"初战告捷"，知道了做人做个女人，就得做个规矩女人，偶尔放肆一点，便有寻常坏女人梦想不到的好处可得。于是，变态的上进激励她：她要成为一个有身份的太太。然而谈何容易？！霓喜一生中最热闹的几年，注定要糟践在这爿店里！她唯一施展的是扭曲的报复：调笑雅赫雅的表亲发利斯、逛街串店与同春堂药店伙计调情。经梅腊妮师太几次向雅赫雅报信，雅赫雅对霓喜自是拳脚交加，闹得一天墨斗。雅赫雅自身呢，却与小寡妇调笑不误。十二年的愤恨终于从霓喜的腔子里喷出来！霓喜大打出手——绸缎店里，整叠的匹头推金山倒玉柱塌将下来，千红万紫百玄色，闪花、暗花、印花、绣花、堆花、洒花、洒线、弹墨、椒蓝点子，飞了一地，霓喜跳在上面一阵践踏——这才是波涛汹涌的愤怒的女人的河。

　　狂涛巨澜的彩色反抗高潮过后，霓喜的结局是被逐出绸缎店！她索索抖着搂住八岁的儿子和两岁的女儿，"她要孩子来证明这中间已经隔了十二年。她要孩子来挡住她的恐怖。在这一刹那，她是真心爱着孩子的。再苦些也得带着孩子走，少了孩子，她就是赤条条无牵挂的一个人，还是从前的她……"她的反抗是不彻底的，她的母性更是不彻底的，她等待着雅赫雅的回心转意，然而没有。遇上赚了大钱成了珠宝商的发利斯，也救不了她。可药店伙计崔玉铭来了：却是为老板窦尧芳拉皮条！

霓喜拖着一双儿女搬到了药材店的店堂楼上，跟了五十七岁的中国商人做了露水夫妻。依旧没有地位名分，却有疼爱；疼爱却替代不了性爱，霓喜又与崔玉铭及老板内侄打得火热！同春堂里毕竟有条诱惑女人的黄金的河，霓喜日渐宽绰，心地却一日窄似一日。这样过了五年，又添了两个儿女，窦尧芳却病倒了。窦尧芳已为她做了安排，把个支店给了崔玉铭，老人还没死就成了神，什么都知道，什么都原谅。霓喜赶到支店会崔玉铭，无意中却发现崔玉铭已在两年前就娶了亲！是个乡下女人，却也是老板贴了两百块钱帮忙讨的！霓喜真正在时间的荒野里迷了路。霓喜朝崔玉铭一巴掌打过去："我跟你做大，我还嫌委屈，我跟你做小？"倒也掷地有声，显现了她的泼悍和自立。可小的骗了她,老的也骗了她?！回到店里，老板原籍番禺的家里人全拥来办后事了，黑压压的一片。窦家的众人等到了收拾她的一天！她却还要报复，她报复得了吗？族人已用麻绳反绑她两只胳膊，她整个的女性又一次被屈辱了，她没有钱，也没有爱，她又骂又哭又喊又叫，一切都是破裂痛楚的、生疏异样的，唯有男人眼里的神情是熟悉的——她固执地抓住了，她要跟去番禺乡下，她要一个个收伏他们！她大闹灵堂，呼天抢地，可被收伏的到底还是她自己。她不能回到乡下！那无情的地方，一村都是一姓的，她不属于哪一家！野火花高高开在树上，映着荒凉的岁月。于是她背一个、抱一个、一手牵两个，她与四个杂与不杂种光着身子出了同春堂！人财两空。她在人堆里打个滚，可一点人气也没沾。只是单纯的肉！女肉！黄金的河在女肉上淌过，却连镀金都没留下。

三十一岁的河没有干涸。年轻的俯仰百变、流动的美，因身上脸上添了肉，那流烁的美全涌进眼睛和嘴，她不很费力气又套住了英国人汤姆生，是在政府里供职的工程师。一个寡妇拖着四个孩子，肚里还怀着胎，可她就是有了自己的房子——跌跌绊绊满是东西，屋里后院全是东西，还有书！畅意的日子一个连着一个，饧化在一起像五颜六色的水果糖——这甜甜的女人的河。她还入了英国籍，有了汤姆生太太这英国名字，她和汤姆生添了个女孩，她去到雅赫雅的绸缎店寻衅报复，她和发利斯成了朋友，每每回首艰难的岁月时眼异常地亮，就这样过了五六年的安定生活，她满足了，发胖了，人也呆了。修道院的尼姑们又巴结上了她，她们过海到九龙去兜风，去赶庙会，大树上高高开着野火花，她蓦地有衣锦还乡的幸福感。而幸福正在这一瞬间飞了——汤姆生和他的英国新娘登出了结婚广告！霓喜仍是栏杆外的乡下人，扎煞着双手，却打不到英国人身上！

霓喜的第三环的大反抗没有高潮，真正强弩之末。她到他办公室寻他，可她自己也发觉她只剩下一堆肉！那熟极而流的悍然之美消逝了。汤姆生的世界是浅灰石的浮雕，而她成了突兀的凸出的一大块——高高突出的双乳与下身！她无法爱进去。可她还几次三番闹，也哭过，也恐吓，也厮打过，也撒过赖……汤姆生只有带着英国太太逃之夭夭。大反抗剩下乱七八糟的闹剧，她依旧落得人财两空。

没有爱。没有爱只有腌臜与痛楚的女人的河还在汤汤流着。从光绪年间梳双髻的小姑娘，流到民国，从民国流到抗战，从香港流到上海，她已成了六十开外的老太太，依旧染了头发、低低地梳一个漆黑的双心髻。五个入了英国籍的儿女事变后都进了集中营，她给他们每月寄去糖罐头之类。是为了养儿防老，也因为她的心中仍有一点地母的根芽吧？

迅雨说："霓喜和两个丈夫的历史，仿佛是一串五花八门、西洋镜式的小故事杂凑而成的。没有心理的进展，因此也看不见潜在的逻辑，一切穿插都失掉了意义。"似乎言过其实。霓喜的个性是倔强又要强的，霓喜对雅赫雅需要的只不过是一点零用钱与自尊心，可是，没有。霓喜要结婚，试探恳求都没有用。"烫死你！"是她满心冤屈的发泄，哪怕招来的是兜心脚。在南方的略有点雪意的清滢的蓝色的夜里，霓喜却得不到同情和了解，她的心怎么不冷呢？霓喜与米耳调情后回到店铺楼上，并不是满心的虚荣和快乐，晾着的一条湿裤滴了一搭水在她脸上，她揩了又揩，揩的却是她自己的两行眼泪！荡妇也有纯洁的泪水，也有催人泪下之处。这是她心理的进展，是她大闹绸缎店的层层铺垫。迅雨还说《连环套》"描写色情的地方（多得是！），简直用起旧小说和京戏——尤其是梆子戏——中最要不得而最叫座的镜头！"这似乎也危言耸听。迅雨大概与许多书斋里的高级知识分子一样，有洁癖，厌恶有关调情的描摹，《倾城之恋》的高级调情迅雨尚且大倒胃口，如何能容得下连环套中乱糟糟一拍即合的动物性的调情呢？可霓喜的世界就是如此，能高雅干净到哪里去呢？迅雨对旧小说、京戏，尤其是梆子戏，似乎也存偏见，而张爱玲，是不讳言她对这些"旧货"的喜欢的。

《连环套》的结构可以说是张爱玲小说中最为严密紧凑的一部。环环相扣，大环中有小环，小环又连大环，一环扣一环，勾搭住了，解也解不开。每个人物都不是多余的，每处伏笔都是仔细设计过的。当然，诚如张爱玲自己所言，太逼促了，自然也有不少仓促之处。

《连环套》的语言，亦为迅雨所抨击。旧小说中的陈词滥调，像流行病的细菌一样在《连环套》中蔓延；《金瓶梅》《红楼梦》的用语，硬嵌进了西方人广东人的嘴里，因而全文弥漫着恶俗之气。是的，《连环套》不少处是有"信笔所之"的神气，但是，语言并非全无可取之处，只是瑕有掩瑜之势。霓喜的三个环的完结都写得漂亮：色彩、氛围、节奏，一次比一次黯淡苍凉，到发利斯托老妇来求婚，倏地又闪烁出华光异彩，然而，倏地又完全熄灭了。让人忍俊不禁，却又分明是含泪的笑。野火花在《连环套》中出现三次，张爱玲对野火花的钟爱跃然纸上，霓喜的原始生命力也喷薄到野火花上。

这毕竟是张爱玲的第一部长篇小说，她不会太掉以轻心的。

霓喜的出场，张爱玲的确花了大力气铺陈："下午的音乐会还没散场，里面金鼓齐鸣，冗长繁重的交响乐正到了最后的高潮，只听得风狂雨骤，一阵紧似一阵，天昏地暗压将下来。仿佛有百十辆火车，呜呜放着汽，开足了马力，齐齐向这边冲过来，车上满载摇旗呐喊的人，空中大放焰火，地上花炮乱飞，也不知庆祝些什么，欢喜些什么，欢喜到了极处，又有一种凶狨的悲哀，凡哑林的弦子紧紧绞着，绞着，绞得扭麻花似的，许多凡哑林出力交缠，挤榨，哗哗流下千古的哀愁；流入音乐的总汇中，便乱了头绪——作曲子的人编到末了，想是发疯了，全然没有曲调可言，只把一个个单调的小音符丁零当啷倾倒在巨桶里，下死劲搅动着，只觉得天崩地塌，震耳欲聋。"

张爱玲以为凡哑林如水一般流着，将人生紧紧把握贴恋着的一切东西都流走了。张爱玲又以为交响乐是浩浩荡荡的五四运动一般地冲了来，而霓喜就即将在这交响乐的高潮中出场，或者说她的人生已经历过交响乐的欢喜悲哀，哗哗流下千古哀愁，却又茫然不知头绪！

"这一片喧声，无限制地扩大，终于胀裂了，微罅中另辟一种境界。恍惚是睡梦中，居高临下，只看见下面一条小弄，疏疏点上两盏路灯，黑的是两家门面，黄的又是两家门面。弄堂里空无所有，半夜的风没来由地扫来又过去。屋子背后有人凄凄吹军号，似乎就在弄堂里，又似乎是远着呢。"

这是巨大的落差。繁华至极处的荒凉，热闹至极处的孤独。

弦子又急了，铙钹又紧了。霓喜出场了，不，是提前退场！同她一块出来的是"我"的二表婶。"场子里面，洪大的交响乐依旧汹汹进行，相形之下，外面越显得寂静，帘外的两个人越显得异常渺小。"由此更可见，前面的气氛的渲染，刻意的反高潮，是为了烘托汤姆生太太——霓喜。

三十八岁的霓喜已见穷途末路，从三十八岁走向六十开外，这中间还有多少连环套？她的？她的杂种纯种女儿的？抑或杂杂种的孙女外孙女的？谁知道呢。腰斩比斩头去尾还要让人茫然。

只有到处都是的照片！霓喜的，她的儿女的，她的孙子外孙的。"照片这东西不过是生命的碎壳，纷纷的岁月已过去，瓜子仁一粒粒咽了下去，滋味各人自己知道，留给大家看的唯有那满地狼藉的黑白的瓜子壳。"张爱玲的语言更是叫绝。

霓喜提前退场时，门帘一动，亦是黑白大理石地板。她的人生可不是黑白分明的！模糊混沌，有抗争更有堕落，有追求更有迷惘，是母亲更是荡妇。张爱玲描摹六十开外的霓喜，仍身手矫健，又稳又利落，像一只大猫！"是一只洗刷得很干净的动物的气味。人本来都是动物，可是没有谁像她这样肯定的是一只动物。"

蛮荒世界的女人！

张爱玲不掩饰对霓喜的可悲可叹："她倒像是在贪婪地嚼着大量的榨过油的豆饼，虽然依恃着她的体质，而豆饼里也多少有着滋养，但终于不免吃伤了脾胃。而且，人吃畜生的饲料，到底是悲怆的。"

张爱玲一直对《连环套》耿耿于怀。三十二年后，她清晰地回忆起这故事最初的印象：那是 1940 年，她与炎樱在港大读书时，炎樱父亲的老朋友请炎樱看电影，炎樱拉了张爱[1]去，结果这个高大的五十多岁的帕西人把票给了她们，便很尴尬地走了——他带的钱只够买两张电影票。炎樱告诉她，这个帕西人的丈母娘是麦唐纳太太，本是广东人家养女，先跟了个印度人，第三次同居是个苏格兰人麦唐纳，有许多孩子。麦唐纳太太硬要把才十五岁的女儿宓妮嫁给这帕西人，宓妮却不爱帕西人，生了个儿子后，宓妮二十二岁时，两人离婚了，帕西人的生意便越做越糟。宓妮带着儿子，后来嫁给儿子的朋友汤尼。张爱玲见过宓妮，在一个广东茶楼里，第一次吃到菊花茶，让她刻骨铭心的是宓妮长得极像她母亲！港战后张爱玲回到上海，见到了麦唐纳太太，生得高头大马，穿件小花布连衫裙，仿佛囤货做点生意，有时托炎樱父亲办点事，眼睛一睐，还带点调情的意味。

　　麦唐纳太太母女与那帕西人的故事在张爱玲脑子里生了根。那就是《连环套》中的汤姆生太太——霓喜、大女儿瑟梨塔和发利斯。

　　这是真的，别人说她胡编瞎造，她潜意识是不服的。

　　霓喜的形象大概还有旁的女人的影子。张爱玲港大同学月女，这个秀丽的马来亚华侨女子，父亲是个商人，好容易发迹了，盖了座方方的新房子，可不久，父亲忽然迷上了一个不正经的女人，那女人不止三十岁了，长得又没什么好，可是月女的父亲就是昏了头，为了那女人把家业抛荒了。月女说那女人一定懂得巫魇！

　　张爱玲那时就怀疑："也许……不必用巫魇也能够……即便过了三十，长得又不好，也许也……"

　　张爱玲想：女人是个谜。

　　霓喜是个喜结连环套的谜一般的女人！可惜1944年6月《连环套》就停结停解了。其实结完再评不是更准确些么？迅雨先生未

---

① 炎樱唤张爱玲为"张爱"。

免操之过急。

21

《连环套》备遭厄运的同时，作为五月的玫瑰却蓬蓬勃勃，六月七月连连艳丽开放。张爱玲的《红玫瑰与白玫瑰》在《杂志》月刊三期连载完毕，颇获好评。

如果说《连环套》是一个女人与七个男人的纠葛恩怨，中心是这个女人和她的三个"丈夫"的故事；那么，《红玫瑰与白玫瑰》则是一个男人与四个女人的纠葛恩怨，中心是这个男人和他的情人与妻子的故事。都是不很正常的男女婚恋的故事，为什么反响、批评如此不同呢？

难道是《连环套》以女性的视角看男人感悟人生？而《红玫瑰与白玫瑰》却以男性的视角看女人叹惜人生？虽然作者皆为同一个张爱玲。

《连环套》中的霓喜出身低贱。荒瘠的黑色的水乡是她的无根的背景，野火花是她心比天高的挣扎。但她的挣扎是出格的，有悖几千年男性中心社会的道德伦理规范，所以，任凭她以泼辣的生命力和对男人的魅惑力频频出击，左突右冲，撞破了头，也成不了朱砂点的野火花，留下的只有腌臜、混浊。就是她的故事，文明人也嫌脏了眼睛与耳朵。

《红玫瑰与白玫瑰》的佟振保出身寒微，寡母、弟弟、妹妹都指望着他。如果不是他发愤图强，保不准一辈子做个店伙计生死在一个愚昧的小圈子里。可是他上了爱丁堡学纺织工程，半工半读赤手空拳打天下。穷苦学生对英国的记忆只限于地底电车、白煮卷心菜、空白的雾、饿和馋！可他终于出洋得了学位，又在工厂实习过，真才实学回国做事，宛若站在世界之窗的窗口，面对一空白的扇子，只等他笔酣墨饱落笔作画，他供职于一家老牌子的外商染织公司——英商鸿益染织厂，而且步步高升。男人和女人的天是不同的。

佟振保却也有痛苦。那是选择女人的痛苦，这种痛苦是事业以外装饰性的痛苦；不像霓喜的痛苦是致命的，那是被选择的痛苦，没有婚姻的下层社会的女人，永远没有安全感。

佟振保在国外留学时有过两个不要紧的女人。第一个是巴黎的下等妓女，振保留学期间唯一的一次旅行经过巴黎遇上了这么一个黑衣妇人，结束了他的童子鸡生涯，可留下的记忆是荒凉的耻辱，因为他做不了她的主人。第二个是他的初恋女子，一个杂种女子，当他要归国的前夜，这女子欲献身于他，他却拒绝了。因为他不愿意娶她，与其说坐怀不乱，不如说退避三舍，但他是爱她的。对自己的操行，他既惊奇赞叹，又充满了懊悔。他注定了永恒地患得患失。这个女子名玫瑰，所以他把以后的两个女人都比作玫瑰。

回国后为上班方便，他分租了老同学王士洪公寓的一间屋子。士洪的妻子王娇蕊是华侨，亦是留洋生。这是一个火热的、放浪的女人，振保喜欢，她成了他的热烈的情妇——心中的红玫瑰。而娇蕊却认真起来，她爱上了他，要嫁给他！这样的女人是娶不得的！他毅然决然斩断了情丝，娶了温良恭俭让的圣洁的白玫瑰为妻——国内差大学的好学生孟烟鹂，却是个乏味的女人！

他觉得一切都乏味透了，于是宿娼嫖妓、放浪形骸、抛家不顾！然而请放心，第二天起床，他改过自新，又变成了好人，仍是一个最合理想的中国现代男人。

因为"也许每一个男子全都是有过这样的两个女人，至少两个。

娶了红玫瑰，久而久之，红的变了墙上的一抹蚊子血，白的还是'床前明月光'；娶了白玫瑰，白的便是衣服上沾的一粒饭粒子，红的却是心口上的一颗朱砂痣。"振保的情形没有这么绝对，"床前明月光"与"心口上的朱砂痣"都破碎了而已，所以他的行为比所有的男子更合法合理、合情合理！

佟振保为《连环套》中所有的男人做了回答，为什么选择女人为妻得慎重理智？因为男人拥有的是社会属性。佟振保"他要一贯地向前，向上。第一先把职业上的地位提高。有了地位之后他要做一点有益社会的事，譬如说办一个贫寒子弟的工科专门学校，或是在故乡的江湾弄个模范布厂，究竟怎样，还有点渺茫，但已经渺茫地感到外界的温情的反应，不止有一个母亲，一个世界到处都是他的老母，眼泪汪汪，睁眼只看见他一个人。"选择错了女人为妻，"社会上是绝不肯原谅我的"！"兄弟如手足，妻子如衣服"，这件衣服需合体更需得体！霓喜这样的"睡衣"岂能登大雅之堂？这是男人骄傲的选择权利，也是男人可悲的虚荣！

《红玫瑰与白玫瑰》，无论王娇蕊还是孟烟鹂，却都有着霓喜的影子！大概不管是上流还是下等的女人，都拥有自然属性吧。

王娇蕊是都市上流"荡妇"。与霓喜一样，有着泼辣的生命力和魅惑力。她的美是流动的感染的放荡的。"她穿着一件曳地的长袍，是最鲜辣的潮湿的绿色，沾着什么就染绿了。她略略移动了一步，仿佛她刚才所占有的空气上便留着个绿迹子。衣服似乎做得太小了，两边迸开一寸半的裂缝，用绿缎带十字交叉一路络了起来，露出里面深粉红的衬裙。那过分刺眼的色调是使人看久了要患色盲症的。"好一个"满园春色关不住，一枝红杏出墙来"！她是有"前科"的，振保住进前，她与前房客孙先生就不清不白，在伦敦读书时就是个交际花，"她的一技之长就是耍弄男人。如同那喜翻筋斗的小丑，在圣母的台前翻筋斗，她也以同样的虔诚把这一点献给她的爱"。而且她"就喜欢在忙人手里如狼似虎地抢下一点时间来"！她的心是一所公寓房子。她在男人眼中是从异乡到异乡的火车上的女人，虽萍水相逢，却是可亲的女人！她的泛滥的爱与霓喜别无二致，不同的是，霓喜吃着榨过油的豆饼，她吃的是精饲料。她们一寸寸都是活的女人。

圣洁的妻孟烟鹂，竟也有淫荡之时！她给人的第一印象是笼统的白、单薄的白，但毕竟如病院里的白屏风，把她和周围的恶劣的东西隔了开来。她爱振保，只因为在许多男人之中指定了这一个是她的，振保就是她的天。可她与他结婚多年，女儿也生了，他仍不爱她，她依旧只有空洞白净！她是孤独的。她要絮絮叨叨地诉冤，对振保的朋友，对老妈子，对八岁的女儿！终于振保为她隔绝了一切，家里更加静悄悄，烟鹂得了便秘症，在白色的浴室里她生了根，一连几个钟头看着自己白皑皑的肚子和变幻无穷的肚脐眼！可她除了自爱自怜，还能做什么呢？在黄梅雨的一天，她居然委身于她家的裁缝！虽年轻却佝偻着，脸色苍黄，脑后还有几个癞痢疤的裁缝！贞妇写下淫荡的一页！她成了家常中的污秽，发出蓊郁的人气。白玫瑰与红玫瑰与霓喜是还原了自然属性？或干脆称之为兽性？

振保的放荡便更情有可原。他的家是旷野的夜晚两扇紧闭的白门，拼命地拍门，打开走了进去，却没有谋杀案，只见稀星下的一片荒烟蔓草！可怕的家！他却砸不掉自造的家，他的妻，他的女儿，就是自己，他也砸不碎！不，他舍得砸碎众人眼中顶天立地的好男人的形象吗？

他有着难解的自恋情结。他在浴室洗脚，"一条腿搁在膝盖上，用毛巾揩干每一个脚趾，忽然疼惜自己起来。他看着自己的皮肉，不像是自己在看，而像是自己之外的一个爱人，深深悲伤着，觉得他白糟蹋了自己。"他不是霓喜的自悲，霓喜虽然也伸直了两条胳膊，如同两条肉黄色的满溢的河，但是霓喜觉得坐在她肩头的小孩，是一块不通人情的肉，"紧接着小孩，她自己也是单纯的肉，女肉，没多少人气。"

　　振保为女人流了泪！当他终于抵挡不住娇蕊的诱惑，他久久地看着弹着《影子华尔兹》的她，"他眼睛里生出泪珠来，因为他和她到底是在一处了，两个人，也有身体，也有心。"以后他沉浸在这无耻的快乐之中。可是，娇蕊却要"从良"，她说："你放心。我一定会好好的。""她的话使他下泪，然而眼泪也还是身外物。"因此，他能抗拒娇蕊的两次号啕恸哭，为了崇高的理智的制裁，以超人的铁一般的决定，舍弃了红玫瑰。他娶了白玫瑰，女儿都七岁了时，他与娇蕊却在公共汽车上邂逅！红玫瑰胖了、老了、憔悴了，却还打扮着，显得俗艳！可她带着孩子去看牙医生，离了婚再嫁的她，也成了像样的母亲！而且她说："是从你起，我才学会了，怎样，爱……"振保竟无言对答！他概括不了自己的"完满幸福"的生活！他从司机座边的小镜子里看见了自己颤抖的脸，他的眼泪滔滔流下来！本来在这种场合，必须有人哭泣，应该是她，可他却无法控制自己。难道他与她的爱情战争中，他竟是个失败者？红玫瑰心中地母的根芽却发芽了？她说："年纪轻，长得好看的时候，大约无论到社会上做什么事，碰到的总是男人。可是到后来，除了男人之外总还有别的……总还有别的……"这是一个跨跃，尽管朦胧肤浅，尽管仍然俗艳，可毕竟从"女人一辈子讲的是男人，念的是男人，愁的是男人"的狭小无奈的怪圈中闯了出来，至少她的泪水不再为男人轻洒。振保对白玫瑰也有一次"流泪",那是晚上归家,撞见烟鹂又在对他弟弟诉冤,待弟弟走后,他将台灯热水瓶全扫到地上,又拣起台灯的铁匝子朝烟鹂掷去,白玫瑰逃窜了!"振保觉得她完全被打败了,得意至极,立在那里无声地笑着,静静的笑从他眼里流出来,像眼泪似的流了一脸。"笑比哭还要难看,泪水异化成疯狂的笑。振保的感情生活是空虚悲哀的,他一辈子得在清泉与沙漠的咫尺之遥辗转折磨!他的泪并不是为女人而流的,而是为自己的肉与灵哭泣;这哭泣也并不是有感悟和震惊,只不过是疼惜自己,自怜自恋罢了。

但这些并不叫振保失身份,改变他的好男人形象。这毕竟是私生活,"男人不比女人,弯腰弯得再低些也不打紧,因为他不难重新直起腰来。"

女人就不行。"一个女人上了男人的当,就该死;女人给当给男人上,那更是淫妇;如果一个女人想给当给男人上而失败了,反而上了人家的当,那是双料的淫恶,杀了她也还污了刀。"

张爱玲对这点是悟得很透的,社会能接纳男人选择女人的"痛苦",社会却不能容忍女人被选择的痛苦的宣泄。但是张爱玲并不义愤填膺,她欣赏上海人的幽默,她在电车上看见的,用指甲在车窗的黑漆上刮出的字:"公婆有理,男女平权。"一向是"公说公有理,婆说婆有理",由他们去罢!"男女平等",闹了这些年,平等就平等罢!这是由疲乏而起的放任,是标准的中国幽默。上海人是传统的中国人加上受到近代高压生活的磨练,经过新旧文化种种畸形产物的交流,结果是不健康的,但里边孕育出另种奇异的智慧。张爱玲呢?至少也算半个上海人吧。

张爱玲对她笔下的男女,便有着容忍与放任——因无奈而生出的放任，但她对人对己依旧保留着亲切感。所以她笔下的男女没有一个是彻底的，即便她自称为"彻底的曹七巧"，她的笔下亦不乏温情。

抒写霓喜这么一个出身贫贱低微又多次姘居偷情的下等女人，张爱玲却是以华章重彩的篇幅笔调来勾勒的，她的本意是从多视角多方位多层次来丰满这样一个女人，她的贫寒低贱和心比天高，她的活泼健康和疑忌自危，她的美丽多情和自私无情，她的挣扎反抗和自暴自弃，她的风骚下流与悲怆无奈……张爱玲想全包容进去，因而快节奏多色彩，可惜火候不到，尽管凭着一支流转如踢踏舞似的笔，却变成了让人眼花缭乱的五花八门的万花筒！没有达到丰厚深沉的阅读效果。但《连环套》绝不是用的轻喜剧的笔调，是讽刺，可惜同样的效果不佳。

《红玫瑰与白玫瑰》却全然是轻喜剧的笔调，处处是调侃、揶揄、快乐的讥诮、中国式的幽默，可谓妙语连珠！都市知识圈的男女情感的悲欢离合喜忧爱怨，仿佛都带一点奢侈性，至少是富裕性。毕竟不像霓喜那样，性直接连接"活命"！张爱玲写得轻松流畅，思辨性的哲言于不知不觉中淌出，讥诮的俏皮话让你忍俊不禁。写振保："爽快到极点，仿佛他这人完全可以一目了然的，即使没有看准他的眼睛是诚恳的，就连他的眼镜也可以作为信物。"写红玫瑰："她在妇女面前不知怎么总觉得自己是'从了良'的，现在是太太身份，应当显得端凝富态……隐隐露出胸口挂的一颗冷艳的金鸡心——仿佛除此之外她也没有别的心。"写白玫瑰："她低头看着自己雪白的肚子，白皑皑的一片，时而鼓起来些，时而瘪进去，肚脐的式样也改变，有时候是甜净无表情的希腊石像的眼睛，有时候是突出的怒目，有时候是邪教神佛的眼睛，眼里有一种险恶的微笑，然而很可爱，眼角弯弯的，撇出鱼尾纹。"这就是二十世纪三四十年代接受了西方欧美文化熏陶的男女留学生大学生知识群体的一个横切面？当然，只能是片面。自私、软弱，患得患失，却也有灵魂的骚动和情感的冲撞起伏。

张爱玲于同年 11 月刊出的短篇小说《殷宝滟送花楼会》便是又一出"红玫瑰与白玫瑰"的故事。大学里的罗潜之教授是美国留学的，欧洲也去过，法文意大利文都有点研究。教授莎士比亚的戏剧很发噱，有点幽默，而且一直想动手编译一部完美的音乐史。像佟振保一样，是个有事业心的好男人。外貌也相似，也戴着黑框眼镜，中等身量，方正齐楚。如若除下眼镜来，眼白眼黑给人的感觉是在眼皮的后面，很后很后面，一种异样的退缩，是一个被虐待的丫鬟的眼睛！比振保的多泪的眼还要多几分可怜！一个非常偶然的机会，他结识了中学校花殷宝滟！在这样低气压的空气里，他只给人补补书，于是义务替殷宝滟这会演戏会唱歌的女孩子补音乐史！一补三年，他疯狂地爱上了宝滟，只不过不称之为红玫瑰，而是"我坟墓上的紫罗兰"！因为他的家空洞得大而阴森，在外国是个苦学生，回国后娶了这苦命的穷亲戚，他无法苦尽甜来。妻子扁薄，抱着孩子一块吃着芝麻麦芽糖，时而拍拍兜上的芝麻屑，一边防范着他们！罗潜之的妻更是朵低质量的白玫瑰。罗潜之不停地与她吵闹，且殃及孩子们。又过了三年，罗潜之终于吻到了"坟墓上的紫罗兰"，而且她的嘴成了他所有苦楚解脱的答案！他不停地折磨妻子与孩子，自己却也瘦如竹竿了，而同时，并不妨碍多产的妻子肚子里又有了三个月的胎儿。他为宝滟也曾想到离婚的问题，但是……这回是被选择者的拒绝！殷宝滟不能够。他有三个小孩，又这么神经质。谁说爱是无条件、不顾一切的呢？殷宝滟得待价而沽。

这真是无可挽回的悲剧，然而却并非女性独立意识的张扬。张爱玲在副题中标明"列女传之一"，大概计划中有形形色色的现代都市"列女"相，打算创自己系列小说之先河吧，可是，没有。只此一篇，别无继续。也许，她对这第一篇自我感觉太差；因而先自败了胃口？其实，她写得并不坏，她很擅长捕捉人物瞬间的神态心态，看看她的近百个人物速写，那才是惟妙惟肖，栩栩如生呢。当然，这些近乎写意与漫画式的人物速写，绝大多数是都市女性。

就在这前后，离开了上海又回到上海的钱锺书先生正想写一部长篇小说，"我想写现代中国某一部分社会，某一类人物。写这类人，我没忘记他们是人类，只是人类，具有无毛两足动物的基本根性。"这就是两年后杀青的《围城》。此书不无讽刺地展现了那个时代知识分子群体的众生相，透视出这一略带病态的群体自身的矛盾和弱点。钱锺书是深刻的。

张爱玲却也不浅薄。她的目光和思虑更多地落在女人身上，她注意到，都市女性尤其是知识女性身上那原始的泼辣的生命力正在减弱，是进化，更是退化。

但她相信，爱就是不问值得不值得。

玫瑰，玫瑰，会夷然地处处开着。那玫瑰的刺无论进化还是退化，怕都不会消失殆尽的。

22

现代婚姻是一种保险，由女人发明的。

张爱玲如是说，或曰张爱玲赞同如是说。

婚姻对女人便异常的重要。

美国却有句古话：说结婚仿佛金漆的鸟笼，笼子外面的鸟想住进去，笼内的鸟想飞出来。

法国也有类似的话，结婚如被围困的城堡，城外的人想冲进去，城里的人想逃出来。

张爱玲笔下的女性，不论种族出身教养文化性格等等怎样的不同，对婚姻却都有一种执着，甚至是偏执。

《琉璃瓦》中姚先生的七个女儿：铮铮曲曲心心纤纤端端簌簌瑟瑟，《花凋》中遗少郑先生的女儿们兰西露西沙丽宝丽等等，前景都是当"女结婚员"，家中的喜怒哀乐也多围绕着"结婚"；《年青的时候》中的沁西亚，一个家境很穷，白天在洋行工作，晚上在夜校做打字员的俄国女子，也把结婚看得无比隆重，尽管是嫁给一个没出息的俄国下级巡官，婚礼中她仿佛下定决心，要为自己制造一点美丽的回忆，一辈子就只这么一天！更不用说古典式的迟暮美人白流苏以残剩的青春做赌注，去赢得第二次婚姻；西洋化的浪漫女人王娇蕊，动了真情亦认真起来，下决心"从良"再嫁！曹七巧的疯狂可以说是婚姻的疯狂，而霓喜的淫荡可以说是没有婚姻的淫荡！

张爱玲自己的婚姻呢？是保险？是危险？

莫非她像自己笔下的白俄女子沁西亚，做下了不可挽回的事——为结婚而结婚么？

胡兰成已西飞去武汉办《大楚报》。他办的《苦竹》月刊已出了，封面是炎樱设计的，大红的底子，大绿的竹叶肥硕壮大，几乎布满图面，生机勃勃；而竹竿是淡白的，斜斜立着，于正红正绿的热闹中透出几缕清新。在这深秋初冬交界的夜的灯光中，她摩挲着封面，像是触摸着炎樱的热烈和空灵。《苦竹》命名，是看了周作人翻译的一首著名的日本诗有感而题的吗？"夏日之夜，有如苦竹，竹细节密，顷刻之间，随即天明。"她曾劝姑姑读一遍，姑姑看了看，摇头说不懂。里边有点什么呢？夏夜、苦竹、天明，朦胧清奇的意境？朴素单纯的美？中国人也喜欢竹。苏东坡说过，居不可无竹，无竹令人俗。竹是岁寒三友之一。竹的象征意义，一是雨后春笋，朝气蓬勃；二是壮志凌云、直冲霄汉；三是竹有节，此节为气节！想到这，她的眼光倏地黯淡了，他爱竹，可他有气节吗？能把他从丧失气节的民族败类中剥离出来吗？张爱玲是祈愿他回归本色文人的！她写的文章从来不涉及政治，她也希望自己永远不要涉及政治，用文章隔绝尘世？连她自己也不禁嘲笑地摇摇头。这一刹那间，她又想起了自己笔下的年轻的汝良，他读的是医科，又极度爱好文艺。他相信多喝点咖啡，他定能写出好文章，他信仰咖啡，是因为那构造复杂的科学化的银色的咖啡壶，那晶亮的玻璃盖！他献身于医学，一半也是因为医生的器械一概都是崭新烁亮、明朗健康的！现代科学是这十不全的世界上唯一的无可非议的好东西。做医生的穿上了那件洁无纤尘的白外套，油炸花生米下酒的父亲、听绍兴戏的母亲、庸俗脂粉的妹妹，全都无法近身了。所以她会对胡兰成说："你这个人嘎，我恨不得把你包包起，像个香袋儿，密密的针线缝缝好，放在衣箱里藏藏好。"只要长相守！可男人，争名亦争利，驱车复驱马，而且为了这龌龊的名利，竟能不择手段？！她不想再思考下去了，百无聊赖推开后窗，夜的空旷中，都市真正成了旷野，无数的红的灰的屋脊，后院子、后窗、后衖堂，天也背过脸去，阴沉沉灰暗暗的一片，意想不到的，怯怯的荒寒袭上心头，她不觉打了个寒噤。

她算有了婚姻吗？！

她曾用心用情地描绘过别人的婚礼，可她有过吗？！

教堂里，"一排一排的白蜡烛的火光，在织金帐幔前跳跃着。

风琴上的音乐，如同洪大的风，吹得烛光直向一边飘。"圣坛上，主教站着，"粉红色的头皮，一头雪白的短头发桩子，很像蘸了糖的杨梅。""一切都是欢愉的，合理化的。"新娘愫细，"她前生所做的这个梦，向她缓缓地走过来了；裹着银白的纱，云里雾里，向他走过来了。""随后就是婚礼中的对答，主教的宣讲，新郎新娘和全体证人到里面的小房间里签了字，走出来，宾客向他们抛撒米粒和红绿纸屑。"去拍照时，他同新娘单独坐一辆车，他还要最后一次问她，"你为什么喜欢我？"她把两只拇指顺着他的眉毛慢慢地抹过去："因为你的眉毛……这样。"又顺着他的眼眶慢慢抹过去："因为你的眼睛……这样。"他们吻、吻、吻……

这是《沉香屑·第二炉香》英国教授罗杰与愫细的婚礼。结局是悲剧。

"俄国礼拜堂的尖头圆顶，在似雾非雾的牛毛雨中，像玻璃缸里醋浸着的淡青的蒜头。礼拜堂里人不多，可是充满了雨天的皮鞋臭。""神甫身上披着平金缎子台毯一样的氅衣，长发齐肩，""脸上发红而浮肿，是个酒徒。"唱诗班领袖个子小喉咙大，激烈地连唱带叫，热得把头发也脱光了。手持托盘的香火，是麻而黑的中国人，像个鬼，"不是聊斋的鬼，是义冢里的，白蚂蚁钻出钻进的鬼。"他先送出交杯酒，又送出两只皇冕，神甫诵经，唱诗班唱歌。新郎局促不安，穿着半新不旧白色西装。只有新娘，"捧着白蜡烛，虔诚地低着头，脸的上半部在障纱的影子里，脸的下半部在烛火的影子里，摇摇的光与影中现出她那微茫苍白的笑。"

"穿着租来还是借来的隆重的白缎子礼服的她要为自己制造出新嫁娘应有的神秘与尊严的空气，留到老年时去追想……"

这是白俄少女沁西亚的婚礼。尚无结局，但她依旧穷，而且得了伤寒症，对世上一切都漠视了，也算悲剧吧。

尽管是悲剧，可是毕竟有过真正的婚礼！一辈子就只这么一天，总得有点值得一记的，留到老年时去追想。

她有吗？一阵心酸，眼睛濡湿了。

她还要描摹一场真正的中国式的家常的婚礼：鸿鸾禧。可她知道，那不属于她，过去没有，以后也没有。

总还有值得一记的，有她与他的亲笔婚约，有炎樱的证婚，有炎樱撒向他们的头上的三把米！可终究是悲哀。

秋去了，冬意来了。炎樱留下了秋的歌："秋是一个歌，但是'桂花蒸'的夜，像在厨里吹的箫调，白天像小孩子唱的歌，又热又熟、又清又湿。"

她写了《桂花蒸·阿小悲秋》，这是一个没有婚姻的苏州娘姨丁阿小的没有故事的故事。没有婚姻的霓喜的放荡的抉择，既然为社会所不容不齿，那么平淡无奇、安于命运却并不消沉，仍认真活命的丁阿小，总能为世人理解接纳吧？

她写了丁阿小的帮佣的平凡的一天。用人，外国主人的语言都极到位，张爱玲实际上很看重迅雨的批评，阿小的主人是外国人哥儿达先生，脸上的肉像没烧熟，红拉拉带着血丝子。非常吝啬，比得上十个女人的小奸小坏，可又热衷寻花问柳，常换着女人往家里带。款待起来，一块汤牛肉，烧了汤捞起来再煎一煎算另外一样，还有珍珠米，第一次来的女人还有一样甜菜，以后就没有了。

想到这，张爱玲倒笑了。这是真的。她睁着眼，看着黑蓝的天。这细节她已经在《连环套》中用过一次，霓喜的第三个丈夫、英国人汤姆生就这德性。可她愿意这细节重复。她对西洋人有种"不对"的感觉。西洋人有一种阻隔，像月光下一只蝴蝶停在戴有白手套的手背上，真是隔得叫人难受。西洋人又多是悭吝的，他们虽会投资建设大工程，又肯出钱办慈善事业，到底还不懂得有一种德性叫慷慨。她的德国人邻居就悭吝得叫人好笑。

在这样的外国人家中帮佣的丁阿小，早去晚归，吃也是吃自己的。悭吝的哥儿达常疑心她会揩油，又生怕她歇着了，总把一大堆衣被泡在盆里，这年头一天只放一小时的自来水！自尊心强的阿小虽看不起主人，但还是尽忠职守的，像推磨的驴一样不停地干着，还得逼尖了嗓子学外国话接主人情妇的电话，帮他敷衍；还得心疼主人乱轧女人生了一身的疮，还得添上自己的户口面粉给他做甜菜！丁阿小就是这样一个自尊、勤快、委屈又善良的女人。阿小的儿子百顺都念小学了，跟着她来来去去，丈夫是个没出息的裁缝，有男人也赛过没有，丁阿小全靠自己！而且，阿小同她的丈夫没有"花烛"！她没经过那番热闹，就那么住在一起，她仍是个没有婚姻保障的女人。看着百顺，她的心头竟会涌起寡妇的悲哀！

阿小的世界里还有老老小小的姊妹：对门的阿妈、哥儿达情妇的小阿妈、做短工的阿姐。她们也会聚在一起，贬主人，说儿子，话婚姻，拉家常，琐琐屑屑都满是人情味。下午阿小的男人来看她了，并说晚上要回去住！结婚不结婚，对男人是没什么影响的。他养不活她和孩子，就连回家住怕也是偶尔为之吧。可阿小能怎样呢？忙忙碌碌折腾到晚上 10 点，主人与新情妇出去了，男人挂电话来催，她只有将儿子借住在对门阿妈处，才归家。然而，瓢泼大雨挡住了归家的路！尘道上的一切都惊惶遁逃，落汤鸡似的阿小又被逼回了哥儿达的厨房。阿小领回儿子就宿在厨房间。这世界，无论走到哪里，头上总有一盆水对准了她浇下来。她是苦命的女人、劳碌命的女人。而楼上的新婚夫妇呢，举行过浩浩荡荡的婚礼，花了一百五十万元顶了房子的新婚夫妇，在她头顶上打闹得一塌糊涂！不幸的丁阿小心理平衡了吗？小贩的歌，响彻了一条街，一世界的烦忧都挑在他担子上。

真个是烦恼人生，可又都是由小小欢喜小小愁的一天一天焊接而成的。日复一日，年复一年。

平淡无奇。素朴的人生底子。活命，只不过就是活命。

从乡下走进都市进入平民底层的丁阿小是这样。从阀阅世家走进都市小市民阶层的张爱玲怕也只能是这样。

张爱玲的为人为文开始走向平淡平实。

绚烂至极归于平淡。

张爱玲的文风告别了绚烂至极，张爱玲的创作也告别了绚烂至极。

然而，并不全是豁然超然，也还有不明不白的委屈。

《桂花蒸·阿小悲秋》中，将近午夜时哥儿达带了女人回来，到厨房里取冰块，电灯一开，"卸了装"的阿小瘦小如青蛙似的，两只苍蝇叮叮地朝灯泡上撞——这细节，又与《殷宝滟送花楼会》中殷宝滟深夜走过厨房所见雷同！并非张爱玲思路枯竭，只有重复自己，而是厨房里仆人们的睡相、鸡在洋铁桶里窸窸窣窣动弹、蓝布围裙缓缓往下滴水等等，组成一幅人生猥琐图。一切都是亵渎。人活着，就是这样不明不白，猥琐、难堪，失面子的屈服，这到底是凄哀的。

《等》却是有婚姻的一群太太们的人生无奈切片图。小鸡蛋脸的奚太太，丈夫在重庆，已升了分行行长，可已经讨了二夫人了，奚太太的头发脱得很厉害，她焦虑地等着丈夫回来；五六十岁的胖胖的童太太，丈夫就在上海，她嫁到童家 30 年，侍奉公婆、生儿育女、抱孙孙下厨房没个手脚停，可丈夫只是中意小老姆！她等什么呢？

就是这推拿诊所里庞先生的太太，寸步不离丈夫，也还警惕地看守着丈夫！王太太有的只是小弄堂的阴暗的和平。丑陋的包太太从年轻到现在一直只充当女伴的角色……这群太太们究竟生命中还有什么可等？这个小诊所，有挂钟嘀嗒嘀嗒，将文明人的时间划分成小方格，可时间、文明与这群太太何干？她们依旧处在几千里地没有人烟的荒漠里，时间的荒漠里，没有希望，没有前途！

《等》，如果从题意追究，似可以揣摩出政治寓意，因为奚太太相信，总有一天她丈夫要回来。日伪检查没有察觉，只能说是疏漏。但张爱玲的本意不在此，她是对这类女人无休止无尽头的"等"的善意的嘲讽，奚太太的祈祷："不要太晚了——不要太晚了呵！但也不要太早了，她脱了的头发还没长出来。"这真是神来之笔，女人写女人，心细如发。

生命自顾自走过去了。

有婚姻又怎么样？她不喜欢这样不明不白的猥琐、难堪、失面子的委屈。女人，女人，就如此的悲怆？

16岁的她，写了一篇《霸王别姬》，被汪先生赞叹超郭沫若《楚霸王之死》，她并不受宠若惊，她浓墨重彩于"虞姬之死"。虞姬为什么死？为楚霸王的必败而死。她比较喜欢那样的收梢，因为她不愿意他的壮志成功？！这真是惊世骇俗之笔！"如果他是那炽热的，充满了烨烨的光彩，喷出耀眼欲花的 ambition 的火焰的太阳，她便是那承受着，反射着他的光和力的月亮。""那苍白、微笑的女人，紧紧控着马缰绳，淡绯色的织锦斗篷在风中鼓荡。十余年来，她以他的壮志为她的壮志，她以他的胜利为她的胜利，他的痛苦为她的痛苦。"但是，"她怀疑她这样生存在世界上的目标究竟是什么。他活着，为了他的壮志而活着。他知道怎样运用他的佩刀，他的长矛，和他的江东子弟去获得他的皇冕。然而她呢？她仅仅是他的高亢的英雄的呼啸的一个微弱的回声，渐渐轻下去，轻下去，终于死寂了。"

老天！这是虞姬的思想？还是一个十六岁的少女于 1937 年的思想？张爱玲早早地走出历史的地表，将苏醒的、清醒的、独立的女性意识借尸还魂于虞姬身上！

女人不是月亮。

"啊，假如他成功了的话，她得到些什么呢？她将得一个'贵人'的封号，她将得到一个终身监禁的处分。她将穿上宫装，整日关在昭华殿的阴沉古老的房子里，领略窗子外面的月色，花香，和窗子里面的寂寞，她要老了，于是他厌倦了她，于是其他的数不清的灿烂的流星飞进他和她享有的天宇，隔绝了她十余年来淋浴着的阳光。她不再反射他照在她身上的光辉，她成了一个被蚀的明月，阴暗、忧怨、郁结、发狂。当她结束了她这为了他而活着的生命的时候，他们会送给她一个'端淑贵妃'或'贤穆贵妃'的谥号，一只锦绣装裹的沉香木棺椁，和三四个殉葬的奴隶。这就是她的生命的冠冕。"

十六岁的女孩像六十岁的老妇，阅尽人间沧桑，看破皇宫显赫，红尘滚滚中有的是女人永恒的悲凉。

如果女人只能是月亮，她只愿天宇只有太阳和月亮。因为爱是自私的。所以虞姬说："我比较喜欢那样的收梢。"

当然，这是张爱玲喜欢的。她喜欢热烈的爱。

七年过去了，张爱玲想写古美人的初衷不改，只是总写得不满意而自动搁笔。她想解开杨贵妃之谜，不是玉环之死的谜，而是唐明皇对她的爱为什么一直无倦意？玉环死时已是三十八岁的迟暮美人，怕也不是唯一的肉体美的女人吧，那么是凭她的口才和智慧？怕也不全是。张爱玲读正史读野史，杨贵妃几次和皇帝吵翻，被逐回娘家，这简直是"本埠新闻"里的故事！就是争宠也争得有家常气，不像历代宫闱中诡秘森惨的阴谋，那才叫阴谋与婚姻呢。正是这回归民间、回归家庭的热闹，让李隆基和杨玉环亲近人生，因而爱情不老吧？天宝年间的繁荣昌盛，帝王家的森严富贵，妃嫔三千又怎样？这是迷离恍惚的梦境般的辉煌，唐明皇也是一个普普通通的男人，到了夜深人静，不，无论何时，只要是生死关头，深的暗的所在，那时候只能有一个真心爱的妻，或者就是寂寞的凄惶。

杨玉环便是李隆基的妻而不是"臣妾"！

千载之后人们还能够亲近他们，想象着杨贵妃为人的亲热、热闹，就像一种陶瓷的汤壶，温润如玉地在你的脚头。

哪怕是当皇帝的男人，心头也渴慕着一个平实可亲的家！这是千古的哀怨亦是千古的真情，张爱玲的视角依旧新鲜独特，她并不固执地一味地为女性辩护，她想，婚姻，恐怕也是男人的归宿和慰藉所在。人类曾理想超人，可即使超人又超到哪里去呢？世上除了男人就是女人。"也许男子偏于某一方面的发展，而女人是最普遍的，基本的，代表四季循环、土地、生老病死、饮食繁殖。女人把人类飞越太空的灵智拴在踏实的根桩上。"

"超人是男性的，神却常有女性的成分。超人是进取的，是一种生存的目标。而神是广大的同情、慈悲、了解和安息。"

张爱玲最爱读奥涅尔的《大神勃朗》，剧中的"地母"是一个妓女！一个强壮、安静、肉感、黄头发、乳房丰满、胯骨宽大的年轻女人，她像一头兽，说话粗鄙又热烈，却爱所有的人，她只有爱！春天、生命、夏天、秋天、死亡，又是春天带着不能忍受的生命之杯，带着那光荣燃烧的生命的皇冠！

张爱玲赞叹："这才是女神。'翩若惊鸿，宛若游龙'的洛神不过是个古装美女，世俗所供的观音不过是古装美女赤了脚"——这些古美人都及不上虞姬、玉环活美人！"而半裸的高大肥硕的希腊石像不过是女运动家。金发的圣母不过是个俏奶妈，当众喂了一千余年的奶"——她总是这样惊世骇俗，语不惊人死不休。

中国的妓女苏三的故事《玉堂春》，则代表了千年流行着的无数有德性的妓女的故事，美加上德性——良善的妓女是多数男人理想的妻！普通的女人呢，对妓女的观感怕是兼容的：轻蔑、痛恨，还有或明或暗的羡慕，因为往往幻想着妓女生活的浪漫。张爱玲呢，至少她对父亲的姨奶奶——妓女老八的印象，比对后母的要佳一点，尽管老八不属良善的妓女。

男子的生活比女子自由得多。但是，张爱玲不愿意做一个男子。

张爱玲久久伫立于后窗前，古往今来，女人有多少这样那样的不幸，可身为女人的她还是愿意做一个女人。

她自知，一般所说的"时代纪念碑"之类的作品，她是写不出来的，也不打算尝试。她以为恋爱结婚，生老病死，这是永恒的普遍现象，可以从各个不同的观点来写，一辈子也写不完。她甚至只是写些男女间的小事情，只要是真的，只要是可亲的，为什么不写呢？让它们一寸寸都是活的，让千载之后还能够亲近他们！

夜深沉，四下里低低的大城市黑沉沉得像古战场的埋伏，虞姬哪年哪月哪夜立在山上的雉堞缺口前，就这么俯瞰着汉王的十面埋伏吧。

她情不自禁做了个手势，一个美丽而苍凉的手势。

她忽然忆起中学时女同学爱吹的口琴，那支歌："告诉我那故事，往日我最心爱的那故事，许久以前，许久以前……"

没有星星，没有月亮；下了雨么？没有雨点。她回忆的歌声在庞大的夜中袅袅散开。

从 1943 年夏到 1944 年冬，她的创作生命展览着绚烂至极的辉煌。

最绚烂时也就是最荒凉。

"告诉我那故事，往日我最心爱的那故事，许久以前，许久以前……"

就是现在，转眼也就要变成许久以前了……

第二部　惑

两地错缘

傻就傻吧，人生只有这么一回！他爱她！他爱她！

"死生契阔，与子成说；执子之手，与子偕老"是一首悲哀的诗，然而它的人生态度又是何等肯定。

23

一个精灵，在现代都市游荡。

一袭晚清款式的齐膝长袍，娇媚的桃红绸上黑缎宽镶，盘着大云头——也许是如意，下摆大襟和硕大的袖口上，是几枝纷繁的桃花，铁画银钩，却又水滴滴的，像是雨纷纷的早春给这深冬带来桃花的缕缕香气。

1945年1月，是张爱玲创作生涯大红大紫的最后一页。

由她自己改编的四幕八场话剧《倾城之恋》自头年12月16日在装修一新的新光大戏院隆重首演后，又是轰动响应，连着演了几十场，场场爆满，眼下仍是盛况空前，张爱玲又在上海滩创造了话剧史上的奇迹。

由她自己设计封面的第一部散文集《流言》，在经常停止供给电力的境况中，仍于头年12月出版，与《传奇》一样，亦是当月售罄，紧接着又再版、三版，果然如愿，像流言一样传得真快呵！封面上的女人着一袭宽袍大袖的晚清仕女装，又是披着长发的现代女性，五官与手都从略，是受毕加索还是梵·高的影响？朦朦胧胧神神秘秘，正是一个"月落如金盆"的夜晚，伴着淙淙的流水声，一个女人喊喊切切絮絮叨叨私语人生：她的破碎的贵族之家，她的毫无爱心的父亲，她的老屋民初式洋屋，她的童年，她的被囚禁的少女的癫狂的心理感受……没有爱，可世间和岁月，仍是可哀又可爱；她的大学她的经历战争的感受，她还原了战争背景中人的固有本性，是对人性的自私的求生本能的自省也是对人性的理解和宽悯；她的惊世骇俗的女性观，揭示出女性心理和感情世界矛盾复杂的内蕴；她的点点滴滴的艺术情趣和生活情趣，谈诗谈画，谈音乐谈跳舞谈写作，更谈吃穿住行钱，她以一颗细腻敏感的女性的心去观察世俗人生，她从日常生活中随手拈来平常又琐屑的题材，咀嚼体味出微末的人生哀乐；她涂抹出苍凉的人生底色，却又不悲观绝望，仍有着生命的执着和美感。难怪书目广告上赞誉："思想巧妙、文笔幽丽，如溪水之潺湲，如月下梵哑林独奏，凄迷动人。附画多幅，亦饶有风趣，如'夫主奴家'诸幅，辄叹其构思之奇妙。"

她可不喜欢梵哑林，水一般地流着，将人生紧紧把握贴恋着的一切东西都流了去了。然而，原本就是逝水年华呀。她是晚清的中国士大夫文化走向式微和没落的最后一个传人么？然而她既是腐朽贵族文化背景的叛逆者，又是频频回首的流连者么？既是现代都市文明的寻觅者，又是十字街头的彷徨客么？她不知道，她只知道她已没有头年秋天《传奇》初版时的发疯似的快乐了。她成熟了，却也淡然了。

《私语》《烬余录》《自己的文章》当是她的散文代表作。她的人生观、文艺观的形成，借着 "written on water" ——水上写的字汩汩流出，荒凉的背景是惘惘的威胁的末世情调，可她的执着她的眷恋却不变。

"张爱玲！张爱玲！"隔着马路，一群女中学生指指点点唱歌一般。她已经分外地引人注目，为这炎樱很是讨厌。若是从前，她俩是多合理想的滑稽搭档呀，逛街买布买鞋翻杂志，上咖啡馆或干脆在街上边走边吃，现在可不行！这是名人的烦恼吧？张爱玲却不烦恼，她的衣食父母就是买杂志的大众呀，大众实在是最可爱的雇主，不那么反复无常、"天威莫测"，不搭架子，真心待人，他们爱她的书，热度不减，会记得她五年十年或更久吗？也有恶作剧的导演，丽华剧院上演的话剧《甜甜蜜蜜》，大闹特闹的喜剧中，一位怪小姐的装束就是她最爱穿的晚清奇装！可她也不烦恼，她这被模仿者没多大损失而观众获得片刻的愉悦，就犯不着斤斤计较了。

寒丝丝的冬的黄昏，洋梧桐叶已落尽，光秃秃的枝枝丫丫像许多无助无告伸向苍天的手，马路却干净至极的样子，北风卷走尘埃，一辆满载的电车驶过，三等车窗却戳出来一捆白杨花，车驶远了，看着像枯枝上积着的残雪。她微笑了，活着就有这样的可爱，每一个刹那，每一个偶然投来的流盼，每一枝突兀进入视野的花絮……都使你高兴，觉着生的珍贵。她端庄又调皮地微笑着，不朝左看，不朝右看，她向前走去。

生命又自顾自走过去了。

生命却分明填充着恐怖、焦虑、混乱的躁动。物价飞涨尤其米价暴涨，民不聊生，而有人在疯子般抢购黄金抢购粮食抢购燃料，种种肮脏交易搅起狂潮，灯火管制恐怖演习停电停水，警车呼啸而过宪兵疯狂抓人……日伪长不了啦。头年 10 月到 11 月，美国陆海军进攻菲律宾，攻占了莱特岛。尽管日本虚张声势发表战报说："在台湾海峡上空，日军迎战美国空军，取得辉煌战果。"但是上海人通过短波收音机，直接收到美方的广播是："被日本海军宣称击沉的我海军舰队部从海底浮上海面，没有出现任何异常，正在向西方进击。"上海已遭到了轰炸，市北部的机场和南部的造船厂皆直接受到攻击。日伪的日子长不了。上海的时局紧张，市民生活艰难。

可张爱玲的《倾城之恋》却仍然吸引着无数上海观众！要晓得，上海一直是话剧的一个中心，话剧界强手如林，曾几何时，青岛剧社、上海剧艺社、银联剧团、华联剧团、复旦剧团等专业、业余话剧团演出过不少好剧，于伶的《花溅泪》《女子公寓》，曹禺的《雷雨》《日出》，还有新编历史剧《碧血花》《葛嫩娘》《李香君》等，都曾风靡一时。就眼前，正剧《上海屋檐下》、闹剧《甜甜蜜蜜》就像在与《倾城之恋》打擂台，强手如林的话剧界，要出类拔萃谈何容易？可她硬是又冒尖了！当然，成功不属于她一个人，编、导、演三位一体，呵，还有幕后的兄长般的好友柯灵先生，还有大中剧艺公司的主持人周剑云先生。她的剧本的成功就得助于柯灵，他一次次诚挚苛刻地提出意，她也就老老实实地一改再改。待人厚道无私的柯灵便说了句俏皮话："我没有敷衍塞责，她也并不嫌我信口雌黄。"剧本出来后，又得助于柯灵为之居间奔走，介绍张爱玲与大中剧团主持人周剑云见面。周剑云是战前明星影片公司三巨头之一，交际场上见多识广，什么样的贵妇名媛、摩登女郎没见过？可当柯灵陪着张爱玲走进餐厅时，候着的周剑云顿时生生被她震住了！是的，那天，她就穿着这件桃红的拟古装，长袍短套，罩在旗袍外边，脚着一双明蓝绣花鞋。

却并不全是因为奇装异服之故，上海女人穿什么的没有？就是影剧圈中的女明星，仿古仿得触目者亦有，衣裙上下七镶七滚，满满地绣着缠枝折枝的花，下摆大襟则闪烁水钻盘的梅花菊花，袖上另钉着"阑干"的丝质花边，七寸宽中又精细地镂出福寿字样；头上则压满了珠花玉簪，脚上是满式的高底缎鞋；可谓"全副武装"！可是，不对，不对，一百个不对。因为仅仅是触目，却没有内容，是空洞的。这个张爱玲，不同，她是沉甸甸古中国的含蓄底蕴，从千疮百孔却仍不失源远流长的贵族文化的背景中走了出来！这是她的震慑力所在，也是他失常而变得拘谨的缘由吧。但是会谈毕竟很融洽，张爱玲的名与人，给他留下了难以磨灭的印象。

导演朱端钧，是上海四大名导演之一，谱曲者梁乐音，也算小有名气；演员阵容则蔚为壮观：女主角白流苏的扮演者罗兰，男主角范柳原的扮演者舒适，均为名噪一时的明星；就是饰配角的端木兰心、欧阳莉莉、陈婉若诸位，也非等闲之辈。剧团在著名的兰心大戏院排练时，张爱玲就兴致勃勃地去观看过，并萌生出为此戏写宣传稿子的念头："倾心吐胆话倾城"，套的是"苦蕾生涯话廿年"之类的题目，似俗不可耐，她怀疑自己怕是天生的俗。于是干脆改作"写《倾城之恋》的老实话"，原本是给《力报》发表的，但这篇文章到了大中剧团后，却给《海报》拿走并于 1944 年 12 月 9 日发表了。《海报》其实比《力报》实力要雄厚、影响要大，包天笑、周瘦鹃、程小青、张恨水、范烟桥、汪亚尘、郑逸梅等都常为之撰稿，但张爱玲不太乐意，因为《万象》老板平襟亚与她的笔墨官司就在此交战，张爱玲认为他们厚平薄张，因而耿耿于怀。张爱玲毕竟也是普通人，能毫不计较吗？不过，她倒是有涵养的，又写了一篇精彩有新意的《罗兰观感》，并且还特地差人送去《力报》，编者黄也白不觉受宠若惊，抢于 1944 年 12 月 8 日至 9 日在该报副刊发表，并附有按语，将此稿来龙去脉和盘托出，也算替张小姐报了"一箭之仇"。《海报》亦无话可说，12 月 8 日本是港战开火之日。

张爱玲偏爱罗兰，因为罗兰把她的白流苏演活了，不，罗兰就是白流苏，怯怯的身材、红削的腮颊、幽咽的眼、微风振萧样的声音，一开始穿着一件寒素的蓝布罩袍，简直让张爱玲吃惊了："当初写时，其实还可以写得这样一点的……还可以写得那样一点的……"

张爱玲还欣赏罗兰的灵气和淘气。第一幕第二场白家全家出动相亲归来。因白流苏盖过了相亲的妹妹宝络，全家对她又恨又妒，流苏怯怯地挨身而进；导演觉得不对，要她别板着脸，也别不板着脸？！罗兰却立即悟了，再排练时，她仍低着头过，可有一种极难表现的闪烁的昂扬！她到位了。张爱玲真是感激她的演技，而她呢，夸张地摇头晃脑一笑："得意！我得意！"把大家都逗乐了。

不管张爱玲承认与否，她对罗兰的认同，实质上是对白流苏的喜欢。白流苏是中国女人，中国女人就是白流苏，白流苏是跨世纪的中国女人。在她身后，是古中国的碎片，破碎、腐旧、沉滞、缓慢、敷衍、麻木、沉疴种种，可终究是她生存的背景和根系所在！在她前面，新旧文化中西文化种种畸态或常态的杂交，也许不甚健康，但毕竟充满了五光十色的诱惑和刺激，她要叛逆，要冒险，要进行生命的赌博，于是才有了倾城之恋。她不同于曹七巧，曹七巧永恒地禁锢在社会之塔的阴影中，哪怕这塔是金子铸就的；她不同于葛薇龙，葛薇龙永恒地缠绕在蛇的诱惑中！她不同于红玫瑰白玫瑰，文化教养不高，但比她们厉害，是个有决断力求把握自己的女人；她不同于汤姆生太太——霓喜，她不放荡，她懂得进退兼顾把握婚姻。当然，她和她们一样，仍旧是"可怜的女人"。她的失意得意，始终是下贱难堪的；但是，范柳原转向平实终于结婚，能完全归于香港之战的影响吗？白流苏，这一个女人亦有地母的根芽，是她将浪荡浮滑、无根的范柳原拴在踏实的根桩上呵。虽然结局平庸，甚至可以说庸俗，但多少有点健康、平实的因子。白流苏是自私的女人，但究竟是认真的，认真地择偶，认真地生存。没有高尚，没有悲壮，可你又能要求平凡的女人怎么样呢？

女人总是低的。张爱玲对这点看得很透，外表上看去世界各国女人的地位高低不等，但实际上总是低的。气愤也无用，人生不是赌气的事。父权制的形成，母权制的颠覆，乃是女性遭受的具有全世界的历史意义的失败吧？

尽管张爱玲没有公开表白过，可她对《倾城之恋》的感情是不同于其他作品的。《倾城之恋》几乎掏出了她的全部生活阅历；大家族的生活，香港之战和都市的生存。《倾城之恋》又凝聚着她的人生观和文艺观。

是参差的对照的写法，因为它较接近事实。

"《倾城之恋》里，从腐旧的家庭里走出来的流苏，香港之战的洗礼并不曾将她感化成为革命女性；香港之战影响范柳原，使他转向平实的生活，终于结婚了，但结婚并不使他变为圣人，完全放弃往日的生活习惯与作风。因之柳原与流苏的结局，虽然多少是健康的，仍旧是庸俗；就事论事，他们也只能如此。"

"极端病态与极端觉悟的人究竟不多。时代是这么沉重，不那么容易就大彻大悟。这些年来，人类到底也这么生活了下来，可见疯狂是疯狂，还是有分寸的。"

"强调人生飞扬的一面多少有点超人的气质。超人是生在一个时代里的。而人生安稳的一面则有着永恒的意味，虽然这种安稳常

活在这世上，没有一样感情不是千疮
百孔的。

是不完全的，而且每隔多少时候就要破坏一次，但仍然是永恒的。它存在于一切时代。它是人的神性，也可以说是妇人性。"

张爱玲喜欢素朴，可是她以为她只能从描写现代人的机智与装饰中去衬出人生素朴的底，因而有人认为她的文风华靡。而《倾城之恋》便是这种所谓的"华靡"文风的登峰造极。苍凉底色中透出绮丽华靡，绮丽华靡中又分明沉淀着荒凉，这是中国风的西洋油画。绮丽的词语，庸俗的生存，机巧的对白，算计的恋爱，变幻的阳光月色、明明白白的男女心，参差地对照着，让人回味。而老钟、胡琴与白公馆，野火花、地老天荒般的灰墙与浅水湾，战争的"声乐"、绫罗绸缎的"洪流"与倾城之恋，是张爱玲匠心独运的装饰。当然，那自然流利机智聪慧的对白，恍惚间，真不知是白流苏语还是张爱玲在说，难怪旁观者会批评她沉溺其间，流连忘返了。然而，喜欢就是任性的，况且她是个女人。

《倾城之恋》最明白无误表达了张爱玲兼容的人生态度：明明知道人世间没有爱，偏偏要去寻觅爱；明明知道人生就是磨难，偏偏要去经历磨难；明明知道比起外界的力量，人是多么渺小，何能支配生与死与离别这等大事，可偏偏要说："生和死都在一块，我和你誓言不改，让我俩手相搀，活到老永不分开。"——好像我们自己做得了主似的。

"死生契阔，与子成说。执子之手，与子偕老。"出自《诗经·邶风·击鼓》，卫国人被征调到南方打仗，平息陈宋两国纠纷，久戍不归，思念家室！这是最悲哀的一首诗，可它的人生态度是何等肯定！

浓郁的宿命色彩与执着的生存态度，人生就是这般矛盾复杂！

《倾城之恋》的演出，获得了超预期的成功！张爱玲也想像罗兰那样淘气一回："得意！我得意！"

男演员舒适也有范柳原的潇洒，但外国派味道淡了点。末幕中，回归平实的范柳原脱下大衣去挑水的细节，评论家以为太快太突兀，她却被这瞬间感动了，没有水，叫女人怎么活？

导演朱端钧自是高手。末幕港战开始，除了音响效果，灯光全打在日历上大大的"12月8日"，聪明。

1944年12月28日上海《中华日报》副刊刊出柳雨生的《观〈倾城之恋〉》，以兴奋之情盛赞该剧"不失为1944年至1945年间的一出好戏——重头的，生动的，有血肉的哀艳故事。""像张爱玲先生在她的《罗兰观感》中所提到的，罗兰在这里的成就是无比的。她是这幕戏的魂灵。"《春秋》主编陈蝶衣也撰文《〈倾城之恋〉赞》，以为《倾城之恋》是一首诗、一首悲歌。1945年1月《杂志》月刊发表应贲评论《剧坛巡礼：倾城之恋》，分析了小说原著与张爱玲处女剧作的各有长短，又评判了导演男主女角的艺术得失，亦是肯定赞赏。

冬的黄昏眨眼即逝，天早早地黑尽了。

路旁的人力车上，一个女人斜着坐，车夫蹲在地上，点亮了一盏油灯；

小年轻在自行车轮上装了一盏红灯，飞快地骑着，红圈滚动流丽至极；

烘山芋的炉子黯淡的土红色和笨拙的样子就像烘山芋，热腾腾的有种"暖老温贫"的意味。

……

她自己吓了自己一跳！这不是去年冬夜的街景么？她在《道路以目》中津津乐道过。

人生有多少重复叠印？日复一日，年复一年？

那个炒白果的十来岁的孩子还在炒白果么？"香又香来糯又糯，"去年他唱来还有点生疏，今年该是朗朗上口了吧？那黑黑的长街上，那孩子守着锅，蹲踞在地上，满怀的火光。

她忘不了。

她的眼睛濡湿了，但她很少落泪。

她知道，那孩子又大了一岁，今年毕竟不同于去年。

今年她添了相思：他会回上海过阴历年吗？

24

凄厉的警报声拉响了。

武汉三镇芸芸众生倾巢而出，钻进附近的防空洞，或潮水般逃过铁路线，奔到郊外田野躲藏。呼爷叫娘喊儿唤女声与沓沓沓的脚步声混杂着；抬眼天空，飞机不知是远是近，有闷钝的投弹声，亦不知是近是远。有飞机就在头顶盘旋，"孜孜孜孜……"像牙医的螺旋电器，挫进你的牙床你的心，麻钝钝的，"呜——"一架飞机就从头顶上俯冲下来，那惨厉的声响撕碎了人的灵魂，轰！世界像只大箱子，箱盖砰然关上！一个中年男子魂飞魄散，跪倒在冰冷的铁轨上，只叫得一声："爱玲——"

遭了几次空袭后，他也有直见性命之感，应珍惜人生，珍惜爱玲。然而他是本性这样的人吗？

不到一个月，他就与汉阳医院十七岁的小护士小周恋上了！

他亵渎了张爱玲的感情。可怜张爱玲在两地书中还情意缠绵。

25

寒夜。天气奇冷，就是紧张的空袭也驱赶不掉这奇冷。停电了，她一个人独坐在黑房里，虽是火盆边，也还冷得瘪瘪缩缩、万念俱灰。

姑姑去睡了，她说："视睡如归。"爱玲想的是首小诗："冬之夜，视睡如归。"

火盆里的火也快熄了，她用火钳夹住火杨梅似的炭基子，本该将它戳戳碎，让它们灿烂地大烧一刹那，可是，她却犹疑着，又轻轻放下，舍不得。

她想，人的老年怕就是这样，即便有灿烂大放的一刹那，怕也舍不得，让生命慢慢地熄灭，美其名曰顺其自然。

火盆是陶钵，粗糙地浮凸起一圈缠枝花，不是杨贵妃式的温暖，杨贵妃式是精致温润的影青或桃红的陶壶，可这粗陶火钵也有着古中国的温暖；还有因为常停水而备的水缸，凸出小黄龙的酱黄水缸，舀水时便想起古代的女人到井边挑水兼照镜子的情景，像苦命的李三娘之类。唉，只有在中国，历史仍于日常生活中维持着活跃的演出，这里那里，零零碎碎。

奇冷，在家里也穿着皮袄，这是第一次穿皮袄，算是他的结婚礼物？她做成宽袍大袖的前清皮袄样。穿皮子，以前是极有讲究的。十月里若是冷得出奇，穿三层皮是可以的，而穿什么皮，却要顾到季节而不能顾到天气了。初冬穿"小毛"，如青种羊、紫羔、珠羔；然后穿"中毛"，如银鼠、灰鼠、灰脊、狐腿、甘肩、倭刀；隆冬穿"大毛"，如白狐、青狐、西狐、玄狐、紫貂，有功名的人方能穿貂。否则穿乱了套，会被人视为暴发户的。可眼下就是乱世，不是暴发户怕也乱穿不上皮子吧？谁还有心思去记住大家族的陈规陋俗呢？老规矩是过了六十才好穿皮子，可即便再年轻的男男女女，谁会有穿不穿呢？乱世的人只顾眼前呵。

人的情感常常是要以物质来表达的。她不讳言霓喜对物质的单纯的爱使她感动。为了表达对柯灵帮助的感激之情，她就送了他一段宝蓝色的绸袍料，蓝色，是她从小至今最钟爱的颜色。柯灵拿去做了皮袍面子，很是显眼，名派导演桑弧见着就笑道："赤刮刺新的末。"她便也结识了桑弧，桑弧说："有兴趣，以后写电影剧本，我来拍。"哦，拍电影，以后，是的，她这过了年才二十四岁呢，她还年轻，还有很多很多的以后。

可是这婚后的第一个除夕，依旧是她与姑姑相依相伴过的；上亲戚家例行公事的拜年，也是她独个儿去的；炎樱、苏青她们上她家来，也只她独自接待；她还是孤孤单单的一人。

她是孤单的。她的手伸进大襟里，摸着里边柔软的白狐皮，她却突然意识到自己像只狗！不是狡黠的狐，是看家的狗。碰碰鼻尖，也是冰凉凉的，她就是只狗吗？孤零零地等着主人归家？多么奇怪又多么准确的感觉。她可不喜欢狗，哪怕小猫小狗这类贵妇的宠物。

她自以为是个不落情缘的人。可是胡兰成在南京，她就要感伤了；这回去了武汉，她更是感伤。都说感伤是未成年人的不成熟的表现，是梦与叹息，看透了就不会再有感伤。可是感伤之外有感情呀，人类既然由原始进化到文明，感情终归越来越细腻敏感吧？又有从武汉来的报界人含含糊糊透露出他的风流韵事。爱情于人世间不会太纯洁，但她不敢想象丈夫走的是自家父亲的路？嫖妓捧戏子娶姨奶奶老八？哦，不！不要。

是错爱？西洋的爱神丘比特就是个瞎眼光腚长翅膀的胖娃，瞎眼射矢，爱只能是听天由命了。西洋人大概也惧怕孩子的眼睛吧——

那么认真的眼睛，像末日审判的时候，天使的眼睛！

这爱值得吗？唉，既是爱就不问值得不值得。

黄瓷缸上原点着一支蜡烛，黄底色上凸出绿的小云龙，静静地含着圆光不吐，可燃尽了，蜡泪流淌着又冷凝了，她却没续点一支。她不愿看烛光中自己变形的影子——形单影只。两个人就不同了，她与他，烛光中如梦如幻，两人像金箔银纸剪贴的人形一般。结了婚，仍像没结过婚一样，她只是喜欢静静地听他说，一连几个钟头就过去了。

"油菜开花黄如金，萝卜子开花白如银，罗汉豆开花黑良心，"他的嫂嫂边唱边给他试鞋样，说："黑良心就是你大哥。"

几多好！比她在电车上听得的都市女人叽叽喳喳的念叨男人怨恨男人，诗意多了，这就是赋比兴的兴吧。民歌民谣真是好，她要是会唱，也要说："黑良心就是你兰成。"

她与他却分明扎根于两种文化。如果说她的背景是源远流长的贵族文化，那么滋养他的则是更为源远流长的民间文化。

她稀罕又喜欢这原汁原味的民间文化。她认为真正好的文艺作品要数民间千年流传依然灿烂新鲜的东西。

他说，母亲抱着牙牙学语的他在檐头看星："一颗星，葛伦登，两颗星，嫁油瓶，油瓶漏，好炒豆，豆花香，嫁辣酱，辣酱辣，嫁水獭，水獭尾巴乌，嫁鹁鸪，鹁鸪耳朵聋，嫁裁缝，裁缝手脚慢，嫁只雁，雁会飞，嫁蜉蚁，蜉蚁会爬墙——还不快收衣服，都下露水了！"她听着吃吃地笑起来，妙趣天成，比伍尔夫的意识流还意识流呢。

他说，他的父亲一生草草，没有故事。父亲不饮酒，但陪母亲饮；出语生涩，却能领着一班十番到大村唱大戏，能击鼓执拍板指点。

她听着依稀想起潘汝良的吃油炸花生米下酒的父亲，庸俗却可亲。

他说，小哥小妹坐门槛上，望着山野田地唱："山里山，湾里湾，萝卜菜籽结牡丹。"望着檐下的燕子窠："不借你家盐，不借你家醋，只借你家高楼大屋住！"汉子们逗小孩："七簇扁担稻桶芯，念得七遍会聪明。"小孩戏大姑娘："大姑娘，奶头长，晾竿头里乘风凉，一篷风，吹到海中央，撑船头脑捞去做婆娘——"她的黑漆漆的眸子亮了：多么清新又粗野的山乡风情呵。

他说，"正月灯，二月鹞，三月上坟看姣姣，清明上坟做菁饺。"小时就归他去溪边地里觅青青的艾菁，还有散烧饼。上坟去的路上，只见可采谷雨茶，麦已晾花，桑叶已成荫，蚕豆倒还没开黑心花。这期间养蚕已历经辛苦，种种虔诚禁忌后是收获；采茶炒茶却是分外的热闹，男欢女笑过村过省，却无伤风化之事。她痴痴地听着：真好。

他说，到了端午，就要去溪涧边拔菖蒲，菖蒲的根扎在水石间，很是难拔，拔时呛人的辛辣气，他很是敬畏；又在庭前熏黄经草，门上挂菖蒲，除烧灭百虫。盛夏到了，一人呷口雄黄酒，脑门上让大人蘸酒写个"王"字。可最爱看的戏文却是《白蛇传》，白蛇娘娘的好故事让端午分外热闹。他说那年他在杭州读书时，走在白堤上，忽听一声轰响，静慈寺那边黄尘冲天，雷峰塔倒了。她睁大眼"啊"了一声，心里也只一个"好"。

他说，七月初七乞巧夜，才是女儿的好日子。没扎耳孔的一针连彩线扎过去，七天后就好戴耳环；楼窗口陈设瓜果敬双星，悄悄在暗处穿针引线，你就算巧儿了。她听了，痴痴地记住，她的手做女红可不巧，毛线衣都织不来。

他说，七月半要做糕饭拜祖宗，秋分要在大桥头路亭里做盂兰盆会，重阳节在胡氏祠堂里吃白酒。等到田稻都收割了，乌桕树叶红了又落了，枝上的桕子落了壳雪白白一片时，便是大村唱戏文日，家家都特为裹粽子，让四亲八眷都来看戏文，真是人世间的大风景呀！戏台就在露天，祠堂外至田塍大路，各种吃食小玩意琳琅满目，台上咿咿呀呀，台下人山人海，人看戏，戏看人，人看人，人声鼎沸中，枯藤老树、小桥流水依旧……她愈发痴痴地听着，不胜向往之至，什么时候去趟"婆家"身临其境，领略那古老民俗的老酒般的醇香醇美呢？

他说：嗳嗳，照你自己的样子就好，请不要受我的影响呵。

她笑了：你放心，我不依的还是不依，虽然不依，但我还是爱听。

他与她，仍是各归各。他称不上金童，她却仍是玉女。

是的，不依的还是不依。她有自己独立的主见，对乡村，她异常现实，而且，她清醒地知道，她不是那圈子里的人。

她说过："厌倦了大都市的人们往往记挂着和平幽静的乡村，心心念念盼望着有一天能告老归田，养蜂种菜，享点清福。殊不知在乡下多买半斤腊肉便要引起许多闲言闲语！"因此，还是这公寓是最合理想的逃世的地方，特别是这顶层六楼，不必顾忌淑女形象，晚上睡觉也不用拉窗帘，醒来一睁眼就是个亮堂堂的新的一天。

她忘不了第一次看见母亲公寓里地上的浴盆和煤气灶的快乐，那是倾慕的快乐呀，物质文明总是可亲可喜的。但近来，她却执拗地想要一间中国风的房。

她在《连环套》中描绘过霓喜的黑色的贫瘠的水乡，还描摹过同春堂老板的一伙番禺家乡人，窦尧芳老板过了，他们赶来城里奔丧并驱逐霓喜："阳台上往下看，药材店的后门，螺旋形的石阶通下去，高下不齐立着窦家的一门老小，围了一圈子，在马路上烧纸钱。锡箔的红火在午前的阳光里静静烧着，窦家的人静静低头望着，方才那是一群打劫的土匪，现在则是原始性的宗族。霓喜突然有一种凄凉的'外头人的'感觉。"是的，霓喜的感觉也就是她的感觉。

乡土民俗的确袒露着纯质无瑕的自然美，蕴含着民间人情的古朴美，可是乡土民俗这样的村社群体文化，宗法制社会存在着冥顽又强大的惰力，只怕也会禁锢扼杀生命吧？

她打了个寒噤，她不愿做理性的思辨。火盆里的炭基子，她吝惜着，不让它们做灿烂大烧的一刹那，可也长不了，只剩下灰掩着的星星点点红，微微的暖气反增添了彻骨的寒意，该去睡了。可睡得着吗？

如果他在，又不同了。相见相知，相悦相欢。她只顾孜孜地看着他："你怎么这样聪明，上海话是敲敲头顶，脚底板会响。"有时她又会恍惚，"你的人是真的吗？你和我这样在一起是真的吗？"如梦如幻，她和他在一起的日子实在太短、太短。

她的知识并不比他低，可她在他面前总是谦虚的。她认为，女人要崇拜才快乐，男人要被崇拜才快乐。

他却不。他崇拜她不着理论逻辑的石破天惊！

她尤其喜欢听胡兰成讲他的山村除夕夜，家家户户所有的门大开，灯烛通明，这是怎样的万家灯火！床脚下风车稻桶里都撒上撮炒米花生年糕丝番薯片，而锄头犁耙扫帚簸箕都平放着让它们休息，因为辛苦了一年呗。她喜欢这样子，惜物爱物敬物，人与物皆有情。所以，除夕夜，她把她的笔和纸都放平，辛苦了啊。

可她很快又执笔写文章了，过年激起的灵感呵。上祖姨家拜年，祖姨家是很讲规矩的，给长辈的磕头也极有讲究，磕得好的极好看。可磕头早已废除，别家长辈总是说：鞠躬！鞠躬！而祖姨家，却仍分外看重这磕头，哪怕是年满花甲的晚辈，也得磕头；而且祖姨祖姨父还得分开受礼，决不让人家省掉一个磕头！是眼见磕头就要失传，而分外感到可哀？还是对这世界的一种报复？她和表姐倒还合得来，去香港读书前，隆冬的夜晚，她和表姐津津有味地看霞飞路上的橱窗，也冷得瘪瘪缩缩，两手插在袋里，脖子缩着，可起劲地用鼻尖下颌指指点点，霓虹灯下，木美人戴着倾斜的帽子，帽子上面吊着羽毛。她们并不想买，可仍欣羡地看着，暖的呼吸在冷玻璃上喷出淡白的花。至今想来，也还历历在目。表姐也爱看小报，那时通俗作家顾明道在小报上连载《明月天涯》，写的是前进青年资助求学的穷姑娘，可是姑娘的母亲感谢他而款待的饭菜，怕已超过学费无数倍呢！她和表姐一见面就奚落《明月天涯》没颜落色的瞎编，可仍一边叽咕一边看！同龄女子的爱好厌恶总有相通之处，而她们这种破落大家族的女子，对命运总有一种郁郁苍苍的身世之感！祖姨母家，煊赫灿烂的过去已经消逝，却仍维系着三代同堂强撑着富贵人家的面子！一个年轻的女子从繁华落尽绮靡褪尽的背景中走出，大家闺秀走向自食其力的女店员，千疮百孔的旧家的重负，也有千疮百孔的新爱的痛苦，可她终究走了出来，一步一步……她已开笔写好第一节，该给它取个名字。

嘀嗒嘀嗒，这只钟越走越响。烛光，浴室，脸盆里浅浅地盛着热水，洗了脸洗脚，虽浅也得到昏濛的愉快，奢侈的享受。停了电，还会长期断水么？荒寒的野村，寂黑的冬夜，可是这嘀嗒嘀嗒声，是现代人一寸光阴一寸金的逼促声。呵，《创世纪》，开天辟地，从黑暗中走出来，就是创世纪，不是盘古，不是刑天，是普通平常的女身，可也是血肉之躯。

　　她总是被逼促着：快，快，迟了来不及了，来不及了！年初一的早上，五岁的她醒来时，鞭炮就已放过了，她苍凉大哭：赶不上了！即便穿上新鞋也赶不上了。

杜鹃花·罂粟花·创世纪

弄文学的人向来是注重人生飞扬的一面，而忽视人生安稳的一面。其实，后者正是前者的底子。

26

再低的尘埃、再肮脏的土地，也能开出艳丽的花。

是满山轰轰烈烈开着的野杜鹃，灼灼的红色，一路摧枯拉朽烧下山坡？

是色艳花大的罂粟，娇媚地垂首着诱惑着。那果内含汁是药是毒，并非花之罪。

张爱玲、苏青们就是沦陷区上海的土地上绽开的奇花异葩。女性文学以柔韧的茎挺拔于历史与现实的夹缝，那艳丽、放恣、抢眼的奇花让人们目瞪口呆，太突兀了！太像奇迹了！女人写写女人，女人写写女人眼中的男人，在她们之前和她们之后，女性作品中还没有过她们笔下如此赤裸裸的女人、男人，以及女人与男人的种种"战争"！

在她们之前，浩浩荡荡的五四运动中涌出了第一批高举女性解放大旗的女作家群，以后又有仍执着寻觅女性独立意识与价值的第二代女作家群，她们称得上第三代吗？

她们不像冯沅君，没有五四运动之后"将跃然与传统战斗，又不敢毅然和传统战斗，遂不得不复活其经饰悱恻之情的反叛与眷恋"；她们更不像冰心，满是春水繁星式的温婉，讴歌母爱、童心和自然美，她们甚至胆敢对此不屑不恭；她们不像白薇，没有白薇爱得死去活来又恨得死去活来的认真，也没有"打出幽灵塔"的决绝的勇气；她们更不像走向政治走向战场的丁玲、谢冰莹们。

她们有点像庐隐，生于五四时代的黎明，死于五四时代的黄昏的庐隐的女性世界是狭小的、荒凉的、悲怆的，但她们没有庐隐的爱的绝唱；她们有点像凌叔华，写的是"世态的一角，高门巨族的精魂"。但她们没有凌的谨慎、婉顺、适可而止的笔墨，同是旧家庭的闺秀少妇，却包裹着不同的魂灵；她们倒有点像丁玲笔下的莎菲，以病态的敏感锐利透视出失望的男性世界；她们有点像居香港时的萧红，感受到女人的天空是低矮的，却没有萧红的大彻大悟。

哦，有点像，却毕竟不像。她们就是她们。不，就是张爱玲与苏青也不同，张爱玲就是张爱玲，苏青也只能是苏青。

苏青是热闹的、世俗的；张爱玲是荒凉的，贵族气的。

1945 年的元宵，苏青上张爱玲家，她带去宁波汤团。苏青家里总是备着不少点心作料，桂圆红枣白果杏仁粉圆子粉西谷米样样都有，那雪白的汤团上点着胭脂红，便是苏青的好。

张爱玲说："我将来想要一间中国风的房，雪白的粉墙，金漆桌椅，大红椅垫，桌上放着豆绿糯米磁的茶碗，堆得高高的一盆糕团，每一只上面点着胭脂点。中国的房屋有所谓'一明两暗'，这当然是明间。这里就有一点苏青的空气。"

那么，张爱玲便是暗间的空气。宫廷般的神秘与古墓似的清凉重重叠叠着太多的传奇。

苏青的故事没有传奇，有的是平实和热闹。她是宁波人，宁波一直是浙东到上海的门户。浙东的鱼盐丝茶与上海的洋货对流，造就了宁波的兴旺和热闹。宁波人多明朗热辣，有种自信的满足和大胆沉着的跋扈，短处是缺少回味。苏青的祖父曾拥有几千亩田，还是个举人，因而也属市民阶层；苏青的母亲却遭到父亲的遗弃，父亲是陌生的，在与母亲弟妹相依为命的生涯中，苏青又早早体验到生存的艰难，尤其是女人的艰难！她的婚姻虽是家里做主的，但两人是一同读书长大的，还是有几份亲情的，只是丈夫完全是少爷的做派。苏青头胎养的是女孩，很受了些婆家的气，她毕竟是南京中央大学外语系出身，激动起来写下《产女》投到《论语》杂志，不想很快被录用，只是题名改成了《生男与育女》，那是 1935 年 6 月，她才二十一岁。情感和才华有了宣泄的出口，她竟无休无止写起了以女人周围琐琐屑屑的生活小事为题材的散文，因为琐屑又理性，平实又热闹，竟引起了不单是女性的芸芸众生的心的共鸣，苏青渐渐小有名气。但是她的这种进取为丈夫的虚荣和自尊所不容，战争乱世又让他当不成少爷了，也暴露了他的不负责任，他竟不养家！这样，苏青于 1942 年并非浪漫地离了婚，独立肩负起老母孩子一家五口的生活重担！于是有了自传体的长篇小说《结婚十年》，一版二版直至十八版！散文集《浣锦集》亦计十余版！一提到苏青，还真像听到了一个什么社会闻人的名字似的。

张爱玲和苏青都写女人。张爱玲的女人永恒地出演爱情的戏剧，或真或假或半真半假或真真假假而已。苏青的女人是平实的热闹的，就像苏青的人生一样：做女儿淘气，做媳妇受气，生女儿憋气，离了婚得争气。琐琐碎碎地过日子却不忘兴兴轰轰地冒险！

《结婚十年》就是一个老中国的女儿结婚十年的平淡无奇的故事。开篇第一章即以女主角苏怀青与徐崇贤的新旧合璧的婚礼拉开沉沉帷幕，到末章患有肺病的女主角不得不离婚，还苦苦地哀叹着"都是为了孩子"时，时光已无情地流逝了十年！二十世纪中叶的女儿出嫁仍然坐着花轿！因为花轿是出嫁女儿的特权，却更是检验女子贞操的窥测器。若是嫁前女人不贞，坐上花轿轿神就要降灾于她；若是坐在轿内不安分，动一次就得改嫁一次。漆黑窒息的花轿是囚禁女子身心的牢笼。洞房花烛夜荒唐的闹房、众目睽睽中新妇的"三日下厨"，你是女大学生又怎么样？男尊女卑的生存状况依然如故！因为怀孕结束了大学生涯，也结束了"两颗樱桃"精神恋的浪漫，她的肚皮成了小姑子仇恨所在，也成了公婆祈子希望所在！当生下的是女儿时，产房成了"红房"，信佛的婆婆不要说不进房探望，就是好话都没一句；满月酒虽热闹，但抱着婴儿的她却不能拜菩萨敬祖宗，因为是女婴！生了儿子又怎样呢？生儿育女、相夫教子才是女人的本分，任劳任怨、忍辱负重、任凭丈夫嫖赌逍遥才是女人的德性，否则，等待着你的是离婚——与旧时的休妻别无二致。这是什么时代什么年月？女人依旧不是人。漫漫几千年，女人依旧湮没于历史的深渊。苏青只是直白地叙述而不作辩白，只作辛辣的描摹而不作思辨。然而，千百年来女性隐秘的沉沉帷幕被痛痛快快撕开了，苏青以"飞蛾扑火"的勇气道出了女性真实生存境况的悲凉。这，激起了多少女人和觉悟的男人的心的共鸣？

所以，张爱玲感叹："苏青最好的时候能够做到一种'天涯若比邻'的广大亲切，唤醒了古往今来无所不在的妻性母性的回忆，个个人都熟悉，而容易忽略的，实在是伟大的她就是'女人'，'女人'就是她。"

苏青真诚也无奈地讴歌母性。因为"十年的光阴啊！就是最美丽的花朵也会褪掉颜色，一层层扬上人生的尘埃，灰暗了，陈旧了，渐渐失去以前的鲜明与活力。花儿有开必有谢，唯有果子是真实的。"果子就是儿女，苏青夸大着孩子的功能——母亲寂寞的安慰、空虚的填补，是母亲永远的生命之火。可儿女难道不就是又一代的男人女人？苏青又能怎样呢？她只有使出女人的小脾气强词夺理："只不过在一切都不可靠的现实社会里，还是金钱和孩子着实一些……我宁愿让感情给孩子骗去，而不愿受别的不相干的人的骗。"呜呼，养孩子是女人较可靠的投资？！

张爱玲不。她对母爱也看得太透。"母爱这大题目，像一切大题目一样，上面做了太多的滥调文章。普通一般提倡母爱的都是做儿子而不做母亲的男人，而女人，如果也标榜母爱的话，那是她自己明白她本身是不足重的，男人只尊敬她这一点，所以不得不加以夸张，浑身是母亲了。其实有些感情是，如果时时把它戏剧化，就光剩下戏剧了；母爱尤其是。"似乎是对女性太冷酷太偏颇的一击，然而，歪打正着？谁知道呢。

张爱玲与苏青是不同的。不同归不同，张爱玲却喜欢苏青的兴兴轰轰，喜欢她俗中无意的隽逸。年前大雪天，苏青一时钱不凑手，急急雇了辆黄包车，载了满满一车《结婚十年》到处去兜售，书又散落雪地！好不狼狈中，却见《结婚十年》龙凤帖式的封面与雪天雪地交相辉映，实乃一幅上品中国画。苦中有乐，俗中有雅。不管怎样的患难中，苏青都有种生之烂漫。多遇见患难，于她只是多一点枝枝节节，多开一点花。

1943 年是股票年，1944 年是国货年，1945 年呢，眼下的生活，米卖到四万元一石，煤球八万左右一吨，油盐小菜件件都贵，苏青、张爱玲都囤纸，晚上张爱玲就睡在纸上，比香港之战时睡在美国的画报上要多几分暖意，因为是自己的。物质生活如此紧张，苏青仍兴兴头头送汤团、烧汤团给男女朋友吃，像是愿意有个千年不散的筵席！

　　对男人，张爱玲有种透彻的恒温，若即若离；自称是苏青的朋友的男人却不少。实斋写过《记苏青》，极力称颂她的爽直、豪放和饶有男子气概。惊异她妙语连珠，一针见血的奇谈，并戏谑她的长相颇像名噪一时的南社前辈陈布雷。陶亢德在东寓寄语中说："以你之才与学再盖之以专心，天地还有不万岁之理。"一语双关，颇有阿谀之态。胡兰成撰文《谈谈苏青》，他不喜欢上海人，以为上海人容易给货物的洪流淹没，要么就玩世不恭；他也不喜欢绍兴人，绍兴人的安稳过了头，像熟透了的西瓜倒了瓤似的；而宁波人的有底子的冒险，他喜欢。苏青就是典型的宁波人。而且他赞叹她长得结实利落、俊眉秀眼，有一种男孩子的俊俏。说她"面部的线条虽不硬而有一种硬的感觉。倒是在看书写字的时候，在没有罩子的台灯的生冷的光里，侧面暗着一半，她的美得到一种新的圆熟与完成，是那样的幽沉的热闹，有如守岁烛旁天竹子的红珠。"男性对女性赏玩爱怜之情跃然纸上，哪怕苏青自称是个男性化的女子。谭正璧在《论苏青与张爱玲》一文中，却是褒张贬苏的。当然他亦肯定苏青的海阔天空的胸襟、大胆直爽的性格、感到想到的都毫无避忌说出的无畏气概。但是，对苏青过多的赤裸裸的"直言谈相"，性欲、月经、生理需要成了四川菜和味用的"辣火"，每菜必用，就有时很使他感到肉麻了。

不过，苏青对男人的看法，却很有些大逆不恭，亦是辛辣的直白。她兴兴头头亲自弄了汤团给客人们吃，兴兴头头送走了他们，跟张爱玲对坐小客厅的陶钵火盆旁，她微笑的眼里带着藐视的风情，说："没有爱。"因为男人们看来看去没有一个是看得上眼的！

对丈夫，是早已失望。从最早结婚之日算起，就是这样零零碎碎地磨伤了感情。在丈夫眼中，女人是不该一味想写文章赚钱来与丈夫争长短的，因为没有一个丈夫愿意太太爬在自己头上显本领的。

对男人，是俯视。男人不想自己努力向上，就是顶怕女人要向上。男人是不怕太太庸俗，不怕太太无聊，不怕太太会花钱，甚至太太丑陋些也可以忍耐，就是怕太太能干而较他为强。女人也不能有学识，因为一般男子也是无甚学术的，他们怕太太发出来的议论远较自己高明得多。甚而至于十足健康的女人对于男子也像一种侮辱，没有一个男子肯当众承认他的身体够不上他的太太的！

对情人，是嘲讽。自己不幸是良家妇女，人家不好意思给钱，也落得不给，但爱情仍旧没有的。人家追求你，是因为你高尚又不必花钱，倘若一样要花钱，他不如去追红舞女呢。

这些不无刻毒的议论，男人们大概采取装聋作哑之态。因为什么都说得出看得开、像男人的苏青却最是女人味！她是新式女人的自由也要，旧式女人的权利也要的女人。她谋生之外也谋爱，是一个矛盾又直接的女人。她其实对男人并没有绝望，寻觅后责怨，责怨后仍寻觅，仍是兴兴轰轰的，就像一个红泥小火炉，有它自己独立的火，有红焰的光，有哔哩剥落的爆炸，虽然比较难伺候，但终究有热又有光，天气是这样寒冷，不花钱能取暖何乐而不为呢？

张爱玲却早早地对男人无望。她的生存世界和她的艺术世界的男人，不论新旧洋中老少，难得有一个负责任的！她的女性生命，恰如她自己给杨贵妃的比喻，"是一只温润如玉的陶瓷汤壶，里头的水一点一点地冷去，空留温柔的惆怅。"

即便对古代的名女人，张爱玲与苏青都投注探研的热情，但仍然张是张，苏是苏。

张爱玲写过虞姬的决绝的爱，评议过杨贵妃的"家常"的爱，为"宛转蛾眉马前死"而叹息：怎么可能！人世间竟有这样的委屈！也想象过赵飞燕与宫女踏歌"赤凤来"的景象，一阵风起，赵飞燕欲乘风飞去，这美何其怅惘！而汉成帝说赵飞燕是"谦畏礼义人也"，对柔艳女子竟是这样的评价，这种美真是无限清嘉。

苏青关注的是武则天、慈禧太后的心态。武则天是个倔强的女人，太宗宠爱她，却不肯让她掌权，仅封为才人，但她服帖；只是太宗太衰老，爱情究竟不能全是精神的。后来做了高宗皇后，但她瞧不起高宗，做的是寂寞的皇后。一个女人得不到性的安慰便会想到贪财或专权之类，所以武则天改国号自己称帝，是为女人的不幸？！苏青也真是语不惊人死不休。又说到慈禧太后重游热河的时候，一一抚摩着她以前做贵妃时御用的衣服，那是她的青春和女性荣耀的见证；而今她已是一个权威无比的老太后了，拥有了一切，却独独失却了女性！这倒是结实的真实。

见解皆惊世骇俗、不同凡响。但从她们关注的对象及兴趣所在，却折射出这两位红极一时的女作家内心的倾慕追求各不相同。张爱玲不涉及政治，似乎古美人的心中也唯情是重！苏青虽是还原强权女人为普通女人，虽是嗟叹她们枉为女人的悲哀，但她毕竟注目的是强权女人，或许这是她的潜意识的不安分的泄出？她本人便与政治拉拉扯扯，上海特别市政府专员、中日文化协会秘书等等，便是耻辱的烙印。即便她浑身是嘴为普通女人诉说，普通女人们也难以引她为知己吧。

苏青与张爱玲在一起，也是苏青只管滔滔不绝地说下去，张爱玲只管静静地听下去，她们见面的时候亦不多。但苏青会戛然而止地抱怨起来："你是一句爽气话也没有的！甚至于我说出话来你都不一定立刻听得懂。"这倒有一半是实情，因为她如扫机关枪的宁波方言有时的确难听懂，但苏青的这般蛮横也有点女人的小脾气。张爱玲却抱歉笑着说："我是这样的一个人，有什么办法呢？可是你知道，只要有多一点的时间，随便你说什么我都能懂的。"苏青却耸耸肩："是的。我知道……你能够完全懂得的。不过，女朋友至多只能够懂得，要是男朋友才能够安慰。"张爱玲笑笑，往火盆里添上几块炭；苏青淘气地扔下一只红枣，炭哗剥响着，枣烧着发出一缕缕八宝粥的甜香。正月十五过元宵，天气仍是彻骨的奇寒。

张爱玲是喜欢苏青的，而且谈到后来还有点恋恋不舍。她们最初的交往，是苏青自办《天地》月刊，写信给张爱玲索稿，开头就是"叨在同性"，张爱玲看了总要笑，觉得苏青——这位本名冯和仪的女子挺有意思，于是给了《封锁》，发表于 1944 年 11 月《天地》第二期上，这篇小说成了张爱玲与胡兰成之恋的媒介。以后，几乎每一月在《天地》发表散文一篇，长的则连载。《公寓生活记趣》《道路以目》《烬余录》《谈女人》《童年无忌》《造人》《打人》《私语》《中国人的宗教》《谈跳舞》《双声》《"卷首玉照"及其他》……散文集《流言》绝大部分文章皆在《天地》上发表过，女人在女人的"天地"谈女人，能不倾心吐胆吗？

所以，张爱玲说："如果必须把女人作者特别分作一档来评论的话，那么，把我同冰心、白薇她们来比较，我实在不能引以为荣，只有和苏青相提并论我是甘心情愿的。"

并非狂妄，而是实际，贵在知己知彼。

一个冷冷清清似冰玉，一个兴兴轰轰如火烧；一个幽暗深邃似古井，一个明朗喧闹如小溪；都红极一时，一个多技巧的娴熟，一个无技巧的单纯；都说"没有爱"，一个仍在热热闹闹地寻寻觅觅，一个只是彻悟后的苍凉莞尔一笑！张爱玲与苏青是这般的相异，却仍有友情。也许，友情爱情都一样，更渴求更希冀互补？因而更默契更和谐？

苏青走了。张爱玲独自伫立在黄昏的阳台上，骤然发现远处的高楼，边缘上驮着一大块胭脂红，红得心惊肉跳！她还以为是窗玻璃上落日的反光，仔细辨认，方知是元宵的月亮！晚烟里，上海的边域起起伏伏，她一阵恍惚，又有旷野山峦的荒凉之感！楼下不知谁家的无线电唱着日本的歌，是一个女人断肠般的哀音。

张爱玲想：这是乱世。

27

春天来了，是毛毛雨的春天。细雨湿衣看不见，闲花落地听无声。张爱玲与炎樱共撑一把鲜丽的油纸伞，半遮半掩于闹市，才又有了逛的自由。

谁叫张爱玲成了大红大紫的名人呢？

以前，她们是多理想默契的滑稽搭档。一块上街买衣料买鞋买杂志上咖啡馆，或什么也不买，只是痴痴地看橱窗看街景看人，只是逛！

她们逛报摊。炎樱将所有的画报都翻遍后，一本也不买。报贩讽刺她："谢谢侬。"炎樱笑答："不要客气。"现在可不行，张爱玲会被认出，小报得热闹几天呢。

她们逛商店。是虹口的精于计算的犹太人的商店，炎樱也要讨价还价，要店老板抹去零头，她孩子气地把皮包兜底掏出，于是店老板做了让步。现在也不行了，显得太小气。

她们逛咖啡店。从一个店买来栗子粉蛋糕，一个店买来奶油松饼，尔后上另一家咖啡馆去喝咖啡，因这样能各取精华，其味无穷。现在当然不行了，这似乎是疯狂的举止，是想小气地逃避捐税？她们逛茶馆。一边吃着金花菜、黄莲头和芥菜，一边在喧哗声中听着苏州评弹，一个白皙的男人唱着《描金凤》，每隔两句，句尾就得"嗯，嗯，嗯"地以示肯定，男人像是咬着人的肉不放似的，而应答者则是苏侬软语："是个！难末涅？嗳？"现在怕也不行了，太俗？

那就看街景看人。张爱玲说过，衣服是一种言语，随身带着的一种袖珍戏剧。炎樱说，我们得承认，我们是为别人而打扮的。既然人是社会性的动物，我们的快乐与心理的均衡多少依靠着他人，无论是世故很深的女事业家还是初出茅庐的小女学生。张爱玲想：女为悦己者容嘛。炎樱毕竟不是中国人。

满街的老少女人头上衣上全飞着一百零一只蝴蝶结！流行、时髦，往往会牺牲了个性！就像前两年的流行色芥末黄一样，到处横行着芥末黄。她们主张衣服要突出人的个性，尽管人们一味赞扬女子的文静，可没有任何一个女子愿意文静成墙壁或家具的一部分。炎樱说，好的世界里有一个世界的声音，各个人也都是颜色的跳舞、色调的舞剧。所以有：毒粉红、埃及的蓝、权威的紫、牢监的灰、春雨绿、土地的绿、处女的粉红、风暴的蓝、Van Gogh 的向日葵的黄呀。所以翠玉绿与孔雀蓝、中国粉红与宝石蓝、硫黄的黄与猛烈的紫、轻黄与灰的配搭就非常成功，清新可喜。所以你想穿什么颜色就穿什么颜色，现在不穿就永远没有时候穿了！老了，就会有遗憾，十有九个老太太喜欢看小辈穿红，不单是图兴旺吉利，其实是种下意识的补偿。对不？张爱①。

张爱静静地听着，静静地点着头。爱人、女友乃至姑姑和她在一起，都会变得非常唠叨，而"唠叨"又往往成了唾珠咳玉！这大概是张爱玲的特异魅力所在，静静地听，静静地想，只是素手，惹得对方使尽十八般武艺。

可满目的年轻的女孩子都爱穿黑，是出于悲剧化的做作？若要俏，三分孝？黑色的确是好背景，它比较隆重，给人一种感情上的重压，同时又有一种妖妇的魅惑？！于是炎樱又叽叽呱呱说起去年秋天苏青做的黑呢大衣。炎樱说，线条简单的于苏青最合适。于是试着样子的苏青由着她摆布，去掉翻领、去掉折裥、去掉口袋、去掉垫肩、去掉纽扣改暗纽！苏青惶惑了："纽扣总要的吧，好像有点滑稽。"静静立一旁的张爱玲就笑了起来。似乎想起炎樱的戏谑；说许多女人穿着方格子绒毯改成的宽大的大衣，整个地就像一张床！不过黑色的床可不大好入梦，而且极容不得脏！穿着黑呢大衣的苏青紧凑明倩的眉眼里有一种横了心的锋棱，使张爱玲想到"乱世佳人"。

炎樱拉着张爱："去看看苏青好吗？"张爱一怔，炎樱调皮地眨眨眼："我们的苏青呀。"炎樱指的是游艺场广告上的跳舞的女子，画得很恶俗，但是那无可挑剔的鹅蛋脸，人情味极浓的笑眼，炎樱硬是认准了是苏青的闹哄哄的宁波风、叽里喳啦的美！炎樱总以为苏青是快乐的，对男人们有着巨大的吸引力，以为"她最大的吸引力是：男人们总觉他们不欠她什么，同她在一起很安心。"然而苏

①炎樱喊张爱玲张爱。

青认为她吃亏就吃亏在这里。

炎樱是张爱玲的朋友，苏青也是张爱玲的朋友，可炎樱懂得苏青吗？苏青并不是一个清浅到一览无余的人，可她的幸福与痛苦却偏偏只愿意向清浅到一览无余的炎樱者倾吐呢？人与人之间有着这样那样的难言之隐，生活才处处充满谜吧。

雨纷纷的江南三月，《杂志》月刊登出《苏青与张爱玲对谈记》，《天地月刊》则登出张爱玲与炎樱的《双声》，这是两支"同曲异工"的"双声"。

在《苏青与张爱玲对谈记》中，张爱玲是以正旦的脸孔出现的。这是 1945 年 2 月 27 日下午，《杂志》月刊记者就"关于中国妇女、家庭、婚姻诸问题"，特约苏、张两女士在张爱玲那间小而洁的客厅里举行的对谈。苏青呱啦呱啦谈了职业妇女的种种痛苦，"失嫁"的可怕或丈夫被以爱为职业的女人夺去的威胁，又有办公共食堂、里弄托儿所、价钱划一的商店、科学育儿法、小家庭与岳父岳母组合等种种浪漫设想！张爱玲依旧惜话如金，却认为"如果因为社会上人心坏而不出去做事，似乎是不能接受现实。"苏青择夫标准五条：第一，本性忠厚。第二，学识财产不在女的之下，能高一筹更好。第三，体格强壮，有男性的气魄，面目不要可憎，也不要像小旦。第四，有生活情趣，不要言语无味。第五：年龄应比女方大三岁至十岁。——这标准任何女人都听得进去，可是，踏破铁鞋无觅处。张爱玲只是淡淡地说：我决定不要有许多理论。不过我一直想着，男子的年龄应当大十岁或是十岁以上，我总觉得女人应当天真一点，男人应当有经验一点。

对谈中，离了婚的苏青在急急地苦苦地寻寻觅觅吵吵嚷嚷，"未出嫁"的张爱玲在静静地淡淡地观察与思考，尽管苏、张都一致以为：用丈夫的钱是一种快乐。可读者大概一致认为：目前她们尚无丈夫。

在《双声》中，不同了，张爱玲成了悲旦，说出的是"绝调"。虽然她认为戏里只能有正旦贴旦小旦之分而不应当有"悲旦""风骚泼旦""言论老生"。张爱玲卸去了女作家的面具，真切地感受到思想背景里惘惘的威胁。

咖啡馆的空气菲薄，苹果绿的墙，粉荷色的小灯，冷清清没几个人，盆栽的小棕树手爪样的叶子正罩在张爱玲的头上，像是命运之神暗绿色的手掌！她们谈到白种人的思想、中国人的思想、日本人的思想，谈到东西方文明，回忆她们从香港回上海的情景，感受到的古中国的厚道含蓄。张爱玲说："好，不走。我大约总在上海。"她不止一次说她舍不得中国——还没离开家已经想家了。她不止一次说杂种人、华侨因为没有背景，没有传统，不属于哪里，沾不着地气，所以思想上是无家可归的！

她当然不知道，七年后她竟离开上海去了香港，后又去了美国，自此再也没回上海！人不能未卜先知，但越珍惜的反倒越容易失去吧？

她们笑着谈到妒忌，谈到丈夫爱上了女友或你完全看不起的女人时，你怎么办？张爱玲说："可妒忌的不单是自己的朋友。随便什么女人，男人稍微提到，说声好，听着总有点难过，不能每一趟都发脾气。而且发惯了脾气，他什么都不对你说了，就说不相干的，也存着戒心，弄得没有可谈的人。我想还是忍着的好。""如果另外的一个女人是你完全看不起的，那也是我们的自尊心所不能接受。结果也许你不得不努力地在她里面发现一些好处，使得你自己喜欢她。是有那样的心理的。当然，喜欢了之后，只有更敌视。"快乐的炎樱只有说：“生命真是要命的事！”张爱玲也只能像一个莫可奈何的普通女人一样，任凭原以为紧紧把握贴恋着的爱像水一般流走，而且不会有太长的时间！

《苏青张爱玲对谈记》在读者群自然引起了强烈的反响，《杂志》连着出了三期《妇女·家庭·婚姻》特辑。认真探研的、义愤填膺的、矫枉过正的、插科打诨的、说三道四的什么样的议论都有。喧哗与热闹中，只见雨过天晴，狼藉残红，飞絮蒙蒙，一派春光明媚中，又迎来了朝鲜籍女舞蹈家崔承喜第二次来沪。此女子在东京设有舞蹈研究所，专门研究东方乡土舞蹈艺术，又赴世界各国公演过，有“日本现代舞后”之称，其舞艺具有“日本的色、中国的形和朝鲜的线”之美。3月31日上午11时，蓄着胡子，罢戏多年的一代名伶梅兰芳应邀来到华懋饭店五楼三号室中，与崔承喜及崔的代理人、记者洛川及梅先生的翻译共进午餐。梅兰芳赞崔承喜是真正的东方芭蕾舞的创造者，崔承喜则崇敬梅先生的艺术乃百年一见者，也可说是百年一度才有的“天才”艺术。崔承喜两次希望梅先生再度登台，以为如此，不但是中国之幸，亦世界之幸。梅先生则以兴趣全在绘画上和身体原因婉拒。艺术家理当献身艺术，谁甘愿让艺术生命白白流逝？但是，比艺术更宝贵的是维护民族尊严的高风亮节。这点，崔承喜不知是真不明白还是装糊涂。但梅兰芳是不苟求别人的。太阳照在漆着五彩的富有阿拉伯王宫风格的窗棂上时，两位东方艺术家欣然合影。4月9日，华懋饭店八楼第三号室又有了新的热闹，崔承喜与上海女作家举行聚谈。

女作家却仅三人：张爱玲、关露、潘柳黛。还有一位王渊小姐，是弄艺术的。崔承喜与梅兰芳对谈时，内穿黑西服，外披一件玄狐。这回换了春装，一袭玉色西服，并系上了法国式头巾，带着她的女弟子。关露来得最早，穿着淡黄色旗袍，这位女诗人仍从朴实少言中透出一点神秘。王渊小姐着一袭鲜艳的苹果绿旗袍，系一条飘逸的丝巾；潘柳黛女士新婚不久，着一袭孔雀蓝衣服，却显得更肥硕更怕羞似的。张爱玲最后到，桃红色的软缎旗袍上罩件古青铜色坎肩，满帮花的缎子鞋，整个的古色古香古风古韵。炎樱说得对，每一种情调，每一件事都可以用一个颜色来翻译。当然，各个人也都是颜色的跳舞，色调的舞剧，特别是在女人世界里。相形之下，穿着灰蒙蒙的节约服的鲁风，看上去便有几分丧葬气氛。尽管他是东道主，前年崔承喜来沪，也由他出头举行过一次座谈会。

座谈也谈得干巴巴。习舞的王渊小姐与崔承喜谈东方舞蹈艺术，崔承喜以为东方芭蕾应该有东方的交响乐陪衬才好，可东方只有零零碎碎的乐器！张爱玲则表示："我觉得在文学上，我们也必须先研究西洋的，撷其精华，才能创进。舞蹈音乐亦是如此。"这似乎与张爱玲平素的言行不太吻合，也许她就爱反高潮、喜欢作偏锋文章？反正，她不知是神不守舍还是太专心致志，两眼只是静静地盯着崔承喜的脸，似乎那张圆而白净的脸蕴藏着舞蹈的神奇似的。随后关露就梅兰芳、程砚秋专以男人跳女人舞为话题，请教崔承喜。崔承喜爽气回答："我在日本没有到外国以前，我专跳男人舞，后来在欧洲才学跳女人舞。"潘柳黛则说对跳舞完全是外行，不敢说什么。座谈会便结束了。张崔王关四人合影一张，潘柳黛不在镜头内。

一年前的3月16日下午，杂志月刊社曾为上海女作家举办过一次聚谈会，隆重热烈、话题丰富、内容扎实、见解颇新，曾成为文坛一段佳话，而眼下的座谈，只能算是草草走过场了。

那次座谈在新中国报社社宅，一座洋式住宅的石阶上，随意放着十几张椅子，桌上有茶有瓜子花生；院子里春光明媚，绿树新芽，蛮有生机。主持者亦是鲁风、吴江枫。

出席座谈的有一鸣惊人的张爱玲，名声大噪的苏青，毕业于中央大学的女诗人关露，写剧本还从事翻译的汪丽玲，写小说好、人生暧昧的潘柳黛，经历坎坷、爱好文学的蓝业珍，漂亮的女读者吴婴之，还有对中国女性文学颇有研究的谭正璧先生。可谓人才济济、荟萃一堂。

从女作家的视角看古代、现代、西方的女作家，以自己的写作生涯勾勒自家的形象、性格、情趣和追求，谈锋极健，各执一词、各不相让中见坦诚率真，座谈会不只是一台摄影机，观照了上海女作家群的表象，而且是台Ｘ光机，透视出各女作家的个性气质。

给外界以拒人于千里之外的关露小姐，座谈会上倒说得挺多。她八岁念唐诗，就读中央大学，得徐志摩教授指正，她学写的第一首诗便是模仿少年维特的伤感诗，正式发表的第一首诗在《光明》半月刊上，至今已写了十年的诗。她喜欢朱淑贞与李清照，觉得她们不仅词句缠绵动人，而且敢于大胆说出别个女人不敢说的话。外国女作家最喜欢法国的乔治·桑，因为她的浪漫才情。当代女作家则喜欢丁玲，喜欢她的大胆热情，作品能向广而深的方向发展。她并不以为女性题材就必狭窄，林语堂的题材并不比丁玲的宽广，都德的题材并不比乔治·桑的宽广，李后主的题材也不比朱淑贞、李清照宽广。要说不同，每一个——不论男女——作者之间都不同。外表沉稳少言的关露实质是热水瓶，一腔热血炽火却得掩饰住，因为她是地下工作者，身份与处境让她难得有一诉衷肠的时候，这回是例外，虽然是就文艺论文艺，却也能触到她绵里藏针的个性。

汪丽玲较随和，也没什么锋芒。求学时代爱文艺，事变时随母亲回到故乡，参加了宣传剧团，写过几个剧本。但后来身体一直不好，几乎与外界隔绝，只着眼于翻译小说，有时自己也动笔写点绮丽小说。她最爱读悬念小说《吕蓓卡》，感悟"精神重于物质"。她并不以女性作家题材狭窄为诟病，认为越狭隘，却越能探研出精深的成果，反之，结果常流于浅薄浮泛。这也是一个虽随和，却也不失独立见解的病恹恹的女人。

潘柳黛却让人捉摸不透。像是很谦和，略略有点自卑，却又像深一脚浅一脚地试探着什么。她自称生性疏懒，写得不多，也没什么十分满意之作；又外文修养不够，不能直接阅读外国书籍，只是喜欢赛珍珠和邓肯。中国的则喜欢李清照和朱淑贞，现代的喜欢冰心、黄庐隐和丁玲。但也有精彩之句："因为冰心的作品内容，往往是我们所体验到的，而庐隐和丁玲作品的内容却正是我要追求的。"模棱两可中仍藏锋芒。

快嘴利舌的苏青可就成了个闯祸不怕大的祸钵子了。吴江枫主持座谈会，开口便记起了冰心，因他从初中的国文教本上读到冰心的作品，又读了冰心不少集子。具有女性美的冰心理当是五四以来中国女性文学的开山氏。不想苏青立马打茬，竟扯上冰心的长相云云，弄得满座皆惊皆笑！那前无古人后无来者的疯疯癫癫的自我感觉，其实早早地为自己掘下了埋没的洞穴！苏青却不只是不瞻前顾后，而且还不顾左右，直通通说："女作家的作品我从来不大看，只看张爱玲的文章。"这种直言谈相真叫人猝不及防！唯有瞠目而视，不知是肉麻还是麻木，因为超出了世态人心的寻常规范！泼泼辣辣的苏青也把文文静静的张爱玲逼得没有了退路。

所以张爱玲第一次回答是智慧而又自私的，问她欢喜读哪一位的作品？"我的毛病是思想太慢，等到听好想好，会已经散了。"然而，并没有等到散会，第二次回答她便以不顾一切的勇气豁出去了："古代的女作家中最喜欢李清照，李清照的优点，早有定评，用不着我来分析介绍了。近代的最喜欢苏青，苏青之前，冰心的清婉往往流于做作，丁玲的初期作品是好的，后来略有点力不从心。踏实地把握住生活情趣的，苏青是第一个。她的特点是'伟大的单纯'。经过她那俊洁的表现方法，最普通的话成为最动人的，因为人类的共同性，她比谁都懂得。"她懂得苏青，当然也不排斥知己之感。

张爱玲袒露了她故事的取材，"也有听来的，也有臆造的，但大部分是张冠李戴，从这里取得故事的轮廓，那里取得脸型，另外别的地方取得对白。"而且如实招供："不错，我是熟读《红楼梦》，但是我同时也曾熟读《老残游记》《醒世姻缘》《金瓶梅》《海上花列传》《歇浦潮》《二马》《离婚》《日出》。有时候套用《红楼梦》的句法，借一点旧时代的气氛，但那也要看适用与否。"同时，直言不讳："我一直就想以写小说为职业。从初识字的时候起，尝试过各种不同体裁的小说，如'今古奇观'体、演义体、笔记体、鸳鸯蝴蝶派、正统新文艺派等等……"

并非"前不见古人，后不见来者"。张爱玲知道陈衡哲的《小雨点》，而陈衡哲的处女作《一日》竟发表于 1917 年，所以有人说，如果《狂人日记》是新文学的第一声春雷，那么《一日》便是惊雷前的一滴小雨点。张爱玲为丁玲写过书评，称道说："丁玲是最惹人爱好的女作家。她所作的《母亲》和《丁玲自选集》都能给人顶深的印象，这一本《在黑暗中》是她早期作品中的代表作，包括四个短篇，第一篇《梦珂》是自传式的平铺直叙的小说，文笔散漫枯涩，中心思想很模糊，是没有成熟的作品。《莎菲女士的日记》就进步多了——细腻的心理描写，强烈的个性，颓废美丽的生活，都写得极好。女主角莎菲那矛盾的浪漫的个性，可以代表五四运动时代一般感到新旧思想冲突的苦闷的女性们。作者的特殊的简练有力的风格，在这本书里可以看出它的养成。"此作写于1937年张爱玲十六岁的时候，那艺术感觉的准确和"平视诸侯"的坦荡已令人咋舌，同时也说明张爱玲即便不是完全脱胎于五四以来的女性文学，却也是或深或浅地受着五四以来女作家群的影响的。

1944年3月《杂志》主持的女作家座谈会，在中国现代文学史上是应该有它的几行文字的，它真实地录下了那时那地女作家群的面貌，哪怕是浮光掠影式的。

相形之下，草草过场的崔承喜与女作家的聚谈，便觉索然无味。

有味的是崔承喜的舞蹈。"观音菩萨"中的崔承喜缥缈虚幻，而崔氏新编的几支中国舞，那姿态却全是苏青的闹哄哄的宁波风了，圆而白净，可触摸着的热闹。张爱玲不无兴致地看着。因为这些年来，中国虽有无数的人辛苦做事，为动作而动作，于肢体的流动里感到飞扬的喜悦，却是没有的。有的是背人地方的户内运动！浩浩荡荡的国土，而没有山水欢呼拍手的气象，千年万代的静止，想起来是有点可怕的。所以她喜爱崔承喜的舞。她喜爱，还因为坐在身旁陪她看的是他。

他从武汉回来了。阳台下静安寺的电车叮当来去，到了"电车回家"的时候，一辆衔接一辆，像排了队的小孩，嘈杂、叫嚣、愉快地打着哑嗓子的铃，"克林，克赖，克赖，克赖，克赖！"吵闹之中带着由疲乏而生的驯服，像瞌睡的孩子，等着母亲来刷洗他们好上床。哦，这是家的空气。然而，他回家了吗？男女间的事，有时候是假不来的！况且，他并不想假，他只是说着小周！

出戏院时又是绵绵暮春雨，两人坐了一辆黄包车，雨篷撑起，两人又都穿着雨衣，空间太小，他让她坐在他身上，两人都觉得很不自在，在他，只觉得感觉特真实，就像第一次送她到巷口，突兀问道：你这么高，怎么可以？在她，只觉虚无的、匀净的、声响的河流过脑际，汩汩流入下意识里去了。

28

又是一部未完成的长篇小说。

又是自行腰斩。

1945 年 3 月、4 月、6 月，《杂志》月刊连载了张爱玲的长篇小说《创世纪》，反响不是太大，却也没有非议，然而，作者辍笔了。

不要问为什么。

三十一年后，台湾皇冠出版社为张爱玲旧作结集《张看》，张爱玲在自序中称："同一时期又有一篇《创世纪》写我的祖姨母，只记得比《连环套》更坏。她的孙女与耀球恋爱，大概没有发展下去，预备怎样，当时都还不知道，一点影子都没有，在我这专门爱写详细大纲的人，也是破天荒。自己也知道不行，也腰斩了。"

不是这回事。至少不完全是这回事。

岁月匆匆，往事重叠。

记忆模糊，感觉模糊。

况且隔着三十一年的辛苦路往回看，白首叹红颜，再好的作品也不免带点稚拙了。

况且明智的作者对被发掘的旧作无不持保留态度。"遗忘""淹没"本身就是对旧作的惩罚，除非是跑江湖卖狗皮膏药的才会拍着胸脯拉场子做广告！

所以，不是这回事。

《创世纪》在当时虽无振聋发聩的反响，但张爱玲的自行腰斩，绝非因为比《连环套》更坏；而且，两部未完成的长篇明显地不是同一时期的作品，公开发表相隔一年余，两者的内涵、结构、风格、语言及作者写作的心态也大相径庭。拂去岁月的风尘，细读《创世纪》，这是张爱玲文风由绚烂至极趋于平淡的重要标志，也是张爱玲的人生由炫目的辉煌走向无奇的平实的转折。没有完的《创世纪》，留下的是张爱玲足迹的一串省略号。

欲说还休！欲说还休。却道天凉好个秋。

《创世纪》发表于暮春，腰斩于盛夏。

《创世纪》，这本是一恢宏的题目。

《旧约全书》开篇即是"创世纪"，洋洋五十章。是上帝用六天创造了天地，第七日歇了他一切创造的工，定为圣日；是上帝造了男人亚当，又用亚当的一根肋骨造了女人夏娃，他们生活在伊甸园，夏娃受了蛇的诱惑，与亚当贪吃了禁果。于是上帝惩罚蛇，必用肚子行走终身吃土，且世世代代与女人彼此为仇；而女人呢，被惩罚多多增加怀胎的苦楚，生产儿女的苦楚，恋慕丈夫管辖的苦楚；男人呢，被惩罚终身劳苦，才能从地里得吃的，而地必长出荆棘和蒺藜来，直到归了土！你是从土而出的，你本是尘土，仍要归于尘土。又将他们逐出伊甸园……

中国古代神话传说中，"天地混沌如鸡子，盘古生其中。万八千岁，天地开辟，阳清为天，阴浊为地"。"首生盘古，垂死化身，气成风云，声为雷霆，左眼为日，右眼为月，四肢五体为四极五岳，血液为江河，筋脉为地理，肌肉为田土，发髭为星辰，皮毛为草木，齿骨为金石，精髓为珠玉，汗流为雨泽，身之诸虫，因风所感，化为黎甿。"开天辟地的是盘古，但造人的是女娲。"俗说天地开辟，未有人民，女娲抟黄土作人，剧务力不暇供，乃引绳于泥中，举以为人。"女娲除造人外，又有补天一说："往古之时，四极废，九州裂，天不兼覆，地不周载，火爁焱而不灭，水浩洋而不息。猛兽食颛民，鸷鸟攫老弱。于是女娲炼五色石以补苍天，断鳌足以立四极，杀黑龙以济冀州，积芦灰以止淫水。"

无论东方西方，创世纪都有着"时代纪念碑"似的壮烈。但是，张爱玲的"创世纪"似乎与之开了小小的玩笑，她写的是没有理想没有奢望没有太突出个性的普通女人的没有多少故事的故事！却也是正正当当的创世纪？

是的，因为"生在现在，要继续活下去而且活得称心，真是难，就像'双手辟开生死路'那样的艰难巨大的事！"

这是乱世。"人是生活于一个时代里的，可是这时代却像影子似的沉没下去，人觉得自己是被抛弃了。为要证实自己的存在，抓住一点真实的、最基本的东西，不能不求助于古老的记忆，人类在一切时代之中生活过的记忆，这比瞭望将来要更明晰、亲切。"

《创世纪》就是写的这么一家子的活着的事情，一个遗老家族的琐琐屑屑的过去的现在的碎片。精细刻画描绘的是祖母和孙女两代女人的形象。

祖母戚紫薇，赫赫有名的中堂戚宝彝的女儿，然而她的大半生却也没有传奇。从前是个美女，但美没给她闯祸，也没给她造福，空自美了许多年，她的美不过是从前的华丽时代的反映，老了，一无所有了，只留下一种灵异。她是父亲钟爱的女儿。十六岁前没出过天津衙门一步，八岁进书房，十二岁就不用上学了，唯一的娱乐是登上二楼看风景、看衙门外的操兵！八国联军那年，她16岁，跟着老姨太太逃到常熟，幸而未遇见兵匪，因父亲有言，碰上兵匪无论如何得先把她结果了，不能让她活着丢他的人！义和团的事情过了，她又回到天津衙门，陪伴着父亲，如花的女儿点缀着他的晚景，在那里就是了。边疆有了变故，朝廷又要父亲出山，扒心扒肝尽忠却也无甚好报。父亲草草地把她许给了得意门生匡知县的独生儿子匡霆谷。公公对她父亲是感恩知己的，只把她尊重如师妹；而比她整整小六岁的丈夫，却是天生脑后有反骨的纨绔子弟，到老也还是顽童！公公去世后，学着嫖赌；紫薇忙到京里给他弄了个小官，却更是放肆；于是逼着他辞了官搬到上海。养了一群儿女，她与丈夫的关系却依旧那么急人，"仿佛是白夏布帐子里点着蜡烛拍蚊子，烦恼得恍恍惚惚，如果有哭泣，也是呵欠一个接一个迸出来的眼泪。"她对丈夫也彻底失望了。众多的儿女，留在上海的只有姑奶奶和最小的儿子全少爷，全少爷和父亲一辈子是冤家对头，只不过儿子恨父亲用了他母亲的钱，而父亲又疑心母亲背地里给儿子钱花！儿子一样不负责任，饱食终日无所事事的窝囊废而已。一大堆的孙女儿又怎样呢？就只会歪歪斜斜地长大。怀春，祸害，给她添出许多事来。兼有迎春的懦弱与惜春的冷淡的戚紫薇也有许多乱糟糟的烦恼了。几十年的天下大事她都经过了：拳匪之乱、相府的繁华、清朝的灭亡、军阀起了倒了，她当家，经手卖田卖房子，买卖股票外汇，一直到现在，三代同堂大小十来口子，全靠她当年丰厚的妆奁来维持，一直赔贴到现在，也差不多了，只剩下不时兴的旧皮货了。加上米贵煤贵菜贵灯油贵蜡烛贵，空前的苦厄，然而，总还算活着。"好不容易苦度光阴得保身家性命，单是活着就是桩大事，几乎是个壮举，可是紫薇这里就只一些疙里疙瘩的小啰嗦。"世纪末的戚紫薇稀里糊涂肩负起创世纪的重任！儿孙满堂，吃她的用她的，都是她肚里出来的呀！

孙女匡漋珠，全少爷的第一个孩子，"一出世的时候很娇贵，底下的几个又都是妹妹，是被惯坏了的。人们尊重她的感情与脾气，她也就有感情，有脾气。一等到有了弟弟，家里谁都不拿她当个东西了，由她自生自灭，她也就没那么多花头了，呆呆地长大，长到这么大了，高个子，腮上红喷喷，简直有点蠢。"她没有什么远大理想，没有奢望，只读到初中就没往下念了，因家境窘迫而去到一家外国人开的药店站柜台，得瞒着讲身世的祖母，得在亲戚朋友跟前打肿脸充胖子——是给外国人翻译，打字，也还值得呢。"漋珠对于这个家庭的煊赫的过去，身份地位，种种禁忌，本来只有讨厌，可是真的从家里出来，走到路上的时候，觉得自己非常渺小，只是一个简单的穷女孩子，那时候却又另有一种难堪。"她上班的集美药房是一对领到了葡萄牙执照的犹太夫妇开的，"玻璃橱、瓶瓶罐罐，闪着微光，琥珀，湖绿。柜顶一色堆着药水棉布的白字深蓝纸盒。"还有玻璃漏斗、小天平秤，白漆长杆磅秤，是个通过了科学的新式童话世界，就是"嘀嗒嘀嗒"高高在上的挂钟，记录的也是清清白白干干净净的表面上的人生，没有一点人事上的纠纷。漋珠很快乐，因为与沉甸甸的家太不一样！因为上班，遇上了追求她的男子毛耀球，19岁的漋珠开始了她的并不罗曼的罗曼史。他天天来药房，天天来磅一磅。于是他想礼拜天请她看电影，她淡漠地摇摇头；他送她胭脂、粉，她理直气壮地拒绝；他要她的照片，她追出要他还，她喜欢这寒天，她屹然站着，一种凛凛的美，她觉着自己的紧张洁净。她并不爱他，但舍不得斩断它。毕竟这是冬天里的春天，就这般交往起来，送她回家、送她礼物、拒绝，尔后接受，当姊妹知道，母亲千肯万肯后，她倒惊吓起来，仿佛自己钻进了自己的圈套！当父亲得意、祖母亦过问时，一个女人走进了药房——毛耀球原来是都市浪子！"家里对她,是没有感情可言的。外面的男子的一点恩情,又叫人承受不起。不能承受。断了的好。可是,世上能有几个亲人呢？"不过,与其说舍不得毛耀球,不如说舍不得自己的梦,恸哭过后,他们继续做朋友,但是一切仿佛从头来过,漾珠又是冷冷的、凛凛的,却已是春寒料峭了。毛耀球却不甘心从头来过,在他家他急切地吻了她,她打了他一个嘴巴子——这是最后一幕,大义凛然、最为漂亮的举止！虽浸透着点点滴滴丝丝缕缕的寒冷,但终究值得骄傲与悲哀！无奈她好不容易买的新雨衣丢在他那儿了,非得她自己去才取了回来。毛耀球的商行卖的是灯,"橱窗里上下通明点满了灯,各式各样,红黄纱罩垂着排帘、宫廷描花八角油纸罩、乳黄瓜棱玻璃球,静悄悄地只见灯不见人,像是富贵人家的大除夕,人都到外面祭天地去了。这样的世界真好,可是漾珠的命里没有它"。不,灯的世界有热有光,但不是爱,她走不进去的。这样的春寒！这样的雨夹雪！充满眩惑的外面的世界一样没有爱,但是,她毕竟从式微没落的旧家族中走了出来,同化为大都市的小市民了。至少,她不再是绣在屏风上的鸟！那绣在屏风上的鸟,匡漾珠不是。她飞了出来,也许不再是凤,与只小麻雀一模一样,可总归有了活的生命。她可以说是这类破落旧家族中年轻一代中的一个典型,是退化？该是进化,从有背景有根底的厚重的阴影笼罩中走出,外面的世界虽寒冷,但她终于尝到了自食其力自由恋爱的酸甜辣苦,从这视角看,平凡女性匡漾珠真正地切实地在创世纪。对匡漾珠,张爱玲情感的天平是倾斜的。她不讳言,《创世纪》是写她的祖姨母,漾珠有她表姐表妹的影子？或许还有她自家的影子？她在《童言无忌》中写道："这一年来我是个自食其力的小市民。关于职业女性,苏青说过这样的话:'我自己看看,房间里每一样东西,连一粒钉,也是我自己买的。可是，这又有什么快乐可言呢？'这是至理名言，多回味几遍，方才觉得其中的苍凉。"当然，匡潆珠不会有她们的思辨，但潆珠更真实、更素朴、更世俗，更代表人生安稳的一面，这在张爱玲的眼中，人生安稳正是人生飞扬的底子。所以，匡潆珠的形象和张爱玲以往笔下的女性比起来，最无病态最普通。郑川嫦的纤弱重病、葛薇龙的虚荣、铮铮的自私、曲曲的浪漫、心心的执拗、姜长安的屈服、白流苏的工于心计……她统统的没有。她是健康的。"长长的身子，胸脯窄窄地在中间隆起，鹅蛋脸，额角上油油的，黄黄的，腮上现出淡红的大半个圆圈，圆圆的心，却是雪白的，气色太好了，简直乡气。"她有着顶天立地般的自负。毛耀球站在她跟前，"就像他这个人是透明的，她笔直地看通了他，一望无际，几千里地没有人烟——她眼睛里有这样的一种荒漠的神气"。她认真地生活认真地恋爱，尽管是幼稚的。"她觉得她自己是屹然站着，有一种凛然的美。她靠在电线杆上，风吹着她长长的鬟发，吹得它更长、更长，她脸上有一层粉红的绒光。爱是热，被爱是光"。"她喜欢这寒天，一阵阵的西北风吹过来，使她觉得她自己的坚强洁净，像个极大极大、站在高处的石像"。她是清坚决绝的。爱背弃了她，整个世界背弃了她。已跟舞女有了孩子的毛耀球又想对她先奸后娶？或只是她夸大了事情的严重性？但总之她结束了这一幕，并且周到地请陪她去拿回雨衣的妹妹吃辣酱豆腐干！"可是潆珠滚烫地吃下去，她的心不知道在哪里"。心丢了，生命中却仍有本能的懵懂的反抗，在祖母的呵斥中，她"忽然地兜头夹脸针扎似的，火了起来，满眼掉泪，泼泼洒洒。这样也不对，那样也不对；书也不给她念完，闲在家里又是她的不是，出去做事又要说，有了朋友又要说，朋友不正当，她正当，凛然地和他绝交，还要怎么样呢？她叫了起来：'你要我怎样呢？你要我怎样呢？'一面说，一面顿脚。"全然没有了大家闺秀的风度，却分明是生命的呐喊。是寂寞世界中的懵懂率真的瞎拼瞎撞。难怪老祖母给愣住了，恍惚得几乎不认识她了。

如果说《连环套》的连环套式的结构太紧凑因而显得太逼促，又由于铺垫不够，逼促中又见仓促的话，那么，未完成的《创世纪》却已见张爱玲驾驭长篇的从容不迫之能耐。负重若轻、驾轻就熟、熟极如流。《创世纪》是拧绳式的结构。孙女潆珠是一条主线。一头连着外面的世界：药房店主夫妇、毛耀球、舞女；一头连着家族的世界：姊妹、母亲、祖母。祖母紫薇亦是一条平行的主线。一头连着过去的华丽的拥挤的时代：父亲戚文靖公、公公匡知县、老姨太太、丫头婆子、脾气大的小丈夫、花园小孩照片、小脚脚套。一头连着眼前的寂寞的残破的现实：永远与她怄气的老顽童丈夫、种种不顺眼不顺心的儿辈孙辈亲友老妈子！两条主线之外还有几条副线：飘飘摇摇的全少爷匡仰彝和亲自下厨忙得披头散发的全少奶奶是一条副线，宋美龄派头的姑奶奶和尚未露面的半官派姑爷、寡妇沈太太也是一条副线；有钱的侄孙月亭和月亭少奶奶也是一条副线，绝不是只为了丢下数目可观的红封而出场；同样年近六十的年老的侄孙湘亭及湘宁大奶奶也是一条副线，绝不是只为了给嗜好磕头的匡家磕头而出现；两条主线和几条副线拧绳式绞在一起，走向式微和没落的大家族的背景、根底与今日乱世都市纷扰破碎畸态的现状交织在一起，从而凸显出古今混乱、中西冲突汇集地上海滩的芸芸众生相。《创世纪》显现了张爱玲的大手笔。

但张爱玲三十一年后回忆说，专门爱写详细大纲的她，偏偏《创世纪》没有，也是破天荒。相信张爱玲的记忆不会出现太大的偏差。也许，因为大家族的生活，她是太谙熟了！大家庭的摆设、器物、仪礼、习俗、服饰，她是随手拈来，如数家珍；大家族的嫡亲远亲瓜葛亲，盘根错节，相亲相妒，相比相毁，因为这是他们唯一的血液循环。她是早早地看得透透的。只要一写到大家族，她就如白居易笔下的琵琶女，"转轴拨弦三两声，未成曲调先有情"。"低眉信手续续弹，说尽心中无限事"。张爱玲是极能营造氛围的。"大弦嘈嘈如急雨，小弦切切如私语；嘈嘈切切错杂弹，大珠小珠落玉盘"。张爱玲就是这样的高手。历史、现实、旧式的婚姻、新派的恋爱、积极的谋生、消极的活着、煤米灯电、磕头做寿、阳关三叠、蓝色的多瑙河……全融进了《创世纪》，"像七八个话匣子同时开唱，各唱各的，打成一片混沌。在那不可解的喧嚣中偶然也有清澄的、使人心酸眼亮的一刹那，听得出音乐的调子，但立刻又被重重黑暗涌上来，淹没了那点了解。"掩卷《创世纪》，剩下的依旧是热闹中的荒凉。

《创世纪》标志着张爱玲的文风由绮靡走向平淡。

如果说《连环套》的语言是良莠混杂，妙语警言与陈词滥调相间的不甚舒服之感，那么，三十五万余字的《创世纪》却是一气呵成的清淡散文式的小说，行云流水，娓娓道来，没有一点疙瘩！

可惜的是，张爱玲不可理喻地自行腰斩了。

这是抗战胜利前张爱玲的最后一部著作。

或许，可以从《创世纪》中寻出一点端倪，从潆珠身上觅出一点影子？"不知为什么，和他来往，时时刻刻都像是离别。总觉得不长久，就要分手了。她小时候有一张留声机片子，时常接连听七八遍的，是古琴独奏的《阳关三叠》，绷呀绷的，小小的一个调子，再三重复，却是牵肠挂肚……"

把这看作张爱玲当时的一页日记，感觉是非常准确的。胡兰成

3 月回沪，5 月即赴武汉。来也匆匆，去也匆匆，他一心挂两头。

《阳关三叠》在《创世纪》中出现了三次，潆珠回想、想象，紫薇听见、再听见，就那么一句！

古东方的早晨，湖绿的天，淡白的大半个月亮，三个穹门，重重叠叠望进去，这是过关。边城的风景，有两棵枯了半边的大柳树，再过去连这点青苍也没有。"渭城朝雨浥轻尘，客舍青青柳色新，劝君更尽一杯酒，西出阳关无故人。"一步一回头，世上能有几个亲人呢？中国人的离别，肝肠寸断也还像是淡淡的，更是一种蚀心的痛楚。

爱的幻灭，梦一般的荒凉中，科学的童话般的药房也变得恍惚了，潆珠的心声是《阳关三叠》。回忆了人生一世的老祖母听见楼下不知谁用一只手指弹着《阳关三叠》，古琴的曲子搬到嘶嘶的小风琴上，本来就茫然！隔了一会，风琴忽又弹起来了，还是《阳关三叠》，还是用一只手指，还是一个字一个字揿下去——这真是乱梦颠倒啊！不知是恍若隔世，还是恍若来生？

《红玫瑰与白玫瑰》中的佟振保，走在巴黎的街头，荒凉的黄昏，街灯亮了，太阳还在头上，不知谁家用一个指头一个字一个字揿钢琴，那也是乱梦颠倒似的荒凉。

野火花烧了上来的季节已经过去了。从张爱玲的人生旅程中永远地一去不复返了。

等待着她的，她的爱，她的人生，都只是重重复复牵肠挂肚的《阳关三叠》！

这种心境，还能写出什么来呢？

爱的姜谢

爱是热，被爱是光。

保持距离，是保护自己的感情，免得受痛苦。结果生活得轻描淡写的，与生命之间也有距离了。

29

抗战胜利了！

1945 年 8 月 15 日，日本天皇广播投降诏书。在日本国歌《君之代》播完后，天皇裕仁缓慢凄怆地向全国广播："兹告尔等忠良臣民：察世界之大势及帝国现状，朕决定采取非常措施，收拾时局……朕已饬令帝国政府通告美、英、苏、中四国政府，我帝国接受彼等联合宣言各项条件……"

猖狂淫虐一时，欠下累累血债的日本侵略者终于低下了头，走进了彻底失败的归宿。

同日上午 10 时，即日本天皇宣布无条件投降前一个小时，蒋介石到重庆发表了《抗战胜利对全国军民及全世界人士广播演说》：

"我们的抗战，在今天获得了胜利。正义战胜强权，在这里得到了最后的证明……"

胜利的锣鼓敲起来！欢庆的鞭炮燃起来！不管是前沿后方，不管是城市村镇，中国人拥上街头巷陌，泪流满面，欢呼雀跃！这一天，这一天终于来到了！汽笛长鸣，礼炮鸣放一百零一响，爆竹的红纸屑铺满大街小巷，狂欢的人们日以继夜夜以继日，干脆把棉袄撕了，蘸上煤油点燃当火把，火光、欢呼，人群喧闹着中国的日夜！

张爱玲呢？

《中国的日夜》中的两首诗就写于抗战胜利后1945年的冬天。张爱玲还是张爱玲，依旧注目大都市的小市民，依旧爱人生安稳的一面，爱蓝布的蓝，那是中国的"国色"，虽然满街的蓝无不补补缀缀、深深浅浅，但她更爱，如同雨洗出来的青翠。因为中国的天本是女娲补过的。她真快乐！因为她是走在中国的太阳底下。无线电的声音，街上的颜色，仿佛她都有份；即使忧愁沉淀下去也是中国的泥沙。总之，到底是中国。两趟买菜回来作出两首诗，一首是《落叶的爱》，一首是《中国的日夜》，赤子之心，跃然字里行间。"我的路／走在我自己的国土／乱纷纷都是自己人／补了又补／连了又连的／补丁的彩云的人民／我的人民／我的青春／我真高兴晒着太阳去买回来／沉重累赘的一日三餐"。大白话般的楼梯诗，却分明是真情实感！她期望："谯楼初鼓定天下／安民心／嘈嘈的烦冤的人声下沉／沉到底／……／中国／到底。"她幻想着汉唐一路传下来的中国，万家灯火，在更鼓声中渐渐静了下来，那壮丽又安稳的景象。

胡兰成仅在上海待了一个余月，又匆匆飞去武汉，像是归心似箭，何处是他的家呢？

日本无条件投降后几天，三镇鞭炮齐鸣、锣鼓喧天，胡兰成栖栖惶惶若丧家之犬，三十六计，走为上计，开始亡命生涯。小周恸哭，前后不过半年的相识，却演了一场有声有色的生死恋？一棵新桃被活活地砍了一刀，沈启无的比喻是生动确切的，可十八岁的小周还糊涂着。

胡兰成悄然渡过汉水。

张爱玲却还牵挂着他。

问世间，情为何物？

谁能告诉她呢？她自己又能做出怎样的答案呢？

莫非果真是：情有者理必无，理有者情必无？

30

张爱玲的创作呈现空白期。

从 1945 年 6 月自行腰斩《创世纪》起，至 1946 年 11 月山河图书公司出版《传奇》增订本，张爱玲无作品问世，像放电影断了片。

张爱玲是流星，于浩瀚的苍穹闪过辉煌的瞬间；张爱玲是挽歌，与呼喇喇坍塌的古大厦相伴湮没。

也许，应叹息她生不逢时，沦陷区的废墟上绽开的罂粟花，蕴藏着太多的危险与诱惑！可是，没有那种气候没有那块土地，又哪来的张爱玲？怎么说张爱玲毕竟绽开的是生命之花，留下的是苍凉的美丽。

出名要趁早。张爱玲无悔。

但是，张爱玲逃不过历史的漩涡，她注定了要被卷进岁月的忘怀洞。虽然她总以为，像一切潮流一样，她总是在外面。大潮能听你的调遣么？况且，她又能撇得那么清么？

她的私生活，是最受人议论、指责和攻击的。这是她知道前因后果却仍自择的，无须怨天尤人，只有沉默。

大红大紫的苏青所受抨击自是更多，因为那种种头衔如同紧箍，她自找的，也无法卸掉。但江山易改，本性难移，她还是心直口快，呱呱叫个不已。

转眼旧历年底，又是一个寂寞的冬夜，张爱玲独坐灯下，胜利了，可人们获得的并不全是光明和幸福。接收大员贪婪荒淫，经济混乱物价飞涨。张爱玲是悲观的，她总被惘惘的威胁压迫着，郁郁苍苍的身世之感涌上心头，她深觉自己是被抛弃了，她也得抓住一点真实的、最基本的东西……

"克林，克赖，克赖，克赖！"电车回家了。熟悉亲切的哑嗓子的铃声呵。夜营的喇叭声却没有了，鼎沸的都市难觅简单的心，可人，都想有个家吧？

她思念起了他。他而今怎样了？

她要去寻他。无论如何。

是 1946 年的 2 月。苏青仍居斜桥里弄，门口两棵柳树，已在初春中抽出了淡金的丝。爱热闹的她已是门前冷落车马稀了。她却还在叽里喳啦地说、叽里喳啦地写，倒也倔强泼辣，但长不了。

张爱玲痴情地走上了寻夫路。

她走在歧路上。

多亏了这歧路，终于让她看清了他，呵，或者说，终于让她清醒——她原本并不认识他。

31

张爱玲坐着轿子去江南小镇。

大姑娘上轿——头一回！不，可不是苏青笔下处女出嫁坐的花轿或是寡妇再醮坐的彩轿，是江南乡镇仍作交通工具用的轿笼，轿夫极有韵律地闪动着抬杆，悠悠晃晃恍恍惚惚间，有种归真返璞的实感，更有头一回坐轿女的复杂滋味！

同行的有斯君夫妇。斯君妻子抱着小儿，也坐轿笼。她是回娘家，老父当过小官吏，眼下在温州镇上开爿酒店，亦是读书人家的底子，旧式房子，斜阳草树，前庭后院，只是沉寂，不知世间岁月似的。

二月初春，草色遥看近却无。有牛在田野哞哞叫着。

斯君妻子教儿子牙牙学语："牛，我光舍。"张爱玲新鲜地看着这一切，又诧异又有趣。这也是一幅生趣盎然的母子图。当初，她是怎样出嫁的呢？老法还是新派？坐轿还是进教堂？

二月春风似剪刀，温柔地裁剪出柳条的金丝、田野的嫩绿，可也咔嚓剪伤了她的心，她坐的是寻夫轿。

从理性上，无论中西新旧的婚礼，她都持不以为然乃至戏谑的态度。就是对婚姻，她也自嘲女人："现代婚姻是一种保险，由女人发明的。"并且不无刻毒地认为："以美好的身体取悦于人，是世界上最古老的职业，也是极普通的妇女职业，为了谋生而结婚的女人全可以归在这一项下。"为生存而结婚的女人，无异于长期卖淫！也许不无偏激，但分明是残酷冷峻的现实。

从感情上呢？她说过："我喜欢反高潮——艳异的空气的制造与突然的跌落，可以觉得传奇里的人性呱呱啼叫起来。"她与胡兰成的婚姻是反高潮？是传奇？是失落遗憾？还是超脱升华？她的小说，曾以不太少的篇幅，描绘婚礼：英国人的婚礼、俄罗斯人的婚礼，在中国的土地上举行的。而在这些之后的短篇小说《鸿鸾禧》则是当今都市上海滩的中国人家的婚礼。并致力于一部中篇小说《描金凤》，篇名就来自她听过一次的苏州评弹，可惜未完成更未面世。她对婚礼，不说耿耿于怀，也可说是难以忘怀吧，至少潜意识中是念念不忘的。文如其人，可有时文与人恰恰相反，文章中频频描摹抒写的，正是现实生活中作者所缺憾的呢。

不足一万字的《鸿鸾禧》，不见绮靡，不闻传奇，淡淡的戏笔，却囊括了当今中国新派和旧式的婚礼，倾注了几代女人的并非自觉的彷徨、迷惑与哀怨，而这一切，又是女人们心甘情愿甚至求之不得的！可悲又可哀的女人啊。

轿子悠悠晃晃，思绪悠悠晃晃。

《鸿鸾禧》，写的是出身凋落大户的邱玉清，尽管高贵如广告上的"高尚仕女"，又兼学问深见识广，但因为穷吧，也成了个老处女才出嫁，嫁给近年来方才"发迹"的暴发户的"同龄"儿子娄大陆。是下嫁还是高攀？谁说得清。婚姻是唯一讲家世的时候，婚姻又是彻底暴露穷、嫁汉为谋生的时候！婚前就受小姑们的编排挤兑，可她却极任性地大花家里好不容易凑齐的陪嫁钱，全花在自己身上！买衣料、买软缎绣花睡衣、相配的绣花浴衣、织锦的丝绵浴衣、金织锦拖鞋、金珐琅粉镜，有拉链的鸡皮小粉镜……见什么买什么，来不及地买！为什么？因为心里有一种决撒的、悲凉的感觉：一个女人一生就只有这么一个任性的时候。是邱玉清的感觉？还是张爱玲的未曾任性的遗憾呢？

结婚是恋爱的坟墓。结婚是女人的葬礼。女性曾有过辉煌业绩的母系社会，但父权制的形成，母权制的被颠覆，乃是女性遭受的具有全世界的历史意义的失败。哦，张爱玲不要理论，邱玉清和女人们大都不要理论。在小姑子的眼中，披上婚纱的新娘玉清就是银幕上最后映出的雪白耀眼的"完"字。而踩着结婚进行曲徐徐步进礼堂的新郎新娘男女傧相的辉煌行列中，粉红的、淡黄的女傧相像破晓的云，黑色礼服的男子像云中的燕。只有穿着白色的新娘，半闭着眼像复活的清晨还没有醒过来的尸首！当证婚人正经又滑稽的致辞、介绍人轻佻又冗长的致辞后，新娘踩着乐曲出去时，白礼服似乎破旧了些，脸色也旧了些。辉煌又悲壮的瞬间逝去，自此走的是下坡路。尤其是中国女人，一结婚立刻由少女变成中年妇人，省略了青春少妇这一阶段！抛撒红绿纸屑、拍结婚照、用茶点、下池子跳舞，不过是青春尾声的点缀。这就是上海绝对的新派家庭的婚礼。那拍出来的照片上的新娘，障纱拉了下来，不仅没有朦胧美，而且面目模糊得像是无意中拍进去了一个冤鬼的影子！冤鬼！所有的女人都不是人，是冤鬼。大大小小深深浅浅的冤的鬼影！青春是婚姻的赌注，目的地到了，剩下的一寸寸陷进习惯的泥沼，像她们这种女人，有的只是疙里疙瘩的小噜苏、壅塞的忧伤、上海人说的"雾数"、种种的委屈与猥琐。青春老去，红颜褪色，她的命运绝不会比婆母娄太太好到哪里去！

世人眼中，娄太太是远远配不上丈夫娄嚣伯的。但她竟也跟了丈夫三十年，生了四个儿女，可是丈夫一次又一次无数次发现她的不够，儿女们也一次一次无数次发现她的不够！她没有自我，非得有众人，她才有存在的必要？她孤凄又繁荣，气恼为难又有着温柔的牵痛，她的伤悲是对自己也说不太清楚的。就像《创世纪》中的匡老太太戚紫薇，她也不知道自己欠缺什么，她的生命形同一种奢侈的浪费，可总也活着、活下去。娄太太比匡老太太还要无用而已。

但娄太太的生命就像玻璃板下压着的玫瑰红鞋面，扁是扁了，灯下那平金的花朵还在闪烁，装点着丈夫的富贵与清华。过了时，却还有一种消极的重要性，像画卷上打的图章，少了它就不上品了。娄太太的婚礼是旧式的吧，因为她感觉儿子的婚礼像是小片小片的，断了碎了。

娄太太却还记得她小时候站在大门口看到的婚礼："花轿前呜哩呜哩，回环的，蛮性的吹打，把新娘的哭声压了下去；锣鼓敲得震心；烈日下，花轿的彩穗一排湖绿，一排粉红，一排大红，一排排自归自波动着，使人头昏而又有正午的清醒白醒，像端午节的雄黄酒。轿夫在绣花袄底下露出打补丁的蓝布短裤，上面伸出黄而细的脖子，汗水晶莹，如同坛子里探出头来的肉虫。轿夫与吹鼓手成行走过，一路是华美的摇摆。看热闹的人和他们合为一体了，大家都被他们之外的一种广大的喜悦所震慑，心里摇摇无主起来。"——这是中国旧式婚礼的剪辑，虽是剪辑片段，却有种一贯的感觉。只有在中国，历史仍于日常生活中维持着活跃的演出。呜哩呜哩是唢呐，中国人办红喜事是唢呐，办白喜事也是唢呐。唢呐声压下了新娘的哭声，新娘的哭声却不等于女性反抗的呐喊，漫漫岁月，女性因袭着历史的重负，却也对自身的历史悲剧长期认同。依附男人，女人最怕的不就是"失嫁"么？旧式婚礼呈现女性人生礼仪的真髓，像京戏的色彩，还是京戏像婚姻与死亡的色彩？哀愁中有着明朗、火炽的色彩，即便悲剧，也是热闹、喧嚣、大排场的。女人难得有这么一回轰轰烈烈的出演！新娘的哭，半真半假，喜忧参半，不是还有"哭嫁歌"助兴或替代么？

热闹深邃处透出女性世界的荒凉！

而张爱玲呢？连这份可怜的热闹都未曾有过！她与他，既不是花烛夫妻，又没有教堂婚礼，难道属于她的只有彻里彻外的荒凉？

是的。这就是命？

张爱玲突然出现在窦妇桥徐家台门那间泥地的柴屋时，胡兰成既无惊喜，也无感激。

胡兰成大惊失色，继而恼羞成怒，竟粗声粗气呵斥："你来做什么？还不快回去！"

始料未及！张爱玲说不出话来。

在胡兰成，猝不及防中是真性情的裸露。

他将张爱玲安置在公园旁的一家旅馆里，唯白天去陪她，说是怕警察来查夜，亦是半真半假。两个便像当初热恋时一样，只是相守房中，像是旧戏中的申桂生厮守在志贞尼姑的房中一般，长相守，莫相忘？

……

一开始她就明白，他们的爱是没有结果的花，开着就是痛苦的。她已经超离了激愤，女性的处境就是这样永恒的两难尴尬，女性的命运就是这样永恒的无奈。她也是女人，女人的弱点她也有。她平静地叹了口气，平静得叫这春夜都战栗。

她说："你是到底不肯。"热恋的晕眩中，她也清醒地说过他："你是人家有好处容易得你感激，但难得你满足。"相爱容易相处难。

她说："我想过，我倘使不得不离开你，亦不致寻短见，亦不能再爱别人，我将只是萎谢了。"

生命无常，爱情更无常。

缘起缘灭，情深情浅，冷暖自家知。

爱是热，被爱是光。只剩下如梦如烟。

不了情多少恨

生命是一袭华美的袍，爬满了蚤子。

"上上　中中　下下　莫欢喜　总成空　喜乐喜乐　暗中摸索
水月镜花空中楼阁。"

32

已经原谅了胡兰成的张爱玲，在辍笔多时后，开笔写《华丽缘》，发表以后，有人认为是散文体的小说，其实是地道的散文，当是张爱玲寻夫去到江南乡镇，有缘亦有情致看得一回胡兰成家乡戏的实录。好像是上天特为安排她看了这出班子普通行头却好的社戏，让她那觉醒的女性自立自尊的防线土崩瓦解，而向情缘无常、向几千年的古中国爱情模式举手投降？

她很看重《华丽缘》手稿。六年后她离开上海去香港时，很是匆促，怕也不便携带文字出来，所以并没有带出什么书稿。唯《华丽缘》一直留着稿子在手边！

《华丽缘》，副题为"这题目译成白话是'一个行头考究的爱情故事'"。却没有故事，或最多是一出蹩脚的不谈爱情的男女故事。

是下午一两点钟起演。她第一次看见舞台上有真的太阳，奇异地觉得非常感动。舞台却又不全是露天的，只是舞台与客座之间有一小截地方没有屋顶，是祠堂里边。"乐怡剧团"三幅大红幔子，中间一幅撤掉了，却露出祠堂原有的陈设：孙中山的遗像及"革命尚未成功，同志仍须努力"的对联！太阳让她奇异地觉得感动，演的是古装戏，阳光也像古代的。而对联，尽管她自知连感慨的资格都没有，但仍一阵心酸，眼泪差点掉下。这是怎样的时空交错！意识飞流！

范秀美就说过，戏文里头从前的人，打天下或是中状元，都是当初落难时，到处结姻缘，好像油头小光棍，后来团圆，花烛拜堂，都是新娘子来一班。

呜呼！从前的男人，到一处爱一个，有朝一日他功成名就，奉旨完婚的时候，自会一路娶过来，绝不会漏掉一个！从前的男人是没有负心的必要的。现在呢？油头小光棍怕也不少。

"华丽缘"！"一个行头考究的爱情故事"！不论正题副题，不论古今，不论大户小家，即使皇宫内院，男女私情照样地做粗事，也许这是民间戏剧最可爱处？人如行头，装点着男人的"华丽缘"！

舞台与客座，艺术与现实，叠印着，恍惚着，像在阳光中划亮一根火柴，那淡橙黄的光悠悠忽忽，而举着火柴梗的手也分明成为暂时的东西。如梦如烟！

自嘲自慰、无奈宽容，她也有由疲乏而起的放任。她说过："上海人是传统的中国人加上近代高压生活的磨炼，新旧文化种种畸形产物的交流，结果也许是不甚健康的，但是这里有一种奇异的智慧。"而她，上海生，上海长，到底也是大半个上海人。

绍兴戏里有个稳妥的世界！对于心慌意乱的现代人是一粒定心丸，所以从都市到农村，都拥有痴迷的观众听众。然而，她清醒地知道，她走不进乡野观众的世界里。他们每人都是几何学上的一个"点"——只有地位，没有长度、宽度与厚度。她呢，恰恰相反，只有长度、阔度和厚度的一大块，却没有属于自己的一个"点"！等不及散戏，她就被闵少奶奶，或许就是斯君的妻子，强行接回去了。对这如此鲜明简单的乡野故事，她倒想赖着看个究竟，可终究还是等不及散戏。

1944年9月，她在《小天地》月刊上发表过《散戏》，那才是散文体的小小说。舞台上的女先知南宫婳，为世上男女指引光明前景；可散戏后，她孤独地乘黄包车回家。恋爱结婚、结婚十年都献身剧院、且儿女不小的他们离异了。刹那间她变得什么都没有了。在台下是没有戏给人看了。唉，戏台小天地，人生大戏台。女人的天地太逼仄！"长街上的天像无底的阴沟，隔开了家和戏院"。"头上有路灯，一盏接一盏，无底的阴沟里浮起了阴间的月亮，一个又一个。"这是失爱的女人的天空。

她同抱着孩子的闵少奶奶挤了出来，她几乎是跌跌撞撞、踉踉跄跄地走了出去。青霜似的月光照着早春的江南乡野，使她不由得想起这是拥有几千年文明的古中国！她蓦地记起刘禹锡的《竹枝词》："山上层层桃李花，云间烟火是人家，银钏金钗来负水，长刀短笠去烧畬。"虽是刀耕火种，可竟有"银钏金钗来负水"的华丽的人生，而今倒成了一种理想了。

她是悲观主义者，是孤零零的旁观者。她的眼睛因过度的淡薄和鄙夷，怕变为石子的青色，晨霜上的人影的青色了。

年轻的时候过去了，《华丽缘》是她惶惑无奈又疲乏宽容的心路的实录。

1947 年 1 月，胡兰成来到了上海张爱玲处，仅留一宿，却成了最后的诀别。

33

张爱玲和传统的普通女人一样，灵魂中有对男子的渴慕、依恋乃至顺从，这是她的女人味也是她的弱者形象；张爱玲却又和传统的普通女人不一样，灵魂中更多更深的是对男人的俯视、审视乃至叛逆，这是张爱玲之为张爱玲的独立不群的女性强者形象。

她始终如一是个女人。

胡兰成留沪一夜，不过是加快加强了她在彷徨迷惑中的第一百零一次选择。爱，是萎谢了；生命，也随之萎谢么？不！她心不甘。

1946 年 11 月，山河图书公司推出张爱玲小说集《传奇》（增订本），目录为：《留情》《鸿鸾禧》《红玫瑰与白玫瑰》《等》《桂花蒸阿小悲秋》《金锁记》《倾城之恋》《茉莉香片》《沉香屑·第一炉香》《沉香屑·第二炉香》《琉璃瓦》《心经》《年青的时候》《花凋》《封锁》，却很不协调地以两首诗加说明的散文《中国的日夜》压卷代跋，她自己也承认它并不能代表这些故事的共同背景，但可作为一个传奇末了的"余韵"。醉翁之意不在酒，她委婉又热忱地表达了她对中国的爱、对理想国家的向往，这般明朗的色彩，轻快的节奏，直白的表达，在张爱玲的文章中是罕见的。

小说集前张爱玲又"有几句话同读者说"，说她写的文章从不涉及政治，她从没拿过任何津贴，她写了辞函并未参加第三届"大东亚文学者大会"，一言以蔽之，从不涉及政治的她郑重明白声明了她的政治态度：所谓文化汉奸，对她来说是"莫须有"的罪名。

张爱玲还第一次也是最后一次与读者公开说到她的私生活，认为许多无稽的谩骂，"可以辩驳之点本来非常多。而且即使有这种事实，也还牵涉不到我是否有汉奸嫌疑的问题"。然而笔锋一转，并不辩驳，"何况私人的事本来用不着向大众剖白，除了对自己家的家长之外仿佛我没有解释的义务。所以一直缄默着"。终点又回到起点，始终讳莫如深，她是懂得怎样保护自己的，说上几句，是为了阐明自己的地位，为了对得起关心她前途的人，她不能再"搅乱心思，耽误了正当的工作"。这正当的工作，当然是创作。张爱玲沉重又潇洒地复出了。

如若《传奇》增订本的目录顺序是张爱玲自己编的，那么，第一篇《留情》的结尾："生在这世上，没有一样感情不是千疮百孔的。"末篇《封锁》的结尾："封锁期间的一切，等于没有发生。整个的上海打了个盹，做了个不近情理的梦。"这是张爱玲私生活的全部感受。

《传奇》增订本的封面又是炎樱重新设计的。晚清仕女着一袭三镶三滚的宽袖低领圈大袄，正幽幽地弄骨牌，是起课，问将来？旁边坐着奶妈，抱着扎根冲天辫的小孩，当是晚饭后家常的一幕，茶壶、茶盅、宫灯、痰盂，封闭却稳妥，幽幽却沉着，这是旧时女人的天地？深紫红的世界。然而栏杆上的窗外，一个巨大的绿色的精灵，无根无底，模糊突兀，这是现代的女人，像鬼魂似的，异常好奇地孜孜往里窥视——张爱玲小说的意境意象，张爱玲本人的浓重的末世情调，对现代都市文明的矛盾迷惑，皆跃然图上。炎樱与张爱玲，是心心相印的知己。张爱玲说过："如果我最常用的字是'荒凉'，那是因为思想背景里有这惘惘的威胁。"现代人"对于周围的现实发生了一种奇异的感觉，疑心这是个荒唐的、古代的世界，阴暗而明亮的。回忆与现实之间时时发生尴尬的不和谐，因而产生了郑重而轻微的骚动，认真而未有名的斗争。"这封面，表现的是时代的梦魇，尤其对女人。

人们还不能挣脱时代的梦魇。其时，沉沉阴霾又笼罩上人们的心头。该向何处去？有奋进有崩溃，有激昂有消沉，有彷徨有抉择，张爱玲却仍在大潮的外面，复出的她的笔下仍没有战争没有革命，仍没有英雄没有奸雄，仍只是些男女间的小事情，但是，张爱玲不再是过去的张爱玲了。她不仅彻底告别了"传奇"，而且要冲淡传奇反传奇，回归一种简单的人性，只求安静地完成它的生命与恋爱与死亡的循环。张爱玲创作生命中绮靡的春季、繁茂的夏季过去了，秋季采撷的是金色的硕果还是酸涩的青果呢？谁知道呢？就是她自己也是忐忑不安的，因为复出的她，大刀阔斧写起电影剧本来，文艺可以有少数人的文艺，电影可是大众的电影，况且中国观众最难应付的是他们太习惯于传奇！以传奇闻世的她却执拗地要反传奇。她能成功吗？

她成功了。因为命运女神并不同行相妒，总是垂青于她。

复出的张爱玲，竟在强手如林的影坛上空划过耀眼的弧光，一道、一道、又一道，让人惊讶，眩异，却也对她多了明了，多了喜欢。《不了情》《太太万岁》和以后的《哀乐中年》是张爱玲与桑弧合作的"都市三部曲"，平凡、琐碎的人生背景依旧是苍凉，却没有艳异的空气的制造与突然的跌落，没有传奇里的人性呱呱啼叫声，只有众生人性默默的挣扎与肯定，这，竟引起广大观众的共鸣，或许只是排遣？这烦恼人生。

张爱玲在电影上的成功出乎意料又在意料之中。

从小她就是个电影迷。炎樱也是，港战中敢冒死上城里去看电影。张爱玲呢，回到上海后，有回结伴去杭州玩，刚到第二天，她见报上登着上海电影院的广告——谈瑛做的《风》，便非得赶回上海一睹为快，弟弟子静只好陪她一块回来，下火车直奔电影院，连赶了两场，且不胜得意："幸亏今天赶回来看，要不然我心里不知道多难过呢。"她与电影的不解之缘，还因写影评是她从香港回上海后最早的卖文呢。用英文为《20世纪》月刊撰写影评《妻子·荡妇·孩子》，评的是《梅娘曲》和《桃李争春》，后来改为中文发表为《借银灯》。借银灯，无非是借了水银灯来照一照四周的世俗人情罢了，张爱玲灵跳过人地抨击了对丈夫愚忠的妇德及根深蒂固的以宗祠为重的传统观念。她还写过《万世流芳》《秋之歌》《浮云掩月》《自由魂》《两代女性》《母亲》《新生》《渔家女》等电影的影评，她自称，她的影评"不能算影评，因为我看的不是电影而是电影里的中国人"。恰恰正是这独特的深刻的切入视角，为张爱玲日后的电影剧本创作奠定了扎实的基础。

《新生》演的是一个不肖儿子挥霍父母给他买书求学的钱财，成为浪子，后遇上一个最理想的现代少女，终于使他痛改前非，去到辽远的边疆垦荒，获得了新生。《渔家女》中的英雄是个学西洋美术的专门生，他爱上了渔家女，并乐意教她书，他们的恋情遭到父亲、阔小姐的种种刁难破坏，但最后终于有情人成眷属。张爱玲在影评《中国的家庭教育》(译成中文后名《银宫就学记》)对这两部影片进行善意而尖刻的嘲笑，认为皆缺乏真实性！尽管《新生》是红星王丹凤与黄河主演，《渔家女》也是红星周璇与顾也鲁主演。张爱玲影评的尖刻和深刻，实际上为自己的剧本创作定下了高尺度。话剧《倾城之恋》是她由小说改编成剧本的一次尝试，尝试的成功增强了她"触电"的自信和兴趣。她是不安分的,绝不满足于重复自己,无论是题材还是体裁。三部电影不仅没有了传奇,也没有了破落中仍见赫然的大家族或骄奢淫逸行尸走肉之窝,甚至没有了扭曲的、病态的人性;张爱玲展现的是民间家常、真正的小市民的喜怒哀乐。

她成功了。当然,她非常幸运。电影不是小说散文,当得助于导演、演员的二度乃至三度创作。导演桑弧,中国电影界举足轻重的人物,对电影艺术有着执着的追求,而且为人坦诚又文雅,与张爱玲的合作默契愉悦,也是张爱玲的寥寥几位朋友之一。《不了情》是他们的第一次合作,也是文华影片公司的处女作。领衔主演的男女主角为刘琼与陈燕燕。刘琼是当时最红的男星,潇洒挺拔,影迷称之为"架子小生";陈燕燕本已息影,大概有被高级法院传讯之耻,为正名声,东山再起,依旧美丽年轻,而且只有她能将忧悒与甜味糅为一体。三十余年后,张爱玲提及《不了情》,仍念念不忘一点遗憾:陈燕燕略略胖了点,所以始终穿着一个宽博的黑大衣,在家里也穿着,幸亏是在寒冬没生炉的陋室。而陈燕燕在她的下一部影片里却苗条多了。张爱玲叹息:气死人!张爱玲仍津津乐道无论主角配角全是硬里子。

岁月如筛子,牢牢记住的当是她最珍惜的吧。

《不了情》演的是一个二十五岁的年轻女子与一个已有妻室女儿的中年男子的婚外恋情,欲爱不能,欲罢不忍,两难境地两难选择中,女主角只有带走一段不了情,远走他乡。

创作《不了情》,张爱玲正值二十五岁!并非偶合。故事不是张爱玲的故事,感情却是张爱玲的感情。张爱玲那时已从温州寻夫回沪,亦是两难境地两难选择,却仍情未了!不了情!

小说《多少恨》是根据《不了情》写的，发表于《大家》月刊第二期第三期，即 1947 年 5 月、6 月出版。内容不改而名改。必也正名乎？名代表一种需要？一种缺乏？从"不了情"到"多少恨"是张爱玲感情的微妙变化？或者是更准确的宣泄？中国是文字国。皇帝遇上不顺心的事便改元，以往的不幸就此结束。对于字眼儿的过分信任，是我们的特征，张爱玲怕也不例外吧。

　　已经有过上海的一夜的分歧、分寝、分别，胡兰成却浑然不觉。来到温州仍住徐家台门范秀美母亲家。读《花间集》，读《易经》《周礼正义》，还上隔壁准提寺坐佛前蒲团上读经，然而，却是满心的浮躁。重功利，盼复出！以为不能度过灾难、不能打天下的人，本身就是欠缺。于是绞尽脑汁、蠢蠢欲动，自称府上丰润，张佩纶乃先祖也，居然勾搭上当地鸿儒刘景晨先生；又远交鸿儒梁漱溟，居然通信成了相契！梁漱溟，与胡适齐名的一代宗师，社会改革家兼学者。他赏识张嘉仪者，除却胡兰成的工于心计，怕还与梁漱溟先生自身的经历与崇尚有关。梁先生一生学思历程，很少有先例可援，基本上是自学，由佛入儒，由讲学而致奔走国事，从事乡村建设。既不在儒林，也不在文苑，很有点"走异路，逃异地"的味道，而对中西文化，他则偏向于维护中国传统文化，对西方文化有相当的保留与怀疑。所以他对乡野小镇上的张嘉仪能书来信往，也在情理之中了。胡兰成便愈发自我膨胀。温州的刘景晨老先生又对他施了无心之恩，介绍他去温州中学教书，胡兰成竟雄心勃勃，梦想着来日复出中原了。一面躁动不已、气壮如牛；一面做贼心虚、胆怯如鼠。写给张爱玲的信晦涩难懂，心怀叵测。张爱玲回信说："我觉得要渐渐地不认识你了。"

　　张爱玲把他"看扁了"。她是写小说的人，从情缘中挣出来，很容易把人生的来龙去脉看得很清楚。这是她的本分。如果有恨，看明白之后，也只有哀矜。"如得其精，哀矜而勿喜。"

创作又成了她的寄托、慰藉、快乐的唯一的所在处。她在温州时对胡兰成说过："我倘使不得不离开你……我将只是萎谢了。"自行萎谢？不甘，不甘。

她不能自暴自弃。她不是毛姆笔下《露水姻缘》中的杰克·阿尔蒙德，失却了浮花浪蕊的"爱"，生命就萎谢了？不甘，不甘。

多少恨！

《多少恨》有个近乎冗长的题记，表白她对通俗小说的爱好，而这一篇是她能力所及的最接近通俗小说的了，她坦白地说她是这样的恋恋于这故事！

《多少恨》让她过了两把瘾。一是《倾城之恋》由小说到话剧，她觉得女演员罗兰比白流苏还要白流苏，甚至惋惜当初写时还可以这样一点那样一点；眼下好了，边写边浮现陈燕燕、刘琼的身影，人物不是扁的而是立体的了。二是写作《连环套》时，那最初的契机是与炎樱上香港中环一家电影院时的所见所闻所感，这印象极深的电影院的一小场戏，却没来得及写出，这回，她弥补了这一遗憾。

开场即是电影院。最廉价的王宫，光闪闪的幻丽。但电影已经开映多时，穿堂里空荡荡，成了宫怨的场面。

女主角虞家茵，带着执着悲苦的神气伫立于巨大的含泪女人的广告牌下，她是个渺小的悲剧人物，穿着该死的黑大衣。她要退张余票，因女友未来，小到芥菜籽般忽略不计的苦恼。

于是男主角登场了。他要了这张票。默默地看电影，礼貌地道别，什么也没发生。

二十五岁的虞家茵只身来上海谋生。父亲是个浪子，与母亲离婚多年，只剩母女相依为命。家茵独居弄堂房子三楼的一间陋室，至今未找到事。失约的女友来了，荐她给丈夫的堂房哥哥——兴中药厂厂长夏宗豫家当家庭教师。

虞家茵去了夏家，与夏的八岁女儿小蛮倒处得友好愉悦，却始终未见着主人夏先生，他太忙。一次为小蛮买生日礼物时，意外地遇见了电影的"他"，而"他"竟就是夏宗豫先生！

世上无巧不成书。反传奇的张爱玲《不了情》《多少恨》中都拖着长长的传奇尾巴。

夏宗豫与虞家茵相爱了。柏拉图式的相爱，且只在她的这间房里转来转去。小蛮的快乐小蛮的病是爱的纽带，但更多的是障碍。她的要钱不要脸的父亲，三番五次来胡搅蛮缠，他是个恶鬼，仍干着"卖女儿为妾"的无耻勾当！夏的患着肺病没有知识的乡下的妻，也只要保留名分，别的事便可不管了！而小蛮是更坚实的障碍——"你为他想，你就不能够让他的孩子恨他，像你恨你的爸爸一样。"她别无选择，只有离开他，远走厦门应征做事。结局是夏宗豫赶来送她，她却走了，人去楼空。

故事本身，城市平民的软性悲剧。这样的故事是不值得张爱玲恋恋于此的。恋恋于这故事——当是这故事流泻的感情。

宿命论！张爱玲没有哪部小说像《多少恨》这样赤裸裸地宣泄宿命论！夏宗豫第三次来到虞家茵的陋室，灯下摊着一副骨牌，她正在起课。他便跃跃欲试，三次洗牌，看牌，竟是："上上 中下 下下 莫欢喜 总成空 喜乐喜乐 暗中摸索 水月镜花 空中楼阁。"这是他，也是她的命运！谁能逃得脱命运的戏谑呢？他的妻从乡下来了，他再到她的陋室，就没电。"烛光怯怯地创出一个世界。男女两个人在幽暗中只现出一部分的面目，金色的，如同未完成的杰作，那神情是悲是喜都难说。""然而尽管两个人都很痛苦,蜡烛的嫣红的火苗却因为欢喜的缘故颤抖着。"——真个是"喜乐喜乐,暗中摸索"!最后呢?空中楼阁,镜子如月亮里一般的荒凉,窗台上破香水瓶中插着一枝枯萎了的花。骨牌起课问将来,灵。无论现实中的女人,还是《传奇》增订本封面的晚清女人,对命运都有种无助无告的无常感吧。

一枝枯萎了的花——她说过:"我将只是萎谢了。"

"他看看灯光下的房间,难道他们的事情,就只能永远在这个房里转来转去,像在一个昏暗的梦里。梦里的时间总觉得长的,其实不过一刹那,却以为天长地久,彼此已经认识了多少年了。原来都不算数的。"——这段夏宗豫的内心感叹,倒不如说是张爱玲无声的呼天抢地!她与他的爱就是在这灯光下的房中转来转去,自以为天长地久,却是不算数的!爱,幻灭了。

"她到底决定了,她的影子在黑沉沉的玻璃窗里是像沉在水底的珠玉,因为古时候的盟誓投到水里去的,有一种哀艳的光。"——这是虞家茵的最后的抉择,也是张爱玲的清坚决绝。

故事不是张爱玲的故事,感情绝对是张爱玲的感情。

1947 年 6 月 10 日,胡兰成收到了张爱玲的信。

这是一封决绝信,随信寄给他三十万元。于情于理于钱财,皆两讫。

晴天霹雳!胡兰成被震蒙了。这才略略反思,温州小巷张爱玲的诚恳话语,分明是委屈的退让;离温州,雨中船舷边的涕泣,分明是恋恋难舍的不了情;上海别离泪流满面却作金石掷地一声唤,原来竟是多少恨!

也许,她的手上就没有螺,全是簸箕;他的手上螺蛮多,说过:"抓紧了决不撒手的。"《多少恨》中种种细节真实得叫人心疼！谁知道呢，多少年后，成为美籍华人的她指纹全叫洗垢棉消灭了。可是当时的他抓紧了就是得到了，得到了只有失去了时才更觉珍惜吧。

信很短。

"我已经不喜欢你了。你是早已不喜欢我了的。这次的决心，我是经过一年半的长时间考虑的，彼时唯以小吉故，不欲增加你的困难。你不要来寻我，即或写信来，我亦是不看的了。"

清坚决绝。

"小吉"是隐语，指胡兰成的亡命生涯。既然胡兰成自我感觉如此之好，也就不用她记挂了。

谁说"剪不断，理还乱"？"当断不断，反受其乱"。这是她与他的最后一幕，有点大义凛然，填充着骄傲与悲哀。

其实，她只要一点点爱，他却悭吝着。

不过，这是她的最初也是最后的爱，不多的回忆，她总是珍藏着的。

而且，无论是她，还是她笔下的家茵，都不再是绣在屏风上的鸟，年深月久了，死也还死在屏风上！也许可比喻成街头卖的鞋样，白纸剪出的镶空花样，托在玫瑰红的纸上，那些浅显的图案。做成鞋，失却了高贵，却获得了自由吧。

34

1947 年深秋。

又是黄昏。又是独倚阳台栏杆。

那遮阳的绿竹帘子，一夏天下来，也如秋草衰衰；张爱玲篦头，头发也似落叶夜雨般掉下披拂手臂；暮霭沉沉，远远近近许多汽车喇叭仓皇地叫着；如若走在街上，只见汽车把鼻子贴着地一辆一辆开过来，车缝里另有许多人与轮子神出鬼没，惊天动地呐喊着，简直是生死存亡的战斗，惨厉到滑稽的程度。依旧是挣扎的洪流，依旧是人心惶惶的乱世。

只有楼下人家窗洞里冒出淡白的炊烟，略略有点窒息，紧接是炝锅的声音，炊烟浓了点，气息浓了点，辣香甜臭，煎辣椒炸花生米烧腐竹焖萝卜汤？就像上海弄堂里普通人的太太的气息，一幢房子里怕就有好几个她！

张爱玲编剧，桑弧导演的又一部都市平民影片《太太万岁》面世。这片名，就大胆突兀得叫人咋舌，回味咀嚼，调侃、戏谑中却是不无真诚的苍凉无奈。

演员阵容让人刮目相看，又是济济一堂！相貌极一般的蒋天流饰太太陈思珍，平平常常，绝对没有曲折离奇可歌可泣的身世。父亲势利丈夫没出息。婆婆小姑子不好不坏，上有老下有小，可她还得是一个安于寂寞的人，因为顾忌太多。如若出去，得很像样，得粉白脂红笑着，替丈夫吹嘘，替娘家撑场面，替不及格的孩子遮盖，总之，对内对外都得敷衍得密不透风。像所有的中国女人一样，一结婚就由少女变成了中年女人，琐琐屑屑磕磕碰碰八面玲珑处处圆滑抹掉了涉世不深的阶段，但她绝没有《烈女传》中贤妻良母的惨烈牺牲精神，她心甘情愿哄骗父亲帮夫，而做丈夫的一旦时来运转，立马讨姨太太"华丽缘"一番。丈夫婆婆反倒对她处处责难！最后她还是得到快乐的结局，但已没什么快乐。蒋天流的演技炉火纯青，蒋太太的平淡人生还原为木头心里的涟漪的花纹。饰丈夫的张伐、饰父亲的石挥、饰婆婆的路珊、饰姨太太的上官云珠，都是中国影

生命自顾自走过去了。

坛何等人物！

《太太万岁》以不露痕迹的技巧替代了传奇，用平平常常的真实填平了电影与观众的距离。这是真的。电影中的你我他就是现世中的你我他。

《太太万岁》彻底割断了传奇的尾巴。对陈思珍这么一位太太既不肯定也不否定，既无袒护也无贬斥。她，就是她；现实生活中有无数个她。《太太万岁》在都市的小市民群中引起了心的共鸣。女人、婚姻、家庭，是汹涌大潮外的溪流，可是芸芸众生依恋的怕仍是稳妥平凡的人生吧。

张爱玲对《太太万岁》不敢掉以轻心，特为此写了《〈太太万岁〉题记》，对剧中人物、风格、艺术追求作了种种阐述。她说："出现在《太太万岁》的一些人物，他们所经历的都是些注定了要被遗忘的泪与笑，连自己都要忘怀的。这悠悠的生之负荷，大家分担着，只这一点，就应当使人与人之间感到亲切的罢？死亡使一切都平等，但是为什么要等到死呢？生命本身不也使一切都平等么？人之一生，所经过的事真正使他们惊心动魄的，不都是差不多的几件事么？为什么偏要那样的重视死亡呢？难道就因为死亡比较具有传奇性——而生活却显得琐碎、平凡？"这篇文字可看成《自己的文章》的生发开来的阐述，写凡人，写平凡，写人生安稳的一面。

自此，张爱玲从不了情多少恨的个人恩怨中解脱出来，注视着纷纷扰扰的世界、可爱又可哀的年月，那注视中有着难言的恋慕。她融入为大家中的一分子，认真地分担着这悠悠的生之负荷。

上海沦陷时与张爱玲一道大红大紫的苏青，倒也不甘寂寞。

1947 年 2 月《续结婚十年》由上海四海出版社发行出版。但与《结婚十年》相比，已是灵气殆尽，强弩之末了。苏青背离执拗的追寻,而转为一种迎合读者的趣味性的卖弄。《结婚十年》中的"我"离婚了，没有职业没有生活来源，上有老下有小，茫茫人世间，她该怎么办？这本是很有写头的续作，但苏青只是将"我"与一个一个又一个男人的肉与灵的纠葛走马灯似的铺陈出来，上至总理银行家下至军官编辑教员，真真假假，扑朔迷离，宛若"我"的隐私的大曝光！也有锋芒毕露的警句，也一版数版，但通篇已失灵气与锐气。苏青走进了歧路、绝路。

真正的了解一定是从爱而来的，但是恨也有它的一种奇异的彻底的了解。是爱是恨？爱恨交加？她自己的心只有她自己明了。

自此，讳莫如深。

无须讳言的是，他，硬是她生命中无法抹去的一抹阴暗的青灰色，是她寻觅到的一点顶黑顶黑的黑色。

张爱玲二十八岁时与桑弧合作编剧《哀乐中年》，就片名而言，她在两年前就有感悟："所谓'哀乐中年'，大概那意思就是他们的欢乐里面永远夹杂着一丝辛酸，他们的悲哀也不是完全没有安慰的。我非常喜欢'浮世的悲哀'这几个字，但如果是'浮世的悲欢'，那比'浮世的悲哀'其实更可悲，因而有一种苍茫变幻的感觉。"

苍茫变幻，这是走向中年的张爱玲的感觉。

我有迷魂招不得

人家说："时代的列车"，比喻得实在有道理，火车的行驶像是轰轰烈烈通过一个时代。……家里那种旧时代的空气，那些悲剧性的人物，那些恨海难填的事情，都被丢在后面了。火车轰隆轰隆向前驶去。

太剧烈的快乐与太剧烈的悲哀是有相同之点的——同样地需要远离人群。

35

钟山风雨起苍黄，百万雄师过大江。

1949 年 5 月 27 日，第三野战军挺进上海，中国和亚洲最大的都市、中国最重要的工商业中心上海解放了。第一任上海市市长陈毅指出：上海市的解放，是一个伟大的历史变革。

1949 年 10 月 1 日，北京三十万人齐聚天安门前，隆重举行开国大典。毛泽东主席在天安门城楼向全世界庄严宣告：中华人民共和国中央人民政府今天成立了。

大欢大喜、大波大澜，每一个中国人的灵魂都在大震大撼中。

汹涌澎湃的时代大潮也裹挟着张爱玲，冲撞着张爱玲，震撼着张爱玲。

张爱玲反思。张爱玲振奋。

张爱玲此期间的心路轨迹不无抢眼地烙刻进长篇小说《十八春》中，借女男主人公顾曼桢、沈世钧、张慕瑾等的嘴说出。又一个十八春之后，1968年，张爱玲将《十八春》删改为《半生缘》，十八春变为十四年，这些话也一一删去，但是，"话是小鸟儿，飞去了逮不着，笔写的，却如斧子砍下的痕迹。"岁月也磨蚀不了。

其实，经过了的就是历程，存在的就有其情理可循。何必改写历史？况且是小说中的历史，况且那时她并没有违心！

《十八春》长达二十八万余字，而且是张爱玲第一次完成了的有头有尾的长篇小说，1950年以笔名梁京在《亦报》上连载一年之久；1951年11月即由《亦报》报社出单行本，中国科学公司印刷。这期间亦报社组织了"与梁京谈《十八春》"讨论会。

笔名为梁京，并与姑姑一同搬往南京路旁的长江公寓内居住。并非改名换姓，绝非躲躲藏藏，只是迎接一个新生，振作起来，爱玲。

《十八春》更清晰地显示了张爱玲驾驭长篇的大家手笔：负重若轻、行云流水。《十八春》呈现的是网状结构。顾家、沈家、许家三家或盘根错节或生发开来十余个小家，组成一幅幅社会世俗众生图，张爱玲写来有条不紊，勾搭严密又自然得不着痕迹；顾曼桢、许世钧这条主要感情线又网罗着张慕瑾、石翠芝、祝鸿才、曼璐、许叔惠等纵横交错若隐若现的感情线，张爱玲编织起来得心应手合情合理又变幻莫测；男女老少四十余个纷纷登场，哪怕只露个面的，张爱玲三笔两画也勾勒出个栩栩如生；从 20 世纪 30 年代初到 50 年代初，整整十八春，张爱玲就写了十八节，绝非平分秋色，疏处可以跑马，密处不可插针。如迅雨的文章中赞叹她的写作技巧之———节略法的运用，在《十八春》中更是熟极如流。"电影的手法；空间与时间，模模糊糊淡下去了，又隐隐约约浮上来了。巧妙的转调技术！"然而张爱玲却并不是用时空交错的意识流手法，即便是插叙倒叙的花招也没有，开篇一小段不是刻意的倒叙，而是点睛之笔：虽是十八年，"可是对于年轻人，三年五载就可以是一生一世"，"仿佛把生老病死一切的哀乐都经历到了。"张爱玲平铺直叙，却有一种难言的魅力，吸引着你一气读完，掩卷时亦真亦幻悲欢离合早已叫你泪沾襟了。

　　平淡是真。《十八春》中展现的衖堂里弄中的几家，如果用"中国社会各阶级的分析"标准来评判，皆属可团结的朋友类。顾家父亲原是书局做事的，一死如梁柱坍塌，大女儿曼璐只有辍学做舞女，以养活祖母、母亲、弟妹一大家子人。二姑娘曼桢刻苦求学，毕业后在厂里写字间工作。这样的家庭当然属城市贫民。许叔惠家则更清爽正派，父亲在银行里做事，儿子是工程师。家境贫寒，住在立体化的大杂院里，许叔惠读书时便勤工俭学，且向往革命，早早地去了解放区。沈世钧家要复杂些，家在南京，祖父是毛毛匠手艺人，但到父亲手里发迹了，开了皮货店，父亲且有大小老婆。但父亲病亡后，分家加上各种折腾，沈世钧亦在银行做上班族一员。以之前的经济状况为划成分的条件，沈家也划不到剥削阶级中去。张慕瑾是顾家的亲戚，原与曼璐有婚约，后解除。他是县城医院院长，立志为民办点实事的知识分子，且在国民党手中受尽折磨，家破人亡。石翠芝是沈世钧寡嫂的表妹，是有钱人家的小姐，后嫁给沈世钧，新中国成立前夕经济已是拮据。只有一个祝鸿才，吃的是交易所的投机饭，暴涨暴跌，阔时洋房汽车女人，穷时潦倒不堪，真不知是流氓地痞还是小投机商？里边还有一对卖蛋夫妇蔡霖生和金芳，素昧平生却将曼桢营救出苦海。张爱玲高度评价穷人："穷人在危难中互相照顾是不算什么的，他们永远生活在风雨飘摇中，所以对于遭难的人特别能够同情，而他们的同情心也不像有钱的人那样为种种顾忌所钳制着。"

写凡人，写穷人，写对光明的追求，写人世间仍有爱，张爱玲的立足点在变，视野在变，人生观在变。

是的，在《十八春》中，张爱玲一改过去的主张："极端病态与极端觉悟的人究竟不多，所以我的小说里，除了《金锁记》里的曹七巧，全不是彻底的人物。"《十八春》中，祝鸿才是个彻底的反派人物，而且是个脸谱化的丑角。"笑起来像猫，不笑像老鼠"，他娶了曼璐，发迹后又折磨虐待曼璐，诱逼曼璐设计奸污了曼桢，且幽禁曼桢九个余月，直到去医院生下儿子曼桢才得以逃脱。几年后曼桢为了儿子又嫁给了他，他仍是百般折磨曼桢。这是个彻底的坏人。但是这个形象没塑造好，苍白无力。反之，许叔惠和顾曼桢是完全的正派，许叔惠甚至是张爱玲笔下罕见的"英雄"，但是，除了进步的言语外，许叔惠的内容是空洞的，所以，又一个十八春后，张爱玲将解放区的叔惠改成去美国的潇洒又潦倒的知识分子，似乎更真实可信些。曼桢的形象是饱满可信且感人的，但是她的离婚，她后来的追求进步，去到东北工作等等，张爱玲只作了极简略的概括交代，而曼桢的催人泪下恰恰不在这光明的结尾上。

张爱玲变不了。虽然她诚挚地想变。写光明，写进步，张爱玲只是虔诚地写着标签，虔诚地贴上去，要不了多久，就会剥落的。她并没有把这些融进她的血液中。

融进她的血液中的还是"情"：有情无情痴情毒情不了情恨情……

那貌似平淡无奇的字里行间，为情却分明在泼血如水！

顾曼桢是张爱玲笔下空前绝后的最完美的女性。比《创世纪》中的匡潆珠有头脑有理想，比《多少恨》中的虞家茵乐观开朗向上。"她的脚踝是那样纤细而又坚强的，正如她的为人"。"一家七口人全靠着曼桢，她能够若无其事的，一点也没有怨意"，"她真是充满朝气的"。对待爱情，纯情又多情，"世钧！我要你知道这世界上有一个人是永远等着你的，不管是在什么时候，不管你是在什么地方，反正你知道总有这样一个人"。她是专一的，为了沈世钧，她拒绝了张慕瑾，即便失去一个友人，那也是没办法的事，但她始终珍惜这份友情，所以始终不曾失去他！她是高尚的，对助纣为虐的姊姊曼璐，她的感情是复杂的，认识到制造曼璐的是罪恶的社会。她对祝鸿才深恶痛绝，可为了从死神手里夺回来的儿子，她妥协了，这是她的母性的最光辉的表现。后来她毅然决然与祝鸿才离了婚，走向光明，走向幸福。"完美的女人比完美的男人更完美。"顾曼桢就是这样一个完美的女人。

顾曼桢的遭际命运，从表象看，或许可以归结为"城市白毛女"一类，旧社会把人变成鬼，新社会把鬼变成人。顾曼桢的被奸污、被幽禁、反抗、出逃、挣扎、自掘坟墓，直至新生，是对万恶的旧社会的血泪控诉，也是新旧对比、忆苦思甜的活教材。

但是，透过表象，绝不是这么回事，挣不脱的宿命论，人生无常、情爱无常已积淀于张爱玲的灵魂与血液之中，只怕今生今世是变不了的。

英国作家哈代曾感喟："呼唤人的和被呼唤的很少能互相答应。"《十八春》纵横交错的爱情线正是如此。谁说有情人终成亲眷？顾曼桢和沈世钧本是天造地设的一对，可沈父发现多年前的舞女李璐就是曼桢的姐姐！门户之见让沈世钧欲采取隐瞒政策，曼桢却愤愤不平：我不知道嫖客跟妓女谁更不道德！正好祝鸿才对曼桢虎视眈眈，于是曼桢落入虎口！曼璐与张慕瑾本是青梅竹马，曼璐到上海为舞女后自动解除婚约。曼璐嫁给祝鸿才后，张慕瑾却仍在为她"守节"，然而待到相逢时，他已移爱于她妹妹曼桢，两人间空有似水流年在滔滔流着！曼璐认为曼桢糟蹋掉了她人生中唯一剩下的这点回味，于是恨曼桢恨入骨髓！曼桢却已经拒绝了张慕瑾！石翠芝是世钧嫂嫂的表妹，两人自小合不来，然而家中想撮合瓜葛亲，不成后石翠芝与世钧嫂嫂的弟弟订了婚，谁知石翠芝却默默地爱着仅在南京见过两面的许叔惠，为了他，她竟毁了婚约！然而，叔惠远走北边。于是，沈世钧与石翠芝，两颗无爱却都有爱的失落的心莫名其妙地结合了！纵使彼此已清晰苦涩地认识到了这点，纵使彼此都与心中的情人相逢，可是，空有一张过期作废的车票，又怎能退回从前开始爱的旅程呢？从初春的柳树丝丝缕缕抽出了嫩金色的芽的上海郊区，到热热闹闹的沈阳的一个晚会，中间已过了十八年！沈世钧与张慕瑾邂逅，张慕瑾得知曼桢也来了东北，急不可待地找她去了。沈世钧惘然地微笑了。好一个"惘然"！张爱玲思想深邃处仍是荒凉，友情并不等于爱情。

张爱玲还是过去的张爱玲，她依旧擅长的是人物心理分析，尤其是女性心态分析。曼桢、曼璐两姊妹的心理变化跌宕起伏。"每一个举动，每一缕思维，每一段对话，都反映出心理的进展。"曼璐初次出场着一件苹果绿软缎旗袍，腰际有一个黑隐隐的手印！这真有点恐怖的意味，被侮辱与被损害的舞女的灵魂跃然衣上！后来曼璐特地穿着紫色丝绒旗袍来见慕瑾，因为以前她有件紫色旗袍，慕瑾信中模仿冰心小说称她作"紫衣的姊姊"！然而，她所珍惜的一些回忆，他却羞于承认了。曼璐顿时觉得芒刺在背，浑身像火烧似的，恨不得把紫衣撕成破布条子！扭曲的灵魂破碎的心，她后来对曼桢的行为怎能不疯狂呢？衣服真是一种言语，随身带着的一种袖珍戏剧！特别是对于女人。此外，石翠芝这封闭性的内地小姐的孤傲、寂寞、怪脾气，沈世钧的生母守了大半辈子活寡最后迎回了病危老头子的愚蠢又可悲的快乐心态，沈家姨太太当家的得意和随时警惕着的心态，寡嫂的狭隘尖刻又可怜的心态，虽着笔不多，却准确生动得令人拍案叫绝。唉，她注定了永恒描摹女性生涯中"一道很长的、经常疼痛和永不痊愈的创伤"！而且，只要笔触一回到没落的大家族，哪怕是由毛毛匠暴起暴跌的沈家，张爱玲便如鱼得水。

张爱玲割不断与已走向式微和没落的中国士大夫文化的脐带。张爱玲假不了，她谙熟的东西，常赖在她的笔头，就像她对皮货的懂行，《更衣记》中如数家珍，《创世纪》中成为一情节，卖皮子烘托出紫薇和匡霆谷的个性与冲突，到了《十八春》，皮货庄，这阴森而华丽的殿堂，成了南京沈家生老病死婚礼葬礼的演出舞台。

《十八春》，将张爱玲小说的发生地，由香港、上海，扩充到南京。张爱玲称南京话为母语，她在《十八春》中对南京的写景状物，怕不只是孩提时代的零星记忆吧？

上海——南京之恋，她自以为过去的就永远过去了，以为那痛苦久已钝化了，那痛苦却蔓延到笔端，想忘也忘不了。

36

1950 年 7 月，上海召开了第一次文学艺术界代表大会。

上海，不仅是一繁华的商业都市，而且是一繁华的文化都市，这一点，香港是望尘莫及的。

经历了战火，文坛艺坛有多少升华浮华，有多少沧桑变迁？今天，七百余名代表走进了胜利电影院，立刻，喧闹的声浪与这七月的明朗填满了空间。有的是历尽患难喜重逢，有的是多年阻隔话今昔，有的是礼节性的寒暄问候。代表中有早早去到解放区今日返回上海的文艺先锋，有从重庆等地回沪的昔日宿将今日明星，也有一直在上海历经沦陷与国统的作家艺术家，相形之下，这些留守家要显得局促疑惑些，但在这种团结向上的气氛中，无不欢欣鼓舞。

她欣然应邀出席大会，而且还有几分感激感动。要晓得，抗战胜利初期，她曾受到喧闹一时的指责；她曾沉寂了一年多，直到《传奇》增订本面世，她才"有几句话同读者说"，总算表明了自己的态度；可是眼下这天翻地覆的大变革浪潮滚滚而来，她将怎么样呢？

人间自有真情在。从沦陷区的土地上绽开的张爱玲，并不仅仅属于上海。张爱玲成名时，转战内地的文坛宿将不少人就知晓张爱玲，夏衍就关注着张爱玲。抗战胜利后，夏衍从重庆回到上海，力排小报大报对张爱玲的非议，认真读了她的作品，肯定她是个不可多得的才女！

继长篇小说《十八春》后，张爱玲又以梁京的笔名写作中篇小说《小艾》，于 1951 年年底在《亦报》上连载发表。

《小艾》与《十八春》一样，其主题都是通过女主人公的命运遭际，揭露了旧社会的黑暗，歌颂了新社会的光明。主题是堂而皇之的。但两部小说，不论短长，皆是沉沉黑暗占了绝大篇幅，只留一个光明的尾巴。绝不是作者心怀叵测，在当时，她可以说是尽心尽力了，她只有这样的能耐。

《小艾》比《十八春》的动作大，劳动妇女小艾成了作品的主人公。1944 年 8 月，张爱玲在《写什么》一文中，曾开诚布公地说："有个朋友问我：'无产阶级的故事你会写什么？'我想了一想，说：'不会。要么只有阿妈她们的事，我稍微知道一点。'后来从别处打听到，原来阿妈不能算无产阶级。幸而我并没有改变作风的计划，否则要大为失望了。"六年后，她有了改变作风的计划，花了八个月的时间磨出五万余字的《小艾》，给人的是希望还是失望呢？

或许，张爱玲原来创作的详细大纲是恢宏的，从辛亥革命后一直写到新中国成立初，气魄不可谓不大。但一路写下来，想是极度的力不从心，结果越到后边，越只剩下个架子，连梗概都不如。

小艾，不到九岁就被人连根拔了起来，卖到上海席公馆做五太太的丫头，那已是辛亥革命后好几年了。这名字也是五太太随口取的，因那时快过端午节了。从此小艾开始了挨打受骂的婢女生活。五太太是续弦，却一嫁过来就失宠，是又像弃妇又像寡妇的身份，五老爷席景藩带着姨太太忆妃老九在外过。北伐战争后，五老爷去南京活动谋官，一日来信要五太太去，原来是要五太太拿出首饰折变款子去活动。五太太依了，五老爷得官后，就与忆妃谋划送走五太太。而这时，五老爷奸污了才十四五岁的小艾，小艾怀孕了。忆妃拳脚交加，小艾流产并一病不起，五太太反倒气恼小艾，一并回了上海。幸亏不久忆妃遭了报应，头发全落光，五老爷又弃了她，回到上海又姘上了秋老四，依旧荒淫无耻。

五太太分家后，小艾仍做她的丫头。一日，五太太家又遭查封，原来五老爷在外欠债太多，他倒早已逃之夭夭。抗战开始，小艾认识了一位印刷所的工人冯金槐，他好学、求上进，爱国。两人相爱了。这时五老爷偷偷回到上海，不久被人暗杀了，原来他已做了汉奸！小艾闻之很激动，她的冤仇有海样深，简直不知道要怎样才算报了仇！她与冯金槐结婚了，五太太也病死了。冯金槐随厂里搬到香港，不久港战，断了音讯。小艾又出去帮佣，以负担婆母和从乡下逃来的丈夫兄弟全家的生活。在叱骂声中她像是又听到了另一个世界的回声，于是，她辞去了帮佣，去跑单帮，不成，又去背米，尝尽了人间艰辛，终于病倒了。抗战胜利，流落重庆的金槐整整等了一年的船票才回到上海！全家团圆，然而物价飞涨，已涨成天文数字，还是涨，还是涨！民不聊生，前途茫茫，小艾领了个女孩，取名引弟。终于盼来了新中国成立！小艾却又大病，血崩不止。人民医院是为人民服务的，小艾得救了，病好后去到印刷所折纸，而且引弟引来的弟弟已在途中。小艾和她腹中的孩子，面临的是一个幸福的世界。

是一个忆苦思甜的好故事，但是，张爱玲失败了，越到后面，越是草草，力不从心，山穷水尽，张爱玲实在是勉为其难了。

张爱玲不熟悉小艾们的生活，更不了解小艾们的心态。小艾们应当写，但她力不从心。小艾半辈子历经的种种磨难，做丫头时的写得逼真生动，但她结婚后的生存挣扎境况，就很是晃晃荡荡，像是匆匆掠影；等到沦陷后辞掉帮佣，干起跑单帮，受尽欺压，又改为背米，个中苦累和冒险，张爱玲大概一无所知，只有极简略的几句，就听得哄通一声，一袋米甩出几尺远，小艾晕倒在大门口。小艾的苦难、冤仇、善良和坚韧越到后面，越成为概括式的介绍，语言当然没有了绮靡机警，却也绝非平淡，而是寡淡，木木的一点滋味都没有，加上一些标语口号式的言语，简直让人一阵恍惚，不敢相信出自张爱玲之手。小艾的事是有的，这是原料，但张爱玲不熟悉，而且没感情，写不出那种韵味，也就是人生味！"而这种意境像植物一样娇嫩，移植得一个不对会死的。"哪怕小艾是个生活于最底层受尽碾压的"女粗人"！张爱玲倒是有自知之明的，在这种"立足点"转变中，小艾是个丫头、女佣，小艾丈夫金槐是印刷所工人，无论如何，张爱玲与这两类劳动者还是接触较多的。但是，她走不进他们的世界里，他们是不同的文化情结。诚如她在《写什么》中所说："走马看花固然无用，即使去住两三个月，放眼搜集地方色彩，也无用，因为生活空气的浸润感染，往往是在有意无意中的，不能先有个存心。文人只需老老实实生活着，然后，如果他是个文人，他自然会把他想到的一切写出来。他写所能写的，无所谓应当。"

《十八春》中的曼桢，她能写。虽然出身不同，但文化情结相同，且有切肤的实感。曼桢被祝鸿才、曼璐幽禁时的近乎疯狂的感受：花园里有一棵紫荆花。紫荆花底下有鬼的。她要是死在这里，这紫荆花下一定有她的鬼魂吧？窗外有片空明的天，和天上细细的一钩淡金色的月亮。恍惚间，张爱玲十六岁花季被囚禁的窒息和癫狂感受浮了出来："我生在里边的这座房屋忽然变成生疏的了，像月光底下的黑影中现出青白的粉墙，片面的，癫狂的。""我们家楼板上的蓝色的月光，那静静的杀机。""唯一的树木是高大的白玉兰。""从来没有那样邋遢丧气的花。""朦胧地生在这所房子里，也朦胧地死在这里么？死了就在园子里埋了。"
西谚说："真事比小说还要奇怪。"张爱玲的被幽禁，曼桢的被幽
禁，或许是不太多见的事，但看过之后会悄然说："是有这样的。"
《私语》让人一读三叹，《十八春》中曼桢的形象也能立得起，移
植是成功的。

　　《小艾》是失败的。无怪乎三十七年后，张爱玲在《（续集）自序》
中仍愤然又无奈地声称："前些日子有人将埋藏多年的旧作《小艾》
发掘出来，分别在台港两地刊载，事先连我本人都不知情。这逆
转了英文俗语说法：'押着马儿去河边，还要揿着它喝水。'水的
冷暖只有马儿自知。"她"非常不喜欢这篇小说，更不喜欢以《小艾》
名字单独出现"。对"用的不是原来笔名梁京，却理直气壮地擅用
我的本名"的出版社，自更是愤然又无奈。然而，有心栽花花不发，
无意插柳柳成荫。小艾的形象失败了，五太太的形象倒是立得起
来，她是那个时代太太群中的"这一个"！于平庸琐屑中见真性情。
她胖墩墩的福相、脾气又好，当然这不妨碍打丫头，但终归没有
忆妃、老九那么残忍凶暴。在这种又像弃妇又像寡妇的很不确定
的身份已经确定的岁月里，她的日常是：用一把特别长的剪刀剪
人字形的两撇前刘海（过 30 岁，就不能打刘海了），领着头买零
食吃，松子糖枇杷瓜子儿，瞒着老太太偷偷打牌，给老太太机械
请安，养一大群猫。即便后来分家了，穷困了，也仍旧养着一大
群猫，喂得非常好，一个个肥头胖耳的，美丽的猫脸上带着一种
骄傲而冷淡的神气忍受着她的爱抚。她糊里糊涂活着，糊里糊涂
死去，对这种半弃妇半寡妇的生活，她心里抱怨所有的人，偏偏
就不怨恨五先生！甚至对丈夫宠妾还有委曲求全的一番苦心！她
喜欢热闹，可对于她——也真是个寂寞的世界呀。最后穷途末路，

还剩一只黑尾巴的"雪里拖枪",这只心爱的老猫蜷缩在床前抽屉中，似乎为消瘦下来的胖太太送终！

五太太的生命是一堆肉，没有生命的意义。

不喜欢小狗小猫的张爱玲，作品中却屡屡出现猫。与五太太同样嗜好的是《创世纪》中的匡霆谷，他比五太太夸张，能夸夸其谈世界大局新闻点滴，还有就是无休止地与紫薇怄气，从不多的荤菜中捞鱼丸给猫吃。在昏暗的大房里，隐隐走动着雪白的狮子猫，岂不给破落之家平添富贵气象？寂寞无聊的人生呵。

难怪 20 世纪 60 年代日本电影《望乡》中，年老的阿崎婆回到家乡，前妓女的身份使她不能与亲人团聚！孑然一身的她的屋子里就是猫的世界。寂寞无聊的人生，怕只有与猫狗为伴吧。

白色的天，水阴阴地；洋梧桐巴掌大的秋叶，黄翠透明，就在玻璃窗外。对街一排旧红砖的衖堂房子，虽然是阴天，挨挨挤挤仍旧晾满了一阳台的衣裳。一只乌云盖雪的猫在屋顶上走过，只看见它黑色的背，连着尾巴像一条蛇，徐徐波动着。不一会，它又出现在阳台外面，沿着栏杆慢慢走过来，不朝左看，也不朝右看；它归它慢慢走过去了。

"生命自顾自走过去了。"

这是 1944 年深秋发表的《等》的结尾。

乌云盖雪、雪里拖枪、雪白的狮子猫……伴随着寂寞的生命，她等来了新世界，也已到了而立之年，可她仍是彷徨迷惑，那着绣花鞋的脚原以为勇敢地迈出了门槛，谁知怯怯地又缩回了小楼！张爱玲又封闭了自己，失落了自我。落落寡合、离群索居，是担忧失去了个性而成为大潮中的泡沫么？

苏堤春晓。中国旅行社办的观光团一行在美丽的西子湖畔游览。

张爱玲自在其间，仍着一袭蓝布旗袍，外罩一件网眼白绒线衫，仍给人"高处不胜寒"之感。长发披肩，虽长时间未烫，发梢仍鬈鬈地朝外翘着。前些年她到过杭州，但因赶回上海看电影，行色匆匆，浮光掠影的印象都没有。这回加入中国旅行社办的观光团，一是各项证明手续都由旅行社代办，免得自己麻烦，二呢，她的心头竟是百感交集，眼睛不禁濡湿了……

还是在小学读书时，她写成了第一篇有收梢的小说，是出三角恋爱悲剧。母亲批评说，如果女主角素贞要自杀，她绝不会从上海乘火车到西湖去自溺的。张爱玲可不买账，为什么不呢？西湖有诗意的背景，她固执地不予更改。

"水光潋滟晴方好，山色空蒙雨亦奇。欲把西湖比西子，淡妆浓抹总相宜。"西湖是中国女子的故事，有一种哀艳的光。她脑海中酝酿的一部小说，就想以西湖为背景，这也是她游西湖的直接目的。然而，她却仍是心不在焉，不，简直就是神不守舍。

是绿树掩映的红楼中传出了无线电播放的交响乐？是贝多芬的《命运》？"那是浩浩荡荡五四运动一般地冲了来，把每一个人的声音都变了它的声音，前后左右呼啸喊嚓的都是自己的声音，人一开口就震惊于自己的声音的深宏远大！"1921 年诞生的她，无缘直接参加五四运动，可是，五四运动的影响，上一代这一代乃至下一代的心中能抹去吗？无论湮没多久还是在思想背景里的。这是荣格的种族心理积淀说，她认为言之有理。

五四运动，浩浩荡荡。否定传统，不肖叛逆。人道主义、个性解放、科学民主这些人文概念涌进人们的视野、呐喊于人们的喉舌，却是清晰又懵懂！与此同时，压迫于历史地心两千余年的中国女性就在这个历史瞬间冲击了历史地表，自此，更清晰却也更懵懂地冲撞抗争求解放。

乱花渐欲迷人眼，交响乐声也变得遥远缥缈。此时此境，她却在追念"五四"。不可理喻，却的的确确。在《中国人的宗教》中，她曾阐述过："在古中国，一切肯定的善都是从人的关系里得来的。孔教政府的最高理想不过是足够的食粮与治安，使亲情友谊得以和谐地发挥下去。近代的中国人突然悟到家庭是封建余孽，父亲是专制魔王，母亲是好意的傻子，时髦的妻是玩物，乡气的妻是祭桌上的肉。一切基本关系经过许多攻击，中国人像西方人一样变得局促多疑了。这对于中国人是格外痛苦的。因为他们除了人的关系没有别的信仰。"

"所以也难怪现代的中国人描写善的时候如此感到困难。小说戏剧做到男女主角出了迷津，走向光明去，即刻就完了——任是批评家怎样鞭笞责骂，也不得不完。"

而她，就正在自食其言！《十八春》是这样，《小艾》更是这样！不只是创作陷入危机感中，她的人生抉择也在新旧文化的夹缝中、历史与前路的纷繁朦胧中摸索惶惑。

这时，她已得知香港大学允许因港战而中断学业者继续攻读学位；这时，她却不知道，身兼上海电影剧本创作所所长的夏衍同志，已决定邀请张爱玲担任编剧工作，只是尚有人反对，得稍待一时；柯灵已委任为副所长，正准备将夏衍的意见转告张爱玲。

张爱玲却已神秘又神速地从上海消逝了。

于杭州，是苍凉又迷惑的惊鸿一瞥。

夏衍得知后并不掩饰惋惜之情，他是爱才的，却未置一词。

头上有天，脚下有路，去向哪里还靠自己把握。

夏衍后调到北京出任文化部副部长，柯灵从上海书店的书库里，购了《传奇》和《流言》，寄给夏衍。

柯灵十分珍惜与张爱玲的这份友情。他没想到，不辞而别的张爱玲，此一去便再也没回上海。

人生一世，多少梦随风而去？

又见香港

恩怨之间本来是微妙的，很容易就一翻身倒了个过。

她正像一个人浩然有归志了，但是忽然地发现她是无家可归。

37

又是野火花烧得不可收拾的季节。

红得不能再红、红得不可收拾的一蓬蓬一蓬蓬的小花，窝在参天大树上，"哔哩剥落"燃烧着，一路烧过去，把蓝蓝的天也熏红了；又像猩红的血点子密密溅在瓦蓝的天上；那叶子像凤尾草，阳光从轻纤的缝影里筛下来，斑斑驳驳影影绰绰；望久了，有种晕船的感觉。再定睛看，树还是那树，花开花落却已是十个春秋！离开香港再见香港，她已老了十年。

看上去倒也不像三十岁出头了。着一袭蓝色密点碎白花旗袍，也没衬硬里子，虽来了香港这么久，一望而知仍是内地来的。浓黑的长发披肩，也没烫成新发型，在内地让人看着不入流，格格不入；到香港，却仍是我行我素与众不同。其实，在衣着打扮上，她有着领导时代新潮流的欲望和魄力，可为什么剪掉这么两三寸长一段微微蜷曲的发梢简直就跟削发修行一样，成了心理上的严重关口，很难度过呢？这种心态，是因为头发和改朝换代、和种种变革的纠纠葛葛实在太多的缘故么？头发，就是红尘烦恼之根么？

悄悄地乘火车到了广州，悄悄地从广州到了大陆最南的边陲小镇——深圳，过了罗湖桥。至今回想，仍恍若梦境！这座简陋又神秘的桥，她踩上的刹那间，竟变得路漫漫其修远兮！桥身宽了屋顶高了屋梁上的灯光晃动了，脚下像踩着棉花一软一软，手拎皮箱磕磕绊绊，遥遥无尽头中不知是焦灼地想"逃脱"，还是斩不断与那头千丝万缕的联结？过了桥，就算进了香港了。她雇的挑夫，有张广东式的山陵起伏、丘壑深沉的硬线条的脸，却突地狂奔起来！她也就跟着瞎奔，像是遇着剪径打劫的。奔累了，才在一棵树下歇歇，想着滑稽，心却仍在狂跳。

既来之，则安之。她住进了这山腰的女子宿舍。年过三十，再攻读学位谈何容易？青春、人生是回不去的。大学时代的趣闻轶事，已化为苦涩的回忆。艾芙林的多得让人眼花缭乱的华丽的行头，港战开始时因获免考的港大学生的欢呼如雷，金桃大皮箱中流泻出的绫罗绸缎幻化成罗愁绮恨，周游世界尤其是想看看撒哈拉大沙漠的打算，炮火连天与《醒世姻缘》，饥饿死亡与冰淇淋口红……青春的杂七杂八的碎片！眼下没有了浪漫，只有谋生的切实感和紧迫感，经友人的帮忙，她进到香港美国新闻处任职，成了上班族的一员。香港被人称为金钱世界文化沙漠，可是新闻处的同事们倒有不少久仰张爱玲的大名者，她与邝文美、麦加锡也处得不错，当然，缄默是她的个性，也成了惯性。但是 20 世纪 50 年代初的香港，纸醉金迷繁华旖旎中掺杂着太多的昨日大陆的种种纤维，旧闻新提、旧事新解、旧人不亲，对张爱玲的传奇般的流言亦不胫而走。昔日就已心生芥蒂的潘柳黛也在香港，又撰文敲击张爱玲生活种种。

生命是一袭华美的袍，爬满了蚤子。而今生命已变成一袭褴褛的袍，那蚤子自是有增无减。张爱玲不能克服这种咬啮性的烦恼。

她以为过去的日子已尘封了，以为痛苦已钝化，心的伤口已结痂，可只要不轻不重地一捅一戳，那痛苦似乎是她体内有生命力的东西，永远是新鲜强烈的。

黄梅雨季来临，她闭门坐屋，空对窗前一片突出的山崖。满山的树木变得醉醺醺的，那一蓬蓬潮湿的青叶子味刺鼻，可她喜欢，但愿长醉不愿醒："芭蕉、栀子花、玉兰花、香蕉树、樟脑树、菖蒲、凤尾草、象牙红、棕榈、芦苇、淡巴菰，生长繁殖得太快了，都有些杀气腾腾，吹进来的风也有些微微的腥气。"

这种别具一格的香港黄梅雨景，她早已在《沉香屑·第一炉香》中细腻地描摹过，可眼下，她似乎才真正感受到这种味道。

她要离群索居。只有在没有人与人交接的场合，她才充满了生命的欢悦。这种欢悦是写作，是彻底的自由职业者。

年复一年，她不愿她的生命的时间呈现大片荒芜！

她应邀写作电影剧本《小儿女》《南北喜相逢》。

38

她又辍笔。

1955 年秋，她悄然登上了远洋的轮船。货轮上二等舱除了她只有一个上海裁缝。上海本地人，毛发浓重的猫脸，文弱的中年男子，穿着灰扑扑的呢子长袍。海上遇"故知"，在甲板上，张爱玲上前点头招呼，他则阴恻恻又喜滋滋告诉她，他总是等这只船，因为船小载客很少，一日三餐阔米粉面条炒青菜肉片，但清爽新鲜不油腻，哪怕吃上十来天都不会倒胃口！

到底是上海人！早年她曾写过一篇散文《到底是上海人》，惊叹上海人的文理清顺、世故练达；惊叹上海人由疲乏而起的放任，那标准的中国式幽默；惊叹上海人坏得有分寸，会奉承，会趋炎附势，会浑水摸鱼，但他们有他们的处世艺术，演得不过火。所以，"我喜欢上海人，我希望上海人喜欢我的书。"

咸湿的海风轻拂她的"盲人的黑"的长发，夜蓝的海面轻荡着让人些微的晕眩，恍惚间，压根也不遥远的往事，竟也如梦如烟……

1944 年 8 月。上海。夜蓝色封面的《传奇》。她出名了。出名要趁早。她那年才二十三岁。她大红大紫，创造一个一个奇迹；她涉足人间，记住一段一段真情；她恋爱结婚，留下一道一道伤痕创口。就只那么三年五载，可是对于年轻人，三年五载就可以是一生一世，仿佛把荣辱毁誉、生老病死一切的哀乐都经历到了！上海，诞生她养育她的地方，不管称之为第几故乡，它是故乡；不管她是大树小树，她的根系上海。

满甲板的斜阳，满海天的海鸥。还是：孤云漂泊复何依，满地斜阳和我老。三十四岁的张爱玲又疲乏又惶惑，心头空落落的，生命的晚景永恒地追随着她。那个典型的上海裁缝是在东京开店的，经常到香港采办衣料，一趟航程需十天，餐餐阔米粉面条炒青菜肉片，但他满足。

她也去日本。去年池田到香港，曾受胡兰成之托去找过她，但她没有见他。过去了的就永远过去了。当然她已知道胡兰成居日本。这趟绝不是去寻他，那种痴情傻事，不会有第二回。是去看看日本像中国的青绿山水画里的风景，还有一种就是一幅图画的花布，雨纷纷中棕榈树的叶子半掩着的小庙，雨中的水滴滴的阴戚的紫色的大花，结着绿膜的池塘漂着浮萍和断梗的紫的白的丁香……而不会去看他。世上没有再生缘。永远不再。

居日本的胡兰成已于 1954 年春天与吴四宝遗孀佘爱珍结为夫妻，算是最后的"华丽缘"吗？

"哗——"一个水手拎着一桶脏水往舷外一倒，她吃了一惊，像是要把这桶水泼出天涯海角，世界的尽头。

1946 年初春寻夫途中，受那村妇泼水的一惊，记忆犹新。

天涯海角。

无家可归。

海。苍茫又苍凉的海。该给她留下怎样的种族心理积淀呢？

她的大家族与这片海有着太多太沉的伤心的记忆！七八十年前，她的曾外祖父在这片海上创建北洋海军、南洋海军、福建海军，何其英姿焕发！那是亚洲第一、世界第六的北洋舰队呵。而她的祖父张佩纶，就在七十年前的马尾海战中，延误战机，被法军击沉战舰十一艘。于是充军热河！在那十年后，中日甲午海战中，李鸿章惨淡经营十六年的北洋海军，在这片海上全军覆灭！她的家族血海荒凉的一页也就翻过去了。到了父辈是彻底的沉沦，只有母亲和姑姑，仍似狂热地恋海，一次次漂洋过海，似寻觅什么又什么都没寻觅！到了她这一代，就只有无根地漂，在这海上！独自感觉海洋的无穷尽的颠簸悲恸。

张爱玲打了个寒噤。

落霞，海鸥，海面上铺满了花朵。浮花浪蕊？不甘。《海上花》①

---

① 又名《海上花列传》，中国近代小说，作者花也怜侬。

的作者花也怜侬梦见自己在海上花中行走，出淤泥而不染的莲花，反倒不如较低贱的品种随波逐流，不久就沉沦淹没了……

她给胡适的第二封信中，就表明了："我一直有一个志愿，希望将来能把《海上花》和《醒世姻缘》译成英文。"

她要逃开现实的诱惑、蛊惑和迷惑。

谁说三十而立，四十而不惑呢？

第三部　漂

女人的天空是低的

要是我就舍不得中国——还没离开家已经想家了。

男人做错事，但是女人远兜远转地计划怎样做错事。

39

一个精灵，在现代都市游荡。

是前清的贵妇装。明黄的宽袖斜襟长过膝的绸衣上，墨绿缎宽镶，盘着大云头——也许是如意。镶边上又有玉连环三三两两勾搭住，又似嘈切喊嚓的浪花纷落下；那东方的含蓄敦厚的古意中，便分明濡染了海的不安分的气息。

她的脚步很轻飘，却不是大家闺秀的姗姗莲步，也不是小家碧玉搅起惊风骇浪的放恣，是一种无根浮萍的漂。

漂。

1955 年 11 月中旬，孑然一身的张爱玲抵达纽约。

纽约，西方世界的都市。它是美国的第一大都市，又堪称美国的文化中枢。

第二次世界大战后，美国在经济上处于领先地位，雄心勃勃引发了现代自然科学的一场革命，软硬科学、电子技术突飞猛进，设备、技术和程序也急剧变化；自然科学的革命波及社会科学，心理学、经济学、社会学亦呈现日新月异的发展。纽约的天是这样的高，楼是这样的高，车是这样的多，人心又是这样的高！

然而，纽约不是她的。

她只是一个外来客。

走在街头的她只有无根的漂浮感。她的眼是冷冷的石子的青色，晨霜上的人影的青色，在这异国他乡，她更是一个孤零零的旁观者，那过度的淡漠会使她的眼睛变为没有颜色吗？她不知道。她只有时不时轻阖住双眼。

纽约不是她的。

与她同行的炎樱却分外快乐！有朋自远方来，不亦乐乎！况且她们是好得割头换颈的朋友，况且她们又可以无拘无束成为街头最佳幽默搭档，边走边说边吃东西也无妨，不用担忧有人突然冒出，卑恭地要张爱玲签名题字。纽约没人知道张爱玲。

炎樱永远是新鲜活泼的。她没有沧桑感、失落感、无根感。命运总是青睐于她。在上海她家生活富足；迁到美国，她依然富足，锡兰女子从不识愁滋味，人生如果是周游世界，一个一个国家，一个一个都市走个遍，多好！而张爱，是她的最佳旅伴。张爱就暂住在她的家。

哦，不，张爱玲的心在祈求：给我一间屋！一间自己的房间。

女人的天空却是低的。

西方也不例外，哪怕女权运动第二次浪潮正欲兴起。

来到纽约刚刚一个礼拜，张爱玲就邀上炎樱，急急地去拜见胡适之先生。除了出于人情礼节和知遇之恩，也还有谋生存的投石问路吧。

纽约却也不属于胡适之。

1949 年胡适由上海乘船赴美，这是他晚年不幸的开端。20 世纪 50 年代初的美国，被赶出了历史舞台的国民党的挂冠部长解甲将军等党政军要人灰扑扑的比比皆是，而在美的一批中国知识分子也是最感窒息的时期，名重一时的胡适亦别无二致，栖身于纽约东城八十一街的一幢简陋的港式小公寓中当寓公。

胡适的处境是清苦困窘的，他常对新结交的晚辈朋友感慨："年轻时要注意多留点积蓄！"这认钱不认人的西方世界呵。胡适的晚景是寂寞的。他荣获的荣誉博士学位计有三十五个之多，其中三十一个是由美国各大学授予，哥伦比亚大学是他的母校，但是此时的他却难以谋到一个适合他身份的职位！几经周折，才于 1950 年 5 月在普林斯顿大学一图书馆出任"馆长"之职。在寂寞荒凉的心境中，胡适收到张爱玲的赠书，竟是分外的亲切和振奋。还寄了封近千字的言辞恳切的信给爱玲。作为一个并不以中国当代小说作为研究的主要对象的大学者，真可谓难能可贵。当然，这里有张爱玲的才气逼人，有两家世交的源远流长，有胡适奖掖后学的一贯作风。但是，更有无所事事、老之将至的寂寞与无奈！

张爱玲不知。她对适之先生敬若神明。

只是在这冬的午后的晕黄的阳光里，在这一条街满是白色水泥方块形酷似港式公寓的房子中，她有点恍兮惚兮，仿佛身在香港！进了门洞是楼梯，上了楼是分外眼熟的中国味堂屋，没有一丝刻意布置，不是把中国的枝枝节节衔了来，而是年深月久的中国居家味。她又恍兮惚兮，是北平？天津？上海？

胡适之先生穿着中国长袍，夫人江冬秀一袭旗袍，那熟悉的安徽口音，那玻璃杯里泡着的绿茶，更让她恍兮惚兮，时空交叠的感觉更浓了。父亲窗下的书桌，《胡适文存》与一些社会小说一并放着，有《海上花》《醒世姻缘》；港战的炮火连天中，她贪婪地读着《醒世姻缘》；姑姑借而不还父亲的《胡适文存》，姑姑母亲与胡适同桌打牌；1946 年胡适从美国回国，笑容可掬，打着大圆点的蝴蝶式领结的照片，姑姑说："胡适之这样年轻！"……

眼前的胡适之却已经六十四岁了！可她多么希望，他一如姑姑所说："这样年轻！"她恍恍惚惚，说得很少；多亏活泼的炎樱，用忘得差不多了的汉语与胡适夫妇交谈，很得他们欢喜。

归来却是泪湿枕衾。像是回了趟家，又突然明白过来，已是无家可归！她曾经感叹港大同学月女的空虚，是因为月女是华侨，在思想上是无家可归的。头脑简单的人活在一个并不简单的世界里，没有背景，没有传统，所以只有空虚！当然，她也半真半假地羡慕过华侨，认为可以一辈子安全地隔着适当的距离崇拜着神圣的祖国。

祖国！……她呻吟着。

人活着，得有背景，得属于哪里，得沾着地气呵。

她却自己把自己连根拔了起来吗？

没有家园。

40

她又单独去看过胡适之先生一次，仍如对神明。

因炎樱打听后告诉她："喂，你那位胡博士不大有人知道，没有林语堂出名。"虽然小时的她海阔天空的计划之一，就是要比林语堂还出风头。可此刻，她的心被刺痛了，她为胡适抱不平。她认为外国人不了解现代中国的时候，往往是因为不知道五四运动的影响。而胡适，是"五四"一代精英人物呵。

俱往矣！张爱玲应该明白却仍是糊涂着。坐在胡适的书房里，面对他，就像写东西时停下来望着窗外一片空白的天。

胡适之说道："你要看书可以到哥伦比亚图书馆去，那儿书很多。"张爱玲却傻傻地笑了。她虽然也常到市立图书馆借书，但还没有到大图书馆查书的习惯，更不必说观光。仰视先生的书房，整个一道墙上是几乎高齐屋顶的书架。书架上全是一沓沓的文件夹子，多数乱糟糟露出一截子纸，摘抄？心得？随感？大纲细纲？这里就是书山曲径？无涯学海？她不由得一阵心悸，她面对的是学贯中西的鸿儒洋博士，正因为对传统文化把握准确，对国民性洞悉深刻，所以才愤然抨击旧传统、宣扬新文化吧。他是学者而兼为社会改革家，但终回归学者？她对他，敬而仰之。然而，她那傻傻的一笑，却无意触到了胡适的痛处。哥伦比亚大学是胡适的母校，胡适也自以为是哥大的父兄长辈。可哥大却只是敷衍他，本来校方要招揽人才来扩充汉学的教学与研究，赫赫有名的国学大师胡适竟未列入考虑名单。更有甚者，胡适送给哥大中文图书馆的油画像，竟放进了图书馆的地下室！西方世界一样人情冷暖、世态炎凉。他新交的晚辈朋友曾怅然叹曰："胡适之的确把哥大看成北大；但是哥大并没有把胡适看成胡适啊！"

"无可奈何花落去。"张爱玲却懵懂不知就里，只见先生脸又一沉，马上又说到别处去了。她的心头又梗梗的，只怨自己太不会说话。

胡适却并未心存芥蒂。感恩节那天，他又惦记起张爱玲，欲约她跟他们一起去吃中国馆子。而张爱玲跟炎樱去了一个美国女人家吃饭，人太多，一顿烤鸭直吃到天黑。归家时，寒浸浸的冬夜，霓虹灯闪烁，深灰色的街道分外干净，满街的灯火橱窗。蓦然间，她又恍兮惚兮不知身在何地。是上海的霞飞路，她和表姐勾肩搭背津津有味看橱窗；是落荒的马路上，响起了稚嫩的炒白果的歌："香又香来糯又糯。"那孩子守着锅，满怀的火光。那孩子现在该是二十好几的男子汉了，而她，早早地老了？她非常快乐！是锥心的快乐！想家的快乐！吹了风，回到炎樱的家就呕吐了。胡适先生打来了电话，握着话筒柄的手微微战栗了，眼睛濡湿了，这是亲人的记挂，在这天涯海角还有亲人惦记着她，世上能有几个亲人呢？

她毅然决然搬到救世军办的一个职业女子宿舍居住。救世军是基督教新教的一个社会活动组织，从事宗教宣传和慈善事业，救济贫民是出了名的，谁听见都会骇笑，住在里边的女孩子提起来也都讪讪地嗤笑着。可是，她硬是住进去了。也许不由得要想：从几时起，轮到我被救济了呢？她只是想有个家，哪怕小小的只能容下自身的家，要流泪也流给自己看。

胡适先生亲自上这里来看她，她有点无可奈何。请先生到客厅里去坐，她也是第一次进去，没想到如此黑洞洞又如此空阔荒凉。讲台上有钢琴，空空落落的旧沙发上只有寥寥几人。她又只有无可奈何地笑，先生却直赞很好，安心安意喝茶，安心安意谈话，原来先生并不只是出于涵养的敷衍话，也许是赞她没有虚荣心？也许是想起了他自己在美国求学的青年时代？也许是记起了他四十七岁题的一首小诗："偶有几茎白发，心情微近中年，做了过河卒子，只能拼命向前？"

坐了一会出来，张爱玲送他到大门外，仍在台阶上站着说话。

渐渐地，他却让进入视野的街景怔住了：静静的街，飕飕的风。

那街口露出的是一角空蒙的灰色河面。又有灰色的雾缥缈又凝重于河面。这是活的历史画面，他微笑着望着街口，一动不动呼吸着历史的气息。

这一瞬间，她也怔住了。悲凉的历史画面上烙刻进悲凉的他。厚实的肩背，半旧的黑大衣，严严实实的围巾，衬托得头脸非常大，整个凝成一座古铜半身像。她忽然一阵凛然：这就是历史人物。

多少人羡慕他青春年华时的纵横捭阖？多少人渴求他中年时代的飞黄腾达？多少人景仰多少人抨击？多少人理解多少人曲解？而她，在他暮年晚景之时，离他竟这样的近、这样近，而且还在一寸一寸地走近他，看清了他衰老脸上痛苦的皱纹，触摸到他孜孜以求的痛苦的灵魂，哦，实际上，这一瞬间，她什么也没有琢磨出来。

她出来没穿大衣，只穿一件大挖领的夏衣，可居然也不冷。

她也跟着他向街口河面望去，也微笑着，可是仿佛有一阵悲风，隔着十万八千里从时代的深处吹出来，吹得眼睛都睁不开。

她打了个寒噤。

她没有想到，这是她最后一次见到适之先生。

他的天空是低的。

她的天空更是低的。

由煊赫的贵族之家到破落衰微的最后的贵族，由一举成名的年轻才女到漂泊天涯的中年妇人，一切是怎样的苍茫变幻！活着，却是真实的。

让生命来到你这里

生命也是这样的吧——它有它的图案，我们唯有临摹。

对于这世界他的爱不是爱，而是疼惜。

41

我的命我的星辰！

张爱玲的星辰没有坠落。

1956 年 2 月，张爱玲得到爱德华·麦克道威尔会为期两年的写作奖金，张爱玲立即搬到该会所在地新罕布尔居住。在这片有着英格兰庄园的古典风味的住宿区，张爱玲如梦如幻。

这里是纽英伦——新英格兰，小时候她固执地喜欢英格兰，因为英格兰三个字使她感到蓝天下的小红房子！母亲告诉她英格兰是常常下雨的，可她没法矫正最初的印象。而这新英格兰，让她圆了童年少年的梦。不只是梦幻的满足，现实生存的危机感也得到缓冲，至少这两年她可以在这幽静的环境中完成她呈报的长篇小说计划吧。

可是，写什么?！写什么困扰着她。她已决心不再写涉及政治的题材；传奇的爱情呢？艳思已枯、绮语长断。涉世渐深，那创作的激情冲动似乎也在衰减；年纪增大，那创作的能力和自信反倒在消失么？可她还只有 35 岁呵！

离群索居中，有时她也会独自在林荫小路上徘徊，目中无人，眉宇间却烙刻着沧桑和忧伤。

写什么？ 1944 年 8 月，她发表过《写什么》，当时她是那般少年气盛，理直气壮！她说："当然，文苑是广大的……但是我认为文人该是园里的一棵树，天生在那里的，根深蒂固，越往上长，眼界越宽，看得更远，要往别处发展，也未尝不可以，风吹了种子，播送到远方，另生出一棵树，可是那到底是艰难的事。"

不幸而言中。她是"一棵树"，根在大老中国，要在这远方另生出一棵树，难。连根拔起的移植，更难。

又想起了上海的日子。有次和姑姑、兰成一块闲聊，说起柏林战时不知有何变化，姑姑忆起的德国的马路光可鉴人，宽敞、笔直、齐齐整整，一路种着参天大树。兰成则问她："想出洋留学吗？"她摇摇头："我不想出洋留学，住处我是喜欢上海。"她疑心那种路走多了要发疯的。姑姑又说到加拿大，气候偏凉，天是蓝的，草碧绿，到处是红顶的黄白洋房，干净得像水洗过一样，并且都附有花园。如果可以选择的话，姑姑愿一辈子住在那里。可她就舍不得中国，哪怕充满了脏与乱与忧伤——那时是还没离开家已经想家了。

美国呢？她更不喜欢。她想起了去温州与兰成相处的日子，她居然对他说了不少美国的电影、美国的神怪故事。她说美国电影《颜色的爆炸》，就是以各种香气来演剧，没有人物，单是气味。本来，她是偏执地爱颜色和气味的。颜色，除了没颜落色时是凄惨的，都能让人觉得可喜，觉得世界更真实；气味也是这样，给人种种小趣味的刺激。但是，她不喜欢这部片子，因为没有了人生况味，剩下的只有技术性的符号。有本画报上一群孩子围坐喝牛奶吃苹果，这是幸福的，又是单调的委屈的，缺少人情味。还有一本杂志上画着一妇人坐在公园椅子上，旁边一只椅子空着无人，而她背后挂着一条蛇！妇人浑然不觉，只唤着"亨利"——亨利早给蛇吃了！这样的神怪真给人毛骨悚然的恐怖！这是西方世界的弱肉强食？也是一种荒凉，是面对着陌生的恐怖的荒凉，而不是她从中走出的背景的荒凉。两种荒凉的惘惘的威胁感是不同的。

像是在冥冥之中早就有着昭示，在温州，她解闷的书只一本《圣经》，而她跟他闲谈的中心就是犹太人没有家园。犹太人一次又一次丧失家园。他们在不属于犹太人的空间里苦苦挣扎，孤独地承受了人类的罪恶。幸福排除老年，而犹太人生下来就是老人。这是犹太人卡夫卡说的吧。

她的脑子里一桶糨糊，又分明是一片空白。是否向胡兰成索些资料？为了写作军阀时代的历史长篇，仅仅作为昔日的文友。

耶和华说你出于尘土归于尘土。

爱情说你逃离家园归于家园。

她并不信上帝。

她也不信爱情。

她只知没有了家园。

泪水就这样模糊了她的双眼。

一声彬彬有礼又亲切的问候叫她吓了一跳。

是一个美国老人——著名戏剧家赖雅先生。

第一眼见着他，他就消弭了她对西洋人的阻隔感。因为这是个极其潇洒开朗的老人，风度翩翩、气色很好。有着孩子气的活泼和青年人一样有感染力的朗朗笑声。就像树叶渐渐变黄时，更让人留恋它的色泽和光彩。

赖雅也不掩饰对这个沉静忧悒透出神秘的东方女子的浓郁的兴趣。她似乎冷若冰霜，眸子里是梦一般的荒凉；可她又极慈悲柔顺，总是安静地景仰地听着他讲述一切；偶尔她也会或答或问上几句，她的英语真是熟极如流，而就从寥寥数语中他触摸到她的灵气和才气。虽然他不知道中国有个张爱玲，也没读过她的作品。

赖雅出生于美国费城，父母亲是德国移民。1914 年他获得哈佛大学文艺硕士学位，同时他的剧本创作也获得成功，之后曾在麻省理工学院任教。1917 年与美国著名女权运动家吕蓓卡·霍瑞琪结婚。20 世纪 20 年代即扬名美国。第一位获得诺贝尔文学奖奖金的美国作家辛克莱·刘易斯是他的老朋友，曾预言他会一夜出名。赖雅笑呵呵地说："我把这成功的一夜无限期地延期了。"文坛大师庞德、乔伊斯、福特、康拉德等也都是他的好友。德国著名戏剧家和诗人布莱希特与他的友情尤其深厚。1933 年 1 月希特勒法西斯上台后，布莱希特被迫离开德国，开始了长达 15 年的流亡生活，到过欧洲各国，最后经苏联去美国。流亡中布莱希特写了《老子出关著〈道德经〉的传说》一诗，布莱希特热爱中国文化，十分关心中国的革命。也许是朋友的影响吧，当赖雅知道张爱玲来自中国上海时，就更有聊不完的话题了。而张爱玲惊异地发现，这位老人竟是赤诚的马克思主义者，有着热情的共产主义信仰！

1931 年赖雅住进南加州为好莱坞写剧本，他的才华横溢让所有与他合作过的制片人和导演都为之钦佩，他也获得一周五百美元的高薪待遇。之后他结识了当时知名度并不如他的流亡戏剧家布莱希特，可他却无私心无嫉妒全力以赴向美国人推荐布莱希特，而且给予过经济帮助，让远离能够理解他的语言艺术的祖国和人民的布莱希特能为世界瞩目。赖雅是布莱希特在美国所有作品的正式代理人。在好莱坞的十几年，他的政治观点也转为笃信马克思主义，被称为左翼剧作家。他的剧作《以色列城堡》，长篇《我听到他们唱歌》是他的思想和才华的集中体现，受到很高的评价。他是个对世界充满热爱、充满理想主义的乐观老人。

张爱玲对人世间却是悲观的，有过短暂的折腾，可回归的是更彻底的悲观，对人生对人世！而且，她与他，谁也不可改变谁！但奇异的是，这不仅不妨碍阻隔他们的交往，反之，加强了彼此的吸引力。就像他们的个性，一个如火如荼，一个冰清玉洁，却正合了性格互补。

赖雅赤诚的信仰、单纯的理想、炽烈的感情，正是她生命中所缺憾的，也许她对这些并不希冀和羡慕，但是，他是一个自信乐观有力度有气魄的男人，他让她抓住了生命中切实可靠的、厚实的东西，何况他是这样的才高意广。

还有一点巧合，赖雅和胡适之都生于 1891 年，都比张爱玲大三十岁！张爱玲漂泊到美后，与胡适之仅仅三次的接触中，却烙刻下极其深刻的印象。紧接着，她频频接触到的是赖雅老人。她的脑海中跳跃着塞尚老人的一张自画像：脸上也有一种世事洞明的奸猾，但是那眼睛里的微笑非常可爱，仿佛说：看开了，这世界没有我也会有春天来到。是的，老年不可爱，但是老年人有许多可爱的。而且，高尚又智慧的老年人称得上真正的高尚又智慧吧。

赖雅的心目中，张爱玲是一个谜，让他着迷的谜。张爱玲的美丽在中国人的视野中或许不足为奇，但她的浑然天成的温柔敦厚的古中国情调是叫西人刮目相看的。当初姑姑洋行里的一个外国同事，就急切地转达过对张爱玲的爱慕之意，当然，张爱玲只是付诸一笑。眼下，三十五岁的张爱玲，积淀在血液中的贵族气、沧桑感和末世情调，仿佛将她幻化成五千年文明的古中国的一缕诗魂，叫人迷离恍惚。而她津津有味地边笑边读小报时，赖雅止不住大声笑了：你专看"垃圾"呵。她还是个女孩，可爱的女孩。

人生、爱情，对己、对人，都是这样，你觉得有多年轻就有多年轻，你觉得有多老就有多老。主观唯心的色彩是旁人抹不掉的。

1956 年盛夏 8 月，赖雅向张爱玲求婚。

一切似乎水到渠成，但张爱玲还是吃了一惊。但她很快平静下来，平静地接受了这一切。

是命。

生命是这样的：它有它的图案，她唯有临摹。

很年轻的时候，她就记住了西洋的一句话："让生命来到你这里。"

42

"他们家 11 月里就生了火。小小的一个火盆，雪白的灰里窝着红炭。炭起初是树木，后来死了，现在，身子里通过红隐隐的火，又活过来，然而，活着就快成灰了。它第一个生命是青绿色的，第二个是暗红的。"

这是张爱玲 1945 年 2 月发表的短篇小说《留情》的开篇描摹。十二年后在她与赖雅的温暖随和的家中，她虽无伤感却也轻轻地叹息着。无论是他还是她，怎么说都进入了第二个生命。在赖雅，是大自然的规律；在她，是过早地历尽苍凉人生中太多的坎坷传奇，那生命的青绿色也过早地转换成红隐隐的暗红的火。

他们回纽约举行的婚礼，并无一丝张扬。婚后的日子，看书观剧谈话，岁月静好，现世安稳。第一次婚姻欠她的，第二次婚姻给予了加倍的补偿。她与他，是人生旅途上的伴侣，伴着他，可靠，又愉悦。可是，房间里一只钟嘀嗒嘀嗒走，越走越响。这是文明的节拍，文明的日子是一分一秒都划分得清清楚楚的呵！时间和空间一样，有它值钱的地段，也有大片的荒芜。她沉溺于安稳温暖中，不想写也似乎写不出什么，这种时间的奢侈浪费，也就等于荒芜吧？哦，不，就这样悠悠地过吧，日子过得像均瓷的淡青底子上的紫晕，那倒也好。

《留情》截取的是米晶尧与淳于敦凤这一对老夫少妻午后几小时的生活片段，平庸琐屑中仍咀嚼出人生滋味。米先生已年近花甲，前头还有个结发太太正病重着；敦凤小他二十三岁，丈夫死了多年却仍难以忘怀；因此他们结合，无论肉与灵，都无爱可言。冬的午后，米先生应该去看看病重者，而敦凤不无赌气地上舅母杨老太太家去解闷。下起了小雨，米先生陪着她坐三轮车先上了杨家。杨家已是破败贫寒了，老太太靠卖古董过日子，儿子则连家也不大回，媳妇杨太太倒还在那里将将就就调情打牌，可是买点烘山芋待客，婆媳也要偷偷嘀咕半天。与杨家相比，敦凤应该满足。虽然米先生除了戴眼镜一项，穿西装的他整个地就像打了包的婴孩，也像他的籍贯无为县一样是无为的男人。可毕竟是自己的男人，挨着他的肩膀，觉得很平安。经过了婚姻的冒险，又回到了可靠的人的手中。米先生急急地去看了病重的太太，又急急地赶回杨家来接敦凤，他们双双把家还。雨停了，天上有一段残虹，短而直，红、黄、紫、橙红。地上飘着落叶，抬眼沿街的小洋梧桐，一树的黄叶子，就像迎春花，正开得烂漫。

这就是生命的感悟？虽然生在这世上，没有一样感情不是千疮百孔的；虽然人世间没有爱，但是，总还有丝丝缕缕、点点滴滴的留情吧。

敦凤疼惜着米先生，虽然是为了钱为了生存，但也留着几分真情。米先生看着虹，想起他的病危的妻，仓促糊涂的日子中，只记得一趟趟的吵架、对打对骂，他们这对男女留学生呵。可正是那年轻的痛苦真正触到了他的心，那些悲伤和气恼都不算了。对于这世界他的爱不是爱而是疼惜，疼惜便是留情。

《相见欢》也是"留情"的小镜头，可这镜头竟连系着从少女到媳妇到儿女成群到被人叫作老太太，女人的一辈子也就快到尽头了。是一个战后的冬的午后，荀太太来看伍太太，这两个互称表姐的同年老庚便来不及地唧唧哝哝，无非是些陈芝麻烂谷子。两人都是旧式婚姻。胖胖的烧菜梳头样样不如人的丑小鸭般的伍太太，虽学贯中西陪伴伍先生留学英美多年，到大女苑梅早婚、小儿女去美留学后，伍先生到底遗弃了她，带了女秘书去香港经商，儿子都有了。伍太太对伍先生还是相当宽容，怨而不怒，仍"二哥四妹"的互通家信。只一样，伍太太钱倒是宽裕的。荀太太原是个美人胚子，荀先生其貌不扬，家境败落穷困，老太太又疙瘩，伍太太是痛心她挚爱的表姐彩凤随鸦的，数十年后仍余愤不平。倒是荀太太几十年下来与现实媾和了，而且很知足，她与《留情》中的敦凤一样，几次冷酷地说到自家先生的死，说明她始终不爱荀先生，但是一个人一辈子总也未免有情！即使当初红杏出墙又能有什么好结果呢？荀先生下了班来接太太，如果盲婚是买奖券，那他中了头奖，都老夫老妻了，他仍爱着太太，但爱驱赶不了瞌睡，听着听着，他就打起咻咻作声小鼾来了。"相见欢"的旁观者是伍太太的大女儿苑梅，她是感染了战后美国的流行早婚的风气，追求平实的生活，她看着这一幕"相见欢"，只是出于惜老怜贫的礼貌。几个月后的晚上，又是同样话题的"相见欢"，苑梅恨不得大叫一声——他们是无望了！

真是人生的荒凉、空虚呀！可是经过岁月筛下来的不就剩下这点点缕缕的留情么？

《相见欢》前几年就写好，却不想发表，让岁月的筛子再筛筛吧。待到苑梅也到了伍太太、荀太太的年纪，看看还留下的是什么？

留情，是感情有所倾注；留情，也是宽恕、原谅。

留情，是疲乏的认同；留情，也含着无奈的嘲讽。

43

从 1955 年 11 月抵达美国纽约，到 1961 年的台湾行，这期间，张爱玲仅发表过一部不足八千字的短篇小说《五四遗事》，先用英文发表，第二年用中文发表于台北的《文学》杂志。

是连根拔起的文学之树移植到这太平洋彼岸，成活率实在太低？是连年"来不及了"的催逼中的人生旅途，她已太疲惫？是受伤的生命创口太深太长太痛，她需要复原？是的，张爱玲有缘和赖雅相依，她寻求到了精神的归宿，惶惑无助的灵魂，有了栖息的家园。在这动荡难测的时代，在这举目无亲的异国。

"快，快，迟了来不及了，来不及了！"冥冥中的催逼声消逝了，她活得平淡又从容。看古书，大概是向往"遥远久远的东西"，逃避本来也是看书的功用之一，"吟到夕阳山外山"，然而又怎能忘怀《红楼梦》《海上花》？闲适地品尝现代物质文明，纽约有个海斯康连锁商店，有一种酥皮特大小蛋糕叫"拿破仑"，然而，到底不及上海的飞达起士林！飞达独有的拿手的是粟子粉蛋糕与"乳酪稻草"——半螺旋形咸酥皮小条。起士林在她上海家的隔壁，每天黎明制面包，那股喷香的浩然之气破空而来，香醒了你，像恼人的春色一样没奈何。而飞达，让她想起小时候父亲带她去买小蛋糕，让她自己挑！挽着赖雅的臂膀去看布莱希特派话剧，恍惚间，隐隐约约是绍兴姑娘稳妥的唱腔，"奴有一段情呀，唱拨拉诸公听。"她忘不了她是一个中国女人！

《五四遗事》就是在这种处境这样心境中名副其实的"厚积薄发"。最初的构思当起于她离开大陆前的西湖行，《五四遗事》的故事就发生在西湖。那湖水厚沉沉的，略有点污浊，似有一种氤氲不散的脂粉香，是前朝名妓的洗脸水？千年以来，西湖上名士美女重重叠叠的回忆太多了！这个故事是 1924 年至 1936 年间一对小知识分子男女的爱情婚姻的故事。从时间从主题来看，的确是名副其实的"五四遗事"。

张爱玲却写得平、淡、冷，似乎在不动声色地幽它一默。

浩浩荡荡的五四运动冲过来了！孙中山、陈独秀、鲁迅、李大钊、胡适，还有无数反叛传统反叛礼法反叛家庭的老大中国的儿女们冲过来了！人一开口就震惊于自己的声音的深宏远大，而前后左右呼啸喊嚓的都是自己的声音！是这样的震撼人心，又是这样的梦一般的苍凉。中国女人在这一瞬间冲击历史地表，好兄弟在这一瞬间拉了姊妹们一把。爱情婚姻当是最抢眼也最切实的挑战；婚恋题材成了新文学中时髦的主旋律，胡适之的《终身大事》、庐隐的《海滨故人》、鲁迅的《伤逝》、冯沅君的《隔绝》，直至丁玲的《莎菲女士的日记》……采撷的不是大潮，但是潮中的浪花。

张爱玲采撷的却是泡沫。滚滚大潮过去了。

男的叫罗，女的叫密斯范。有姓无名，可视为泛指。罗是乡下有田产、为住杭州而以教书为借口的中学教师，一袭长衫飘然挂下，爱诗写诗，已婚。密斯范是才二十的女校高才生，上着细腰喇叭袖雪青袄，下系黑华丝葛裙，脖子一条白丝巾，腕上金表，襟上金自来水笔。他们相识相爱于西湖上，却只能是发乎情止乎礼，但有这样的恋爱就很够味了。终于有一天，在湖上，罗下了决心要离婚，请密斯范等他。于是他献身于一种奋斗，与乡下的妻、母亲、妻子娘家人、族长等等奋斗，离婚交涉办了六年！密斯范已二十六岁了，罗风闻密斯范已与当铺老板定亲，且得一大钻戒的订婚戒指。一气之下，罗给了妻子一笔可观的赡养费，婚离成了。他又一鼓作气，娶了本城染坊美女王小姐！但是，密斯范的婚事却没有成功。在一次夜游西湖中，好事者们巧安排罗与密斯范在月光中重逢，于是旧情复炽，罗第二次献身于离婚的奋斗！这回不是开路先锋，大家将他视为玩弄女性的坏蛋。密斯范也在孤军奋斗，与自己日渐衰老的青春和容颜奋斗。这一奋斗又是十一年，罗倾家荡产，对簿公堂，总算离成了婚。有情人终成眷属，手边虽窘，还是在湖边建了幢爬满蔷薇的白房子，以纪念他们为之奋斗十一年的爱情。然而得到的爱却是早已萎谢了的花，密斯范变得懒散邋遢，罗则唠叨不满，大概彼此都懊悔付出的与得到的太不平衡吧！吵架不断中，好事者劝罗接回尚未再嫁的王小姐，女人从一而终总比再嫁好，王小姐回来了，成为"王家的"；密斯范成了"范家的"；又有好事者撺掇罗接回第一个太太，这样，罗和他的三位娇妻都住进了爬满蔷薇花的小白房子里，可拥妻湖上偕游，可关起门来就是一桌麻将。是1936年的"华丽缘"。

这样的结局是夸张的、罕见的，这样的模糊的悖论形式却是常见的。追求、失落、重蹈覆辙，人的惰性太大，社会的惰性就更是恐怖。第一太太、王小姐这样的封建礼教的陪葬品会长久存在，罗与密斯范这样的新潮时髦品渐渐剥落掉新潮油彩，也是意料之中。行行复行行，寻觅过追求过，但罗与密斯范这样的小人物怎能彻底割弃与旧传统的千丝万缕的联系？爱情理想的境界又是这样不堪一击，他们只能成为暗淡猥琐的泡沫。

有人以为《五四遗事》是张爱玲到纽约，见到了胡适夫妇后有感而作。天地良心，张爱玲不敢。她对有些事常是惊人的模糊，她见到江冬秀时，从那端丽的圆脸上看出当年的模样，从那两手交握着有点生涩地站着的姿势，联想到她也许有些地方永远是适之先生的学生，而他们是旧式婚姻罕有的幸福的例子。

其实，不是这回事。作为旧传统的叛逆者、五四思想启蒙者的胡适之，尽管他竭力鼓吹个性解放、婚姻自主和非孝，但恰恰他对慈母之命定下的旧式婚姻是从一而终的。他的内心并非没有痛苦的煎熬，然而一辈子就这么相伴着走过来了，再夹脚的鞋也合脚了，是惯性，更是惰性。激烈地反传统，却又有意无意地陷进旧传统的窠臼，也许，荣格说得对，种族心理积淀不是想抹掉就能抹个一干二净的。

张爱玲懵懵地打了个擦边球。

1958 年初，她申请到南加州亨亭屯·哈特福基金会去住半年，那是海边山谷里的一个魅力之地，是 AQP 超级市场后裔办的一个艺文作场，因管理不善，1956 年关了门。张爱玲写信给适之先生做担保，他答应了，并给张爱玲回信。

张爱玲一怔。在香港时，她接到胡适的回信后，根据他信上的要求，寄去了 1954 年在香港出版的《张爱玲短篇小说集》，封面一角是只铜香炉，燃着沉香屑。还寄去了一本散文集《流言》，是香港的盗印本。

她懂得了胡适先生的殷殷期望，却没有意识到这是离别纪念！

1958 年 4 月 8 日，胡适飞抵台北。他信奉范仲淹的名言："宁鸣而死，不默而生。"而卜居美国的冷遇，使他悟到可能留在国内或者可以使人"更认真地对待我"。到了台北他即表示："我希望能有两三年的安静生活，当可将未完成的《中国思想史》全部完成，然后再写一部英文的《中国思想史》，接着要写《中国白话文学史》的下册。"

两三年？多么可怕的数字！不幸言中，却没有安静。

或许，他自己也没有意识到，对张爱玲的回应，即是给她的最后的纪念。

乡恋·怨女·伤逝

而真的家应当是合身的，随着我生长的，我想起我从前的家了。

人死了，葬在地里。地母安慰垂死者："你睡着了之后，我来替你盖被。"

44

1961 年秋，张爱玲来到台湾。

她是应香港电懋公司之邀，前来为之编写电影剧本《红楼梦》的。而特为来到台湾，是因为王祯和小说《鬼·北风·人》中花莲的风土人情诱惑了她？是因为还想看看适之先生？

是乡情乡恋。乡土是生于斯长于斯之地，不管它是都市还是乡村。但广而言之，只要回到中国的土地，那乡土情结才有所寄托吧。

张爱玲与赖雅结婚已五年，衣食无虞，闺阁有闲。四十岁的女人，看上去还很年轻。一头浓密的黑发，高贵的典雅的美国上流社会妇女的穿戴，甚至习惯开口即是流畅又从容缓慢的英语，张爱玲真个成了"赖雅太太"？哦，不。张爱玲还是张爱玲。她那张脸庞，表情仍稍嫌缺乏，而唯其如此方显出敦厚含蓄的古中国情调。她的心还是中国心。

台北国际戏院对面的餐厅里，正举行着极随意的欢迎张爱玲的小型聚谈会。张爱玲原在香港的同事好友、美国新闻处处长麦加锡夫妇，将《鬼·北风·人》等作译成英文收入《新声》一书的殷张兰熙女士在座之外，其余几位则是二十出头崭露头角的台湾大学外文系的一群男女。白先勇、欧阳子、王文兴是台大外文系三年级生，他们和学长陈若曦等于 1960 年创办了《现代文学》，居然反响挺大！王祯和是二年级生，《鬼·北风·人》是他的发轫之作，就发表在《现代文学》第七期上。张爱玲望着他们，不由得想起了年轻时的自己——出名要趁早呵！这群新人，虽是小荷才露尖尖角，却硬见初生牛犊不怕虎的气概。白先勇是国民党高级将领白崇禧的儿子，陈若曦却出生于农村中三代木匠的家庭，欧阳子是诞生于日本广岛的中国女子，王文兴是福州人，台湾长大。毕业后都赴美留学，都成为知名作家。路，是靠自己走出来的呵。张爱玲依旧寡言轻语。天性如此外，她还压抑着自己触景生情的激动，在中国的土地上，中国的青年作家中。她不太谈自己的小说。这群最大不过二十四岁的青年男女对张爱玲的第一印象竟是：很谦虚！

张爱玲苦笑了，她也有过年少气盛、目空一切的时代呢，心比天高！

随后，张爱玲由王祯和陪同去花莲等地观光。王祯和才二十一岁，乡下人的纯朴无华与才子的斯文古意在他身上矛盾统一，他的言辞反应亦不快。对张爱玲，他很是敬仰，读高一时，经老师介绍，就读过张爱玲的作品；而张爱玲对他的《鬼·北风·人》毫不掩饰地喜欢，他的敬仰便平添了亲切。《鬼·北风·人》写的是一个灰色青年的灰色人生：他从小失去父母，性情暴躁又嗜赌，结果被哥哥逐出，到处流浪，终为开杂货铺的寡姐收留，但他对寡姐却滋生出一种变态的暧昧情感，当他发现姐姐和一个木材商在幽会时，复杂难言的报复情感驱使着他又上了赌场，将姐姐要他收回的账款全部输掉！寡姐气愤地要赶走他，他也就赌气跑走，却又悻悻而回，因为无处可去，只有在门外踟躇，最后鬼魂出现。张爱玲在美国读到《新声》(New Voices)，独钟《鬼·北风，人》，要赖雅读，又写信给麦加锡，所以赴港途中才在台湾作了短暂停留，并由麦加锡安排了聚谈和游览吧？初出茅庐的王祯和初次受到名家的鼓舞，自然心存感激。而张爱玲呢，怕不只是居高临下的奖掖后学，而且还有心的共鸣吧？王祯和小说里的人物也有她的笔下人物那种不明不白、猥琐、难堪、失面子的委屈，人生到底是凄哀的。张爱玲慧眼识君，王祯和也不负张望，以后他的作品虽不多，却皆不同凡响，《嫁妆一牛车》《香格里拉》等受到普遍的赞誉，而且也像张一样，小说、电影两栖。

四十岁的女人和二十一岁的男子虽都不擅辞令，但相处异常默契。有趣的是，穿着时髦显得很年轻的张爱玲与王祯和出现在花莲时，少见多怪的花莲人竟把他们视为一对"情侣"！王祯和的心头竟热热的，仿佛一下成长为大男人，有了实实在在却又分明缥缈虚无的"初恋"？张爱玲就住在王祯和家里开的杂货铺楼上，有时，张爱玲会跟王祯和的母亲闲聊一会；有时，捧一只木瓜，一边用小汤匙挖着吃，一边看《现代文学》；更多时，为出门精心化妆，为睡前脸上细打营养液……在王祯和的眼中，张爱玲是一个平常又神奇的女人。

王祯和陪着张爱玲逛城镇，她随着他从市区的陋巷走到了乡村海边，那低矮的木头房子，黑漆漆像卷浪那样的铅皮屋顶，各种风俗教化，她都看得津津有味。王祯和呢，十八岁前没有离开过花莲，花莲的风土景物，在他的童年少年生活的回忆中烙刻下极深的印象，成为他小说题材的一大泉源，而且还因为他也是个小人物吧，他对小人物的喜怒哀乐分外熟悉和亲切。然而对家乡，王祯和却并不一味地只是爱和关切，他极赞同福克纳所说：写一个地方，一定对这个地方有某种恨，也有某种爱，才能写出复杂的东西，如果只有爱，那么未免太浪漫。

张爱玲也早持这种观点。她以为匆匆一瞥的走马观花，或住上两三个月放眼搜集地方色彩，最初印象也许是最强烈的一种，但那都无用，那不是有意无意中滋生的活生生的爱恨难分的感情啊！她想起了真的家：上海的家、天津的家、北京的家，那随着她生长的、合身的、爱恨交加的家！

台湾有亲友熟人吗？她不置可否。去看适之先生吗？人到中年，三年五年都好像是弹指间的事，无创作无学问，怎么去见父兄师长般的胡博士？似乎还有个诗人路易斯，在上海时第一次见到他的诗是《散步的鱼》，笑了许多天，全无心肝。不过他的《傍晚的家》倒记忆犹新："晚饭时妻的琐碎的话——／几年前的旧事已如烟了／而在青菜汤的淡味里／我觉出了一些生之凄凉。"洁净、凄清、用色吝惜，有如墨竹。就连他的一切幼稚恶劣的做作也可以被容忍了。他写过《记炎樱》，炎樱却不领情，说他曲解她，而且炎樱深恶痛疾他的长发，见着他的第一个念头就是想替他剪头发！炎樱说："天啦，他们几时明白过来，用不着这样的化装也可以成为一个好的艺术家。"他来了台湾，似乎还写诗，还在诗坛毛发飞扬地呼风唤雨？没有多咀嚼出生之凄凉？

在花莲，还赶上了阿美人的丰年祭。神秘的夜，各户用最古老的方式钻木取火，点燃了兰芭子草，煮熟了糯米饭，蒸糕做菜，将供品祭篮提到一块摆好，五个女巫主持祭祀，妇女们跳起了杵乐舞，男人们携带猎具举行打猎祭祀……她几乎着迷了，计划着从花莲到台东、屏东去参观矮人祭，她对比考古学还更古老的人种学① 颇有意思呢，然后再到高雄回台北。就算猎奇采风，她也得痛痛快快游一趟。

就在此时，从香港打来长途电话，告知张爱玲，赖雅中风！老年人本是风烛残年，可听到这一消息时，不会没有心理准备的张爱玲仍如五雷轰顶！因为赖雅是怎样的健康活跃、精力充沛，他从不觉得自己老，张爱玲也几乎忘了他是老人。

匆匆别了花莲，匆匆别了台北，匆匆飞回美国的家。

三年后，大学毕业了的王祯和去到美国纽约，本约好与张爱玲相见，可阴差阳错，未能谋面！多少年以后，中年的王祯和又来到美国，写信给张爱玲希望能面晤，但张爱玲没答应，她认为王祯和应该了解她的意思。意思？"沧海月明珠有泪，蓝田日暖玉生烟。"也许，美好的境界是可望而不可置诸眉睫之下吧！留下那段美好的回忆，何苦面对岁月的残酷，再去接受彼此的改变呢？

张爱玲曾写过一篇散文《 Back, to the Frontier》，回忆她的台湾之行；王祯和却终未成完整的文章，只有零星的感慨！他珍藏着张爱玲与他们母子的合影——这瞬间的永恒的艺术。

王祯和记住了张爱玲的建议。她以为《鬼·北风·人》结尾出现鬼魂，与全篇的写实风格不统一，建议删去。于是他第一次出集子时果然删去，可以后他又加了进去，是怎样的两难抉择，割爱终

---

① 人种学：人类学的分支之一。

究难。

王祯和还记住了她对上海电影界的回忆。她说，在上海编过《不了情》《太太万岁》等电影剧本，导演、演员都很认真合作沟通，导演还亲自登门请教呢。

她忆起了桑弧？柯灵？夏衍？周瘦鹃？还有那位迅雨么？

她的根系大陆。

45

七十高龄的赖雅顽强地活着。

半瘫卧床的他，却没有失去思维，没有失去言语，她与他还能相知相守、相依相伴！

张爱玲感激上苍的恩赐。

张爱玲也必须面对现状的残酷，他们的经济状况不是很富裕，她得独立肩负起生活的担子，无论眼前还是将来。

她从来不隐讳她喜欢钱！因为她没吃过钱的苦——小苦虽然经历到一些，和人家真吃过苦的比起来实在不算什么——不知道钱的坏处，只知道钱的好处。

她得抓钱。

赖雅病情稍稍稳定，张爱玲即去香港为电懋公司写作电影剧本《红楼梦》，可惜未能拍摄成电影。但是张爱玲编剧的《南北和》续集《南北一家亲》倒是极受观众喜爱，卖座率极高。张爱玲返回美国后，写作电影剧本一发不可收拾，《小儿女》《一曲难忘》《南北喜相逢》纷纷出笼。

赖雅理解她，关注她，写了大半辈子电影剧本的他，兴致来时还给她谋划一两个好点子，家中仍常有他们快乐的笑声。

赖雅爱怀旧。说到辛克莱·刘易斯，1930 年获得诺贝尔文学奖奖金，一生获得许多的称誉和嘉奖，他又高又瘦，别人笑他像扬起前腿捉虫子的螳螂，他 1951 年去世了。说到庞德趣事，有次他要阻止叶芝发表一篇东西，说是一堆垃圾，叶芝不听，不仅拿出去发了，还特为附上一篇前言，注明"庞德说这是垃圾"。说到布莱希特，从他弹着吉他给伤员演唱歌谣《死兵的传说》说到他的流亡，他的《卡拉尔大娘的枪》《伽利略传》《四川贤妇》《高加索灰阑记》，布莱希特也于 1956 年去世了。

张爱玲理解他。他珍爱友情，为老友的成就而自豪，却也有失落和遗憾。他把成功的一夜无限期地延长了。可是，他把"成功"的标准定得有多高呢？而这些年，她太闲适慵懒了，她记起了她的承诺："我一直有一个志愿，希望将来能把《海上花》和《醒世姻缘》译成英文。""眼前我还是想多写一点东西。"

唉，一事无成。她愧对适之先生。

就在此时，她得到了噩耗。

在台湾的一次酒会上，还来不及送走客人，胡适脸色苍白，不省人事仰身向后倒去，摔倒在水磨石子的地面上。春寒料峭，暮霭沉沉，他，再也没有醒过来。

张爱玲不知详情。只是惘惘的，是因为本来已经是历史上的人物？

捏着报纸的手却僵僵的，在宴会上演讲后突然逝世，也就是从前所谓"无疾而终"，是真有福气。她想，以他的为人，也是应当的。

她并没有清晰地意识到，他已经不在了，她想都不愿意朝这上面想，毕竟还隔着遥远的距离。

《庄子·庚桑楚》:"若规规然若丧父母,揭竿而求诸海也。汝亡人哉!惘惘乎……"

1967 年赖雅的去世,给张爱玲留下的创痛却是真实的、持久的。

他是她灵魂栖息的家园。哪怕他半瘫在床,哪怕这半瘫给她徒添许多麻烦和苦恼,但他是个活人,即便悲哀,也相知相伴。而顷刻间,他化为乌有。一声叹息、一丝微笑、一缕轻烟都无法留下!他是家园的守护神,失去了他,家园坍塌了,她又无家可归!

四十六岁的新寡,已遭受了爱的萎谢、情的埋葬。

她封闭了内心世界。她孤独,却没有亵渎爱。

夜深人静时,孤独的她会想起她所知道的感人最深的一出戏《大神勃朗》。年轻的她说过:"如果有这么一天我获得了信仰,大约信的就是奥涅尔《大神勃朗》一剧中的地母娘娘。"眼下,是时候了吗?

人死了,葬在地里。地母安慰垂死者:"你睡着了之后,我来替你盖被。"土地是温暖的。太阳又要出来了,出来审判活人与死人么?不要公平的审判,要爱。

只有爱。

春天总是回来了。带着生命!总是回来了!总是,总是,永远又来了!总又是恋爱与怀胎与生产与痛苦!又是春天带着不能忍受的生命之杯,带着那光荣燃烧的生命的皇冠!

她泪流满面。

她失声恸哭。

46

1966 年,张爱玲在香港《星岛晚报》上连载长篇小说《怨女》。

是台湾行撩拨起浓郁的乡思乡恋？是香港青岛咖啡馆乡音盈耳的刺激？是赖雅病中怀旧引发了她对上海的怀乡症？是胡适的去世压迫着她得写出点有分量之作？是中国语言文字不可抵御的韵味魅力？是经过了记忆的筛子反复筛滤而仍漏不掉的东西抓挠着她的心？

当然，并不讳言要钱；但创作的欲望燃起来了，心里的小火山不光是冒烟，得喷涌出炽热的岩浆。

美国，丈夫的家，英语的国度。她挚爱的还是中国文字的韵味。怎能忘上海那家麻油店的横额大匾："自造小磨麻油卫生麻酱白花生酱提尖锡糖批发。"她每每路过都傻傻地仰着脖子看几遍，虽然是近代的通俗文字，和人们也像是隔了一层，略有点神秘。怎能忘静悄悄的夜间，一排店铺都上了门板，唯有同春堂药店的门板上挖了个小方洞，洞上糊了张红纸，上写着"夜半配方请走后门"，天是柔润的青色，纸背后点着一碗灯，那点红色的灯光通宵亮着，不知道怎么感到一种悲哀，却又有一种人生的安稳，似乎蕴含着古中国的情调。

她忘不了！《金锁记》的曹七巧是麻油店的女儿，《连环套》的霓喜夜进同春堂，《怨女》的故事，就从夜上海的一条挤挤挨挨满是店铺的老城老弄堂开始，主角怨女柴银娣就是麻油店的大姑娘，对面就是方洞上透红光贴字条中药店，麻油店门挂的是一路到地的金字直匾！而麻油店药店的衖堂只是故事的起跳板，小家碧玉柴银娣跳进的是破败的烟台姚家这簪缨望族，开始了她被压抑的、扭曲的、荒凉的、怨恨的一生。

漂亮丰满泼辣的银娣，眉心竖着个菱形的紫红痕，是特为揪痧显俏的，她怨恨兄嫂舍不得嫁妆还想顺手拿她发笔财！木匠想吃她豆腐她用油灯烫他；她钟情药店的伙计小刘，许久小刘家才托银娣乡下外婆来做媒，可同时吴家婶婶来给姚家二少爷做媒。银娣选择了有钱有根底的姚家，没有钱的苦处她受够了。三朝回门大家看到新郎原来是又聋又瞎、鸡胸鹤背的残废人！她像是死了，做了鬼回家！她怨恨媒婆骗她，她怨恨来看热闹的众人，包括木匠和小刘，恨不得浇桶滚水下去，统统烫死他们。

　　她更怨恨规矩繁缛的婆家！骂人完全官派的小个子姚老太太，对她充满等级歧视的妯娌们，她怨恨！她用钳子毁灭丈夫心爱之物——核桃挖空了雕出五百罗汉的念珠，她怨恨他！她最怨恨的是小叔子三爷！他挑逗她，撩拨她，她为他在寒风中唱"十二月花名"，他全无心肝；待全家上浴佛寺为老太爷做六十阴寿时，机会来了，在偏殿他与她搂着亲着，她的儿子在地下蒲团上大哭，一切戛然而止，他实在犯不着！她为此事思前想后寻死却被二爷救了。待到丈夫死了老太太死了，她带着儿子分开另过，已经十六年的青春攒下去了！三爷却又来寻她借钱，到得年前雪天，他又来续旧情，并企图强暴她时，她陡地发现，他来躲债，不，讨债人门前门后堵住等他，她当众给了他一嘴巴子，她怨恨他！

　　她只有一个儿子玉熹，却也怨恨他不听话，于是给他提亲，是无为州冯家小姐，却奇丑，她怨恨媳妇，虐待媳妇。她让儿子吸鸦片，将丫头冬梅给了他，为的是他跑不了，风筝的线抓在她手里。冬梅生了一窝孩子，像一窝猪仔，一群老鼠，她怨恨冬梅！后来又病又气的媳妇死了，分家时待她不公平的九老太爷死了，得势的大爷免职拘捕，托病进了医院又出院又进院，就死在医院里了；她又爱又恨的三爷穷途末路，也死了……日子过得太快，一个个的报应也来得太快！时间永远站在她这边，证明她是对的。可她怨恨的仇人一个个去掉了，这世界也就忽然没有人了！

她躺在烟床上，小丫头在打盹，她顺手拿起烟灯烫她——刹那间，她想起了从前拿油灯烫一个男人的手。从前的事都回来了！一切却又突然都没有了，像一辈子根本没经过这些事！"大姑娘！大姑娘！"他却在外面叫她，是那木匠？

这就是怨女柴银娣。她的一生像她做大姑娘时做鞋面锁边时的花样——"错到底"！虽然改名换姓，但她的故事轮廓与曹七巧大致一样，然而，情节细节尤其是感情的把握不一样。曹七巧是个彻底的人物，最初为了黄金的情欲，她锁住了爱情；爱情在一个人身上得不到满足，便需要她的儿子女儿至亲骨肉的青春和幸福来作抵偿！儿子女儿恨毒了她，娘家的人恨她，婆家的人恨她，她最终是用黄金的枷锁住了自己。《金锁记》是泄恨，曹七巧是极端的病态，极端疯狂的女人！《怨女》是诉怨。女儿姜长安删去了，那令人发指的折磨也就消逝了；扶正不到一年就吞鸦片死了的绢姑娘的结局，改成孙辈成群的窒息的热闹；对三爷的复杂难言的情延续到篇末……曹七巧的恶与恨冲淡了，柴银娣或许显得更可信更真实些，但是，就人生的悲剧感的震撼力而言，曹七巧却仍是胜过柴银娣，在曹七巧是现代文学史上让人读之难忘的"女狂人"形象，那金钱与情爱的种种碰撞、撕掳、咬噬、扭曲、变态，人性的自私的淋淋漓漓的展露，在曹七巧身上体现得更为深沉与尖锐，怨女柴银娣就要模糊含混些。就这点而言，《怨女》比《金锁记》略逊一筹。

然而，《怨女》自有它的长处。它所拓宽的背景，所展现的封建大家族的礼仪习俗、人情世故，宛若舒缓自如展开一轴年深月久却仍显绮靡迷离的工笔长画卷。众多的几代人物，盘根错节的种种纠葛关系，实是中国历史急遽嬗变的一页一隅的准确生动的录像，从辛亥革命前到抗战即将结束，几十年风雨，张爱玲攫取这一特别视角，给这一类人物作了最后的摄像。

尤其是男人的世界，张爱玲这番像是作了个较尽兴的大曝光。姚三爷便是那乱世中狂嫖滥赌、宠妾灭妻的典型。三爷和大爷都学洋文学洋务，家里请了个声光化电的真英国人教师，兄弟却难得请教一回。三爷不想做官，因为宦海风波险恶。老太太在世时，便成日在外逛堂子捧戏子搓麻将吃花酒，一回家便钻进账房，死皮赖脸搞公账，顺便调戏二嫂，或顺手偷走老婆的珠花，无耻无赖却也怕"圆光"认出，躲到旅馆用猪血抹了一脸，实在可恶可笑；浴佛寺与银娣偷情虽戛然而止，但完全是出于极端自私认为犯不着。老太太临死又找不到他，派人在堂子里大找。分家之后更是入不敷出，负债累累，居然两次上银娣家，诉衷肠续旧情却包藏祸心！做成圈套也实在是卑鄙下流到不择手段。吃了银娣一记耳光，又穷极无聊拉玉熹下海。"休"了妻，绝了后，最后让一个姨奶奶养着他和另一个姨奶奶，在一亭子间了此残生。他一辈子沉在淫海，最后剩两瓢不新鲜的海水而终。他活着，早已是行尸走肉。大爷比三爷要冠冕堂皇些，可等到老太太一死，也与三爷一块公然在孝幔里摆烟盘子，躺在地下吸，随时匍匐着还礼；一样三妻四妾，且姨太太一进门就失宠，让人跟不上。曾做过一任道台，二十年后又不知是出山还是落水做了官，结果贪污盗窃公款，犯了自从民国以来还没出过的大案子，官司拖了几年，背了无数的债，最终死在医院里了。这是又一类在名利场上厮杀的男人。还有他的大舅子马靖方，做过吴佩孚的秘书长，吴倒后以诗人自居！还有他的儿子小丰，出国留洋归来，在沦陷的上海，巴结上储备银行的赵仰仲，跟着做帮闲，做投机、玩舞女，只揩油，不做官，可脱得了汉奸的下场么？银娣的儿子玉熹，属较安分守己的醉生梦死派。长大后顶了父亲的缺，在家里韬光养晦不出去。守着一盏烟灯，吃烟的人喜欢什么都在手边方便省事，也包括女人，因而烟枪保全了家庭，满房间蓝色烟雾的家。呜呼，这断了脊梁的男人的世界！更有甚者，道貌岸然的九老太爷，居然让男佣与妻子姘居生儿子传宗接代，而他自己办小报捧戏子，真叫人不齿！南京老四房的二爷，跟寡妇嫂子好，用她的钱在外头嫖，也不瞒自家太太，这就更阴森森让人毛骨悚然了……有这样的"脊梁"怎不会呼喇喇大厦倾呢？更可怕的是，这些丑闻网是他们大家族分裂成的一个个小天地中唯一的血液循环，自己没事干，至少知道别处还有事情发生，又是别人担风险。外面永远是风雨方酣，深灰色的玻璃窗，灯前更觉得安逸。这疯狂又腐烂的最后的贵族世界呵。

而都市民俗人生仪礼在《怨女》中得到丰富多彩又不留痕迹的铺陈。"三朝回门"那一担担方糕、两辆绿呢大轿，揭开的是"错到底"的命运；产子习俗满月礼，那金锁翡翠锁片潜伏着珠花遗失之谜；圆光的迷信习俗与猪血涂脸破圆光的陋俗，露脸的是三爷的丑相；浴佛寺做阴寿与初生婴儿在庙里记名收作徒弟的习俗迷信又虔诚，反衬的却是三爷与银娣的大叛逆；大铁香炉上刻着一行行蚂蚁大的女人的名字，这同样虔诚又迷信的习俗，象征着无数代怨女铁打的命运，已牢铸在这里（《十八春》中，已出现过一次）；玉熹的老法结婚，预示着这出婚姻的荒诞，也嘲弄着上代女人们最重要的回忆；至少服饰民俗：从麻油大姑娘的穿戴到三朝回门的珠花珠凤到清晨请安的大红大绿到去浴佛寺的珠光宝气到旗袍袖子忽长忽短，是近乎半个世纪更衣记的展览，伴随着这乱纷纷的世事颠倒。

离开大陆已整整十三年！许许多多零零碎碎的小东西越来越甜

蜜又酸楚：三只脚的红漆小木盆、铜火盆架在朱漆描金三脚架上、绿豆壳枕芯、治咳嗽的杏仁茶、水仙花过年一枝套一个小红纸圈、穿孝不戴耳环耳眼上塞茶叶梗、揪痧、万金油、针脚交错的"错到底"的花样、装着鸭蛋粉的长圆形大银粉盒，"赤豆糕！白糖莲心粥！""白兰花口伐""烂浮尸！路倒尸！"吆喝声、骂人声……

知否？知否？乡音乡恋。写着写着，眼睛濡湿了。

张爱玲还是那个中国的张爱玲。

《怨女》还是那个悲凉的人生况味。

《怨女》是从《金锁记》《创世纪》《倾城之恋》《小艾》等旧作中的脱出和再创造。《创世纪》没完。《金锁记》是精品，厚积薄发、高度浓缩，却也是青年时代对宝贵素材的奢侈挥霍。因为容量太饱满，框架却又太小，所以它是快节奏，鲜明的色彩和电影式的节略法，跳跃、跳跃，一个镜头、一个镜头，太严谨太精美，阅读的享受中有紧迫和可惜之感。

可惜的是，从《金锁记》的三万余字到《怨女》的十余万字，仍有素材奢侈挥霍之感。四十五岁的张爱玲在丈夫病榻旁的写作，大概不会太从容闲适，《怨女》还觉太短太短！

张爱玲，只要一回到她的旧世界旧家族，就能手挥五弦、目送飞鸿，宛若"李凭中国弹箜篌"般得心应手，有着"女娲炼石补天处，石破天惊逗秋雨"的神奇魅力。

红楼梦海上花

十年一觉迷考据，赢得红楼梦魇名。

都是人的故事，可是没有人的气味。悠长的岁月，给它们熏上了书卷的寒香；这里是感情的冷藏室。

47

张爱玲热在港台悄然而起。

1968 年，台北皇冠杂志社重印张爱玲旧作：《张爱玲短篇小说集》《流言》《怨女》《半生缘》。

一时间，张爱玲作品不胫而走。张爱玲，在台湾、香港身不由己地掀起了第二次浪潮。张迷张痴不只是喜爱她的作品，而且还有热衷于寻觅发掘已埋没了的旧作的"考古学者"！

张爱玲无奈：把"旧作"重新刊出，等于抢救一件"破烂"。

被发掘的喜悦包含着被暴露的危险。岁月无情，"出土文物"有无价值，全在众目睽睽之中。埋没却往往制造了朦胧烟幕，或许能保存作者虚名呢。

墨灰的天，几点疏星，模糊的缺月，一个年轻女子在吹口琴："告诉我那故事，往日我最心爱的那故事。许久以前，许久以前……"

深秋的天，不大的一棵树，稀稀朗朗的梧桐叶在太阳里摇着像金的铃铛，快乐的男孩骑在树丫枝上颠颠着吹着口琴，吹的是一支崭新的调子，可他懂得许久以前那女子吹的"许久以前，许久以前……"

什么都会变，日新月异地变，瞬息万变，可人的感情，要爱要恨要怨要怒，怕是永远也变不了。张爱玲同样赢得了这一代读者心的共鸣，那美丽而苍凉的手势，在五花八门缤纷琳琅的文化潮流中，依然分外凝重醒目，美丽而苍凉！

萎谢了的玫瑰倒进酒瓶里，都结集在瓶颈。干枯的小玫瑰一个个丰艳起来，变成深红色。酒使花复活了，这是奇异的一幕，可她并不陶醉其间。旧作重印有身不由己感，读者是她的衣食父母，她不能辜负他们，他们仍是那样不反复无常，一代一代，岂止记得她五年十年之久？她应该欣慰。她还得对付并不鲜见的盗印盗名者，正式重印，以正视听吧。

《半生缘》是根据《十八春》改写的。所谓改写，十八春变成十四春，也就是说把原著的尾巴删掉了，变为抗战胜利后便杀青。医生张慕瑾改名张豫瑾，张慕瑾抗战时所受的国民党的种种迫害与折磨，《半生缘》中全还给了日寇。追求进步早早地去了共产党根据地的许叔惠则改成去了美国，战后从美国归来，是个在爱情与婚姻上潇洒又屡受挫折的小资产阶级知识分子。故事的结尾：沈世钧和顾曼桢终于重逢，天地全非，又小又远，她扑上了他的肩头，他抱紧了她，然而，"世钧，我们回不去了。"这就是铁打的事实。他能说什么呢？也许爱不是热情，也不是怀念，不过是岁月，年深月久成了生活的一部分。他迷惘,是在跟时间挣扎。可是,他回不去了。从前最后一次见面,至少是突如其来的,没有诀别。这重逢,却是永别!而在沈世钧的家里,许叔惠与石翠芝在灯下相对,他对她最有知己之感,也憧憬得最久,但咫尺天涯,都若有所失,有此生虚度之感。仍然是:"呼唤人的和被呼唤的很少能互相答应。"人生在世,阴差阳错,只落得半生缘、一腔怨!爱情无常感已烙刻进她灵魂的深处。删改,是艺术的需要,不那么圆满光明的人生给人留下的是缺憾美,人物形象似更可信。

张爱玲却没有继续创作之路,另辟蹊径走的是学术研究之路。

这太可惜!凭张爱玲的身世、经历、才华和娴熟的英文写作,完全可以写出触及人性深处不可测之地的优秀的传记文学,在西方近人有句话:"一切好的文艺都是传记性的。"有五千年古文明的中国封建贵族士大夫文化的最后一个传人张爱玲,偏偏放弃了自身的原料,怎不叫人扼腕长叹?

也许,她对创作太苛求,太偏嗜原料特有的一种韵味,也就是人生况味,知晓这种意境的过程像植物一样娇嫩,移植得不对会死的。她只希望她的小说给人的感觉是:或许题材普通,但能道人所未道,看了使人想着:"是这样的。"再不然是很少见的事,而使人看过之后会悄然说:"是有这样的。"平淡也好,传奇也罢,二者都在人类经验的边疆上开发探索,"如得其精,哀矜而勿喜。"

眼下,她不想一味地在"边疆"上开发探索,她要追根溯源。

而《红楼梦》《金瓶梅》这两部书在她是一切的泉源,尤其《红楼梦》。在已经"去日苦多"的时候,她埋头考据《红楼梦》,而且一掼就是十年,连她自己都不得不惊叹此为豪举。可是她对《红楼梦》的喜爱太深切了。真正喜欢什么,就不顾一切吧。爱,就是不问值得不值得！

也许，这种责无旁贷的抉择是中国女作家的集体无意识所致。五四以来涌现出的一批又一批的女作家群体中，黄庐隐、苏雪林、冯沅君、谢冰心、凌叔华、方令儒、林徽因等都是兼作家学者于一身！都曾经或终生执教于大学讲坛。冯沅君在元明散曲、中国戏曲研究等方面的学术成就，苏雪林在《屈赋新探》等皇皇巨著中显示的极深的古典文学造诣，都是有口皆碑的。张爱玲也走上了这条路，在赖雅去世不久，她受雷德克里芙女校之邀，做过驻校作家，因而在美国剑桥住过一年半载。1969 年，张爱玲去到陈世骧教授主持的加州大学伯克利分校中国研究中心任研究员，翻译介绍、研究中国文学也是她的本职工作。

也许，有意无意间还有胡适之先生的影响，胡适一生关心《红楼梦》考证和禅学研究，生命的最后二十二年掼在"《水经注》案"的研究上，对她不会没有触动。

刚巧这几年，她有机会在哈佛燕京图书馆与加州大学伯克利分校图书馆借书，看到脂本《红楼梦》。她以为近人的考据像是站着看，匆忙急就；而她呢，各种不同的本子不用留神看，稍微眼生点的字自会蹦出来，此无他，唯手熟耳。她八岁时第一次读《红楼梦》，只看见一点热闹；以后每隔三四年读一次，渐渐得到人物故事的轮廓、风格、笔触，每次印象各有不同；走上写作之路时看，只看见人与人之间感应的烦恼；离开大陆后再看，若遇拂逆，事无大小，只要看看《红楼梦》心境就好了。《红楼梦》永远是"要一奉十"的。《红楼梦》是她的生命泉、忘忧酒，她不是无根的树，根系《红楼梦》。

不只是看，应该"详"，自己做。是饮水思源。

48

1977 年 8 月，二十四万余字的《红楼梦魇》由台北皇冠出版社出版。这是张爱玲为时十年考据《红楼梦》的论文集，收《红楼梦未完》《红楼梦插曲之一》及初详至五详《红楼梦》共七篇论文，并自序一篇。这部全然无可读性的学术论著，11 月即再版，到 1986 年已是第八版！在名家荟萃浩如烟海的红学研究中，"半路出家"的张爱玲却以其奇特的视角、奇特的内容、奇特的方法而独树一帜。

张爱玲视详《红楼梦》为长途探险，像迷宫，像拼图游戏，又像推理侦探小说。她用的虽是最基本的逻辑，一层套一层，一层套一层，但头绪特多，常叫人眼花缭乱，给绕糊涂了！即使对各种版本熟极如流的她，也自招会因头昏而做一两年的休整。仅为好看而看《红楼梦》的广大读者，岂能不坠入五里雾中？不过学术研究本来就不是普及读物。俞平伯在 1920 年代就感叹过：《红楼梦》"在中国文坛上是个梦魇，你越研究便越糊涂"。

张爱玲却沉迷于这梦魇。起初，她将考据《红楼梦》的部分大纲寄给香港学者宋淇看，宋淇供职香港中文大学，亦出身上海儒雅之门。宋淇研究《红楼梦》较循规蹈矩，认为"《红楼梦》几乎遵守了亚里士多德的三一律：人物、时间、地点都集中浓缩于某一时空中间。"而张爱玲却偏偏抛却探研规律，爱从并不显眼却最露馅的细枝末节乃至小小字眼入手，并以小说家的心态体验去感知几百年前的作者、续作者的处境和心态，倒也叫人信服。所以宋淇戏称为"红楼梦魇"，张爱玲则欣然接受，并以之为题，这表达了她对《红楼梦》的痴迷，已是一种疯狂。

《红楼梦未完》考据后四十回是怎么形成的？续作者是否是高鹗？高鹗前后可还有人？张爱玲的语调爱远兜远转。但是她对续书的深恶痛绝却是斩钉截铁的。十二三岁的她第一次捧读小字石印本《红楼梦》时，看到八十一回"四美钓游鱼"，霎时间天日无光、百样无味，此后完全是另一个世界。这种憎恶似与日俱增。张爱玲称后四十回补缀得相当草率，就像棚户利用大厦的一面墙，乌烟瘴气、驴唇不对马嘴、叠床架屋、煞风景、狗尾续貂，甚至成了附骨之疽！而《红楼梦》要在国际文坛上有地位，就不能拖着狐狸尾巴，犹如米洛斯岛出土的断臂维纳斯，若装了义肢，还会有地位么？张爱玲对续作的憎恶，也许不无偏激，却硬是一针见血，老了的张爱玲依旧极有个性。

　　在《红楼梦未完》中，张爱玲赞叹原作者曹雪芹故意模糊时代的大家手笔，非常巧妙回避写满人还是汉人这点，在天足缠足上若隐若现尤二姐小脚、晴雯红睡鞋等。而续书却强调所写的是满人；又露出元春影射某王妃，该王妃三十八岁才立为妃，四十三岁死；秦氏是自缢死的；任上抄家。续书另一大特点是实写教书场面极多。张爱玲考据，续书人《红楼梦》八十回不熟，却似乎熟悉曹雪芹家里的历史。续书人当曾以教读为生，与多数落第秀才一样，包括中举前的高鹗。然而比较甲、乙本与旧本后四十回，如略去旧本续书的涂改与粘贴，单看原底，倒是耳目一新，悲剧收场的框子较明显。这三个本子是一个人的三个时期观点兴趣可能不同的反映？还是旧本是高鹗前的另一个续书者？高鹗只是整理添写过，《红楼梦》是这样享盛名，高鹗也就并不坚决否认他是续书者了吧？

　　《红楼梦插曲之一》，副题是"高鹗、袭人与畹君"。张爱玲以为高鹗对袭人特别注目，从甲本到乙本，锲而不舍。初则春秋笔法一字之贬，进而将袭人形容得不堪、大张挞伐，这是因为高鹗对袭人太触目惊心——袭人身世与他的畹君太像太像！畹君原是青楼妓女，高鹗发妻亡后做了他的房里人，并生子，但婆媳不睦了四年后，高鹗续娶张船山妹张筠之前，畹君离开了他，大概又重操旧业。张筠年十八且有才学，可是与高鹗只做了两年夫妻，便抑郁病故。张筠死后两年，高鹗方中举，这是他一生最大的胜利，却也是幻灭。中举后的他去找了畹君，畹君提出重圆旧梦，当然这是不可能的了。高鹗回过味来，该是憎恶畹君的势利，因而撒气于袭人身上吧。张爱玲对高鹗隐私的剖析，也是对续作者是否为高鹗的考据。

《初详红楼梦》，副题为"论全抄本"。全抄本即《乾隆抄本百廿回红楼梦稿本》。张爱玲无论讨论什么都常常要引全抄本，以为全抄本比他本早，至少是大部分。张爱玲将全抄本与庚本、戚本对照，针对俞平伯提出的全抄本的所谓"缺文"，所谓过简，是因为早稿本本身就较简。另剖析全抄本中一些异文，如晴雯檀云之谜、尘缘"大半"之误，宝玉年龄原大后越改越小，还有吴语特多，是因为曹家久居南京，曹寅妻为李煦妹，李家世任苏州织造，也等于寄籍苏州之故。凡此种种，张爱玲认为，至少第三十八回是庚本、较全抄本为早，但是全抄本第十九回后还是大部分比庚本早。

《二详红楼梦》，副题是"甲戌本与庚辰本的年份"。甲戌本残缺不全，1950 年间，俞平伯肯定甲戌本最初的底本确是乾隆甲戌年 (1754 年) 的本子。张爱玲纯就形式上与文字上的歧义，来计算甲戌本的年份。但这些资料牵连庚本到纠结不可分的地步，因为庚本不但是唯一的另一个最可靠的脂本，又不像甲戌本是个残本，而且庚本的一个特点是尊重形式。此书原名《石头记》，改名《情僧录》，经过十年五次增删 (何止！)，改名《金陵十二钗》。《金陵十二钗》

点题的一回内有十二钗册子、红楼梦曲子。畸笏坚持用曲名作书名，并代写《凡例》，选用《红楼梦》为总名。但是作者虽然在楔子里添上两句，将《红楼梦》与《风月宝鉴》并提，仍旧归结到《金陵十二钗》上，表示书名仍是《十二钗》，在 1754 年又照脂砚的建议，恢复原名《石头记》。1754 年本用《脂砚斋重评石头记》书名，甲戌本是用两册 1754 年本作基础编起来的，因此袭用这名称。1760 年本与二三十年后改编的上半部，书名都还原为《石头记》。庚本、己卯本所有的《脂砚斋重评石头记》字样，都是由于 1760 年本囫囵收编一册 1754 年本，抄手写了配合原有的这一册，保留下来的 1754 年本遗迹。详到这里，张爱玲怕也头昏了。

《三详红楼梦》，副题"是创作不是自传"。张爱玲与曹雪芹，不仅有超越时空的小说家的心的共鸣，而且《红楼梦》中四大家族的过往、繁荣破败的历史，有着曹家盛衰的影子，也牵动着张爱玲苍凉的身世之感。张爱玲以为，宝玉大致是脂砚的画像，而个性中也有曹雪芹的成分；书中的家庭背景是作者与脂砚共有的，除了盛衰的变迁与"借省亲写南巡"，还有以祖母为中心的特点；书中有些细节确乎纪实，也间或有作者亲自的经验，如出园与袭人别嫁，但是绝大部分的故事内容都是虚构的。延迟元妃的死，获罪的主犯自贾珍改为贾赦、贾政，加抄家等，都纯粹出于艺术上的需要。金钏儿从晴雯脱化出来的经过，也就是创造的过程。黛玉的个性轮廓根据脂砚早年的恋人，较重要的宝黛情节却都是虚构的。麝月实有其人，后成为作者的妾，但麝月正传却是虚构的。所以，《红楼梦》是创作，不是自传性小说。作为小说家的张爱玲，太有切肤之感了。

《四详红楼梦》，副题是"改写与遗稿"。改写有林红玉、贾芸的纠葛种种；尤三姐的身份提高，放荡而不轻浮；惜春、迎春的出身；

家谱的扩展；秦可卿淫丧天香楼的删改等等。而"花袭人有始有终"这一回，畸笏声称只有一次澄清后看到，随即"五六稿"都被借阅者遗失了，还有八十回后贾家获罪前数回，定稿，写宝玉迁出大观园，探春远嫁黛玉死；获罪后数回，背景在荣府，待改；以及"花袭人有始有终""撒手"诸回的初稿。这些曾都在1768年左右永忠所见的《红楼梦》里，只缺卫若兰射圃回，但是这本子终于失传了。

《五详红楼梦》，副题是"旧时真本"。传说中的"旧时真本"，其实有十种之多，内有七部续书，两三个早本，其一写宝玉娶湘云，应了"因麒麟伏白首双星"，宝玉并未出家，只是晚年贫极。而太虚幻境的册子与曲文都预言湘云早寡，于是添了卫若兰。但早丧，仍与回目同偕白首不合。最初十年内的五次增删，最重要的是双管齐下改结局为获罪与出家。添写一个宁府为罪魁祸首，《风月宝鉴》因而收入此书，同时加甄士隐、贾雨村，稍后再加甄宝玉家。张爱玲以为自己对早本知道得多了点，就发现作者规避文网不遗余力，起先不但不写抄没，甚至于避免写获罪，第一个早本只是个性格悲剧。张爱玲理解曹雪芹，曹也是个正常的人，没有心理上所谓"死亡的愿望"。天才在实际生活中像白痴一样的也许有，这样的人是写不出《红楼梦》的。这种感慨与其说是对曹雪芹理解，不如说是张爱玲自家的感触。

小说家考据《红楼梦》，比之纯粹的学者考据，怕要与原作者更亲更近些。张爱玲从《红楼梦》增删修改之繁之长中，仿佛看出曹雪芹的成长，改写的过程可看成天才的横剖面。凭直觉，张爱玲感到曹雪芹是一个温暖的情感丰富的人，就像歌星芭芭拉·史翠珊唱红了那支歌中的"人——需要人的人"！曹雪芹是需要人的人，可他生存在那么一个封闭的孤立的氛围中，无助的他在心理上倚赖脂砚、畸笏，是情有可原的，但《红楼梦》绝不是集体创作。

张爱玲对《红楼梦》的家喻户晓、宛若西方的《圣经》的说法却很不以为然，以为影响了小说的主流与阅读趣味，《红楼梦》被庸俗化了！《红楼梦》未完，被人补续了四十回，又倒过来改前文，凤姐改成贪酷又不贞，袭人失节再嫁还跟宝玉初试云雨情时半推半就，尤三姐放荡的过去被删掉，殉情的女人必须是纯洁的，因而人物失去了多面复杂性！然而，广大的读者偏偏津津有味的是：凤姐的淫行与临终冤鬼索命，妙玉的走火入魔，决烈殉情的改良尤三姐，黛玉归天与"掉包"同时进行，黛玉向紫鹃宣称"我的身子是清白的"等等，也就是说一般的阅读趣味反倒在狗尾续貂的续书及被篡改的前文！阅读趣味的唯一标准仍是传奇化的情节和写实的细节！呜呼，有谁能感受到前八十回细密真切的生活质地，那种人生况味呢？

可不管怎么说，《红楼梦》是一部世情小说，中国古代，爱情荒芜，《红楼梦》空前绝后的成功，怕与此有关。《红楼梦》在中国的地位大概全世界没有任何小说可比。《红楼梦》将小说创作推向巅峰，然而，它的前面却是断崖！

张爱玲不无自信地对外国人说："中国古典小说跟中国诗画与瓷器一样好。"

张爱玲不无遗憾地揶揄："中国长篇小说，起了个大早，赶了个晚集。"

一百年后，《海上花》开始分期出版，似乎将中断了的薪尽火传又续了起来，但是，也许它把传统发展到了极端，微妙的平淡无奇，粗疏、灰扑扑的一般人的生活的质地，却少人赏识；1935年亚东版重印，却与头次一样自生自灭。

而张爱玲却没有忘记她对胡适之先生的承诺。

49

1975 年，张爱玲终于开始将洋洋四十余万字的《海上花》译成英文本。直到这时，她才真正感到适之先生不在了！一想起来眼睛背后一阵热，眼泪也流不出来，那种仓皇与恐怖太大了。

1983 年 11 月，繁体中文版《海上花》注译本由台北皇冠杂志社出版；1984 年 1 月，英译本《海上花》出版，在越发"去日苦多"的时候，张爱玲近十年的工夫又这样掼了下去，对这一豪举，张爱玲自拟回目：

张爱玲五详《红楼梦》

看官们三弃《海上花》

《海上花》是第一部专写妓院的长篇小说，主题是禁果的果园，填写了百年前人生的一个重要的空白——爱情。

鲁迅在《中国小说史略》中将《海上花》视为清代"侠邪小说"的压卷之作，称赞其"平淡而近自然"。胡适更是推崇备至，称之为"海上奇书"，"到《海上花》出世，一个第一流的作者用他的全力来描写上海妓家的生活，自觉地描写各人的性情、脾气、态度、行为，这种技术方才有充分的发展。""《海上花》是吴语文学的第一部杰作。""《海上花》的长处在于语言的传神，描写的细致，同每一故事的自然地发展；读时耐人仔细玩味，读过之后令人感觉深刻的印象与悠然不尽的余韵。鲁迅先生称赞《海上花》'平淡而近自然'。这是文学上很不易做到的境界。"这些皆是 1936 年胡适为亚东版《海上花列传》所作序中的文字。

十三四岁的张爱玲正是看了《胡适文存》上的这篇序，心向往之，而去买来读。对《海上花》的认识和情感，她完全趋同于胡适。胡适欣赏其作者将一串短篇故事用"穿插"与"藏闪"的笔法，折叠在一块，东穿一段，西插一段，或藏或露，屡次借回目点醒，含蓄有分寸，扣得极准。胡适佩服《海上花》栩栩如生写出各人个性："黄翠凤之辣，张惠贞之凡庸，吴雪香之憨，周双玉之骄，陆秀宝之浪，李漱芳之痴情，卫霞仙之口才，赵二宝之忠厚……"；张爱玲亦以为不只是写出了一群性格迥异的妓女，那上至官吏下至店伙西崽的一群嫖客，也有深度厚度，立体化了。胡适极赞叹《海上花》的"平淡而近自然"，张爱玲则以为此中只有对白与少量动作，暗写、白描，又都轻描淡写不落痕迹，织成一般人的生活的质地，粗疏、灰扑扑的，许多事"当时浑不觉"，所以题材虽是八十年前的上海妓家，却并无艳异之感，在她所看过的书里最有日常生活的况味。对《海上花》的作者花也怜侬，即韩子云，她也与胡适一样，不同意许堇父与鲁迅所记的传闻，认为他绝不是一个穷极无聊敲诈为生的人，这书也绝不是一部谤书。韩子云体弱多病，四十岁不到，家境已寒素，且早故，他只是声色场中的一个冷眼人，寡欲而不是无情。张爱玲不隐晦对他的同情和好感。《海上花》的收梢很是现代化，戛然而止：书中对赵二宝的悲剧命运，王莲生的种种受气窝囊，最后飘逸一笔，还是把这回事提高到恋梦破灭的境界，张爱玲以为正是在这种地方，作者的观点在时代与民族之外，完全是现代的、世界性的，韩子云是踽踽走在时代前面的弱弱书生。

张爱玲还从《海上花》中众多嫖客"从一而终"的倾向，剖析出妓院这脏乱的角落里倒开出了爱情的花！陶玉甫与李漱芳的生死恋，陈小云与金巧珍的"翻前事"见感情，王莲生与沈小红的夫妻般的吵闹，华铁眉与孙素兰类似宝黛的吵架与或多或少的言归于好……并非从前的男子更有惰性，也并非婊子有情，而是人有更迫切更基本的需要，与性同样必要——爱情。封建婚姻是这样的不合理，盲婚夫妇中虽有婚后发生爱情的，而且也是珍贵的；但是先有性再有爱，便缺少了紧张悬疑、憧憬和神秘感，没有夸张一个异性和其他一切异性的分别，没有眩异和惊讶，就不是恋爱！那时的恋爱最多有可能在早熟的表兄妹中，一成年，就只有在这妓院或许有机会，再就是《聊斋》中狐鬼的狂想曲子。这种情形一直到民初仍如此。北伐后，婚姻自主、废妾、离婚才有法律上的保障。恋爱婚姻流行了，写妓院的小说忽然过了时，一扫而空。这种观念，在五四以来的新文化人中亦有同调者，算不得石破天惊，但在张爱玲，自有一种透彻和执拗。回想她为《连环套》的"辩护词"："现代人多是疲倦的，现代婚姻制度又是不合理的。""姘居不像夫妻关系的郑重，但比高等调情更负责任，比嫖妓又是更人性的。"回想她对地母娘娘——一个妓女形象的讴歌，张爱玲灵魂中敢于赤裸裸直面人生直面爱情直面两性的大胆炽烈，并未减退。

然而，译成英文和汉语译注的《海上花》，能避免第三次自生自灭的命运吗？

"平淡而自然"的风格是普通看小说的人所不能赏识的。曲高而和寡？然而没有读者又如何能流传下去呢？这真是文学的两难境地。

张爱玲的第二次热潮，其热度和广度，却有增无减。

美国夏志清教授在《中国现代小说史》中给予张爱玲极高的评价：称张爱玲为"今日中国最优秀最重要的作家"。《金锁记》是"中国从古以来最伟大的中篇小说"。"她对于七情六欲，一开头就有早熟的兴趣，即使在她最痛苦的时候，她都在注意研究它们的动态"。她"一方面有乔叟式享受人生乐趣的襟怀，可是以观察人生处境这方面，她的态度又是老练的，带有悲剧感的——这两种性质的混合，使得这位写《传奇》的年轻作家，成为中国当年文坛上独一无二的人物"。

在海峡两岸和香港，不少出版社重印了张爱玲的作品乃至《张爱玲文集》，研究张爱玲作品的老中青学者不乏其人，而大陆的张迷张痴亦越来越多，张爱玲的名字，在大陆人的眼中耳旁，已不再陌生了。

理解的开始仍旧是热闹，张爱玲只享受热闹中的孤独。

也有苦恼。她原本就不喜欢或者早就忘却了的长长短短的文章，又一一从"古墓"中被"发掘出土"了，这让她非常头痛，可不论她同意或不同意，迟早会面世。有什么办法呢？过去是抹不掉的。更有甚者，盗印盗名者叫她万般无奈，可又能怎样呢？相逢一笑泯恩怨吧。

情到深处是孤独

较量些什么呢？长的是磨难，短的是人生。

如果我最爱用的字是"荒凉"，那是因为思想背景里有这惘惘的威胁。

50

离群索居，孤独清傲。

像一切潮流一样，张爱玲永远是在外面。

她自称是美国名演员嘉宝的信徒。几十年来嘉宝利用化妆和演技在纽约隐居，很少为人识破，因为嘉宝一生信奉"我要单独生活"的原则。有一幅漫画以青草地来比喻嘉宝，"私家重地，请勿践踏"。是出示"黄牌警告"。

张爱玲想，演员非抛头露面不可，尚且如此看重隐私权；作家只是用文字与读者间接沟通，为什么同样享受不到隐私权呢？

然而，"人类天生的是爱管闲事。为什么我们不向彼此的私生活里偷偷地看一眼呢？既然被看者没有多大损失而看的显然得到了片刻的愉悦？凡事牵涉到快乐的授受上，就犯不着斤斤计较了。较量些什么呢？长的是磨难，短的是人生。"

况且她是个名人、作家。名人、作家怕是天生给人看、给人误解的吧。文学的功用之一，就是让人们能接近否则无法接近的人，张爱玲自家当然也不能例外。

1970 年代初台湾"张迷"水晶先生叩开了张爱玲寓所之门。那是加州大学柏克利分校中国研究中心一幢大型公寓三楼，揿响门铃，传话却传出"我不舒服"委婉坚决的谢绝，来访者只有扫兴而归。水晶是三访张爱玲方登堂入室的。初访即吃闭门羹，爱玲说感冒了，不见；水晶探得张爱玲生活规律，又于一星期后凌晨两点钟时，与张爱玲挂通了电话，张爱玲用纯粹的中文与水晶略谈几句，仍未见面；水晶在此地又蹉跎月余，终不见张爱玲之约；万般无奈，水晶将自己的《试论张爱玲〈倾城之恋〉中的神话结构》寄给张爱玲，这是一篇别开生面的评论，从张爱玲小说意象的运用、神话结构的假想和性心理分析入手解读，含有西洋味的新意，开拓张爱玲作品中形象意蕴的繁复层面，张爱玲是世界性的。水晶并告知他即将离去，张爱玲这才复信邀请他来寓所见面。

尽管水晶做过种种想象，但进到寓所，见到张爱玲，水晶仍有种突兀的震惊！墙上没有任何装饰品，雪白一片；一大排落地玻璃长窗用大幅白缦纱遮掩着，朦胧荒凉；没有多少书籍，还没有书桌！冰清玉洁的住所，冰清玉洁的张爱玲，惘惘的荒凉的背景！她是这样的清瘦，仿佛孤独地经历了人生所有的坎坷；一张脸却仍是丰满正大，似乎有着"平原缅邈、山河浩荡"的气象；一头盲人黑的黑发，是时髦的"五凤翻飞"式；一袭高领圈青莲色旗袍，将人拉到她大红大紫的 40 年代的上海。知天命之年的张爱玲依旧是卓尔不群的"初笄女"。

交谈竟出奇地融洽愉悦，谈章回小说，谈朱瘦菊的《歇浦潮》，谈张恨水的言情小说，也谈张爱玲的小说，谈写作的苦与乐。张爱玲边听边谈边饮咖啡，仍像《年青的时候》中的潘汝良那样爱好咖啡？谈到兴处，跟年轻时一样，开怀大笑。她还特地准备一瓶香水送给水晶的未婚妻。荒凉中弥漫着家常的人情味。张爱玲也还是个温暖细腻、情感丰富的女人，也是一个"人——需要人的人"，况且水晶是痴迷到能背诵她小说的人。但张爱玲对自己小说在文学史中的地位仍感到惘惘的威胁。

也是 1970 年代初，一位漂亮的美国教授太太上她的狭小的办公室找到了她。张爱玲在加州大学伯克利分校中国研究中心工作，她的生活规律与常人不同，作息时间往往是每天中午才是她的清晨，下午三四点钟才去上班，直至午夜前后，所以，即便她的同事，也很少见着她。这位年纪不上三十、身材苗条、头发眼睛近黑色、比一般影星还漂亮的美国女子却有缘逮着了张爱玲，而且单独谈了三刻钟左右。此女子是美国人，读中国史，其博士论文题目是关于中国人的侠女崇拜。张爱玲听后不禁一笑：兼"中国功夫"与西方女权运动两个热门题材也。漂亮女子请教她：中国人这样注重女人的幽娴贞静，为什么又这样爱慕侠女？

其时，正在考据《红楼梦》的张爱玲，不禁想起了自有《红楼梦》以来，最为读者偏爱的女子史湘云，稚气，带几分憨，天真无邪，又爱打抱不平，林黛玉笑她："你又充什么荆轲聂政？"湘云是最接近侠女的典型。为什么中国人偏爱侠女？只能说中国把女人管得笔直之后，只得另在社会体系外创造了个侠女，也常在女孩中间发现她的面影吧？人们喜爱的渴求的正是现实中缺憾的荒芜的。

1973 年，张爱玲悄然迁居洛杉矶后，几乎与世隔绝，被人称为怪人，连海外华人文学圈都一点也不知晓她的音讯行踪。于是关于她的流言骤起，说她几乎不食人间烟火，似另有一功；说她患了皮肤过敏症，说她已卧床不起，已不能自理云云。突然间，张爱玲会犟犟乎跳了出来："只怪我这一阵心不在'马'，许久没有在绿茵场上出现，以致别人认为有机可乘，其实仍是无稽之谈而已。""本人还在好好地过日子。"依旧是青春时的理直气壮。

好好地过日子：偏重衣和食，翻译、写作，虽写得较少，但没有停止过。此外，大看书！她向往"遥远而久远的东西"，从考古学读到人种学，人种学比考古学还更古，作为逃避，是不能跑得更远了。是的，她不忌讳逃避，然而也有逃避不掉的身世之感。年轻时在上海她就告诉过炎樱，一个人种学研究出来，白种人的思想是一条直线，是严格的合逻辑的；中国人的思想是曲折的小直线，逻辑常常转弯，比较活动；日本人的思想却是两条平行的小虚线。而她的思想逻辑永恒的是黄种人中国人的。

她在《谈看书》《谈看书后记》中"喋喋不休"的是《叛舰喋血记》，对于《邦梯号上的叛变》的两个主人公布莱船长与克利斯麦先生，尽管在岁月的长河中对这两个男人贬褒评价不一，年已五十又五的张爱玲却爱憎分明，她以为邦梯号上克利斯麦的率众叛变是反抗上司、改革陋规；而布莱船长，是社会上人生许多小角落里到处都有的暴君形象。

张爱玲的"喋喋不休"中，昂扬的是叛逆精神。她的血，仍是热的。

51

1952 年张爱玲离开大陆后，港台出版她的著作有：《张爱玲短篇小说集》《怨女》《半生缘》《红楼梦魇》《张看》《惘然集》《续集》《余韵》，中文版《海上花》注译、《小团圆》等。

《惘然记》收《五四遗事》《相见欢》《色·戒》《浮花浪蕊》《华丽缘》《多少恨》，另附录一电影剧本《情场如戏场》。

《续集》之意，是继续写下去的意思，是自勉，也是正告居心叵测者，张爱玲蛮厉害的。此集将离开上海后在海外各地发表而未收入书中的文章编成一集，并将张爱玲为电懋公司写的最后一个剧本《魂归离恨天》也收了进去。

《余韵》则将以前遗留在上海的作品选出一本文集。

翻译作品有：《老人与海》《无头骑士》《爱默森选集》《美国诗选》《爱默森文集》《欧文小说选》《美国现代七大小说家》《睡谷故事李伯大梦》《美国散文选》《鹿苑长春》《海上花》。

张爱玲不是著作等身的多产作家，但她是广而精的大家。短篇小说、中篇小说、长篇小说、散文、论文、电影剧本、翻译，还有那么两三首诗歌，纵横捭阖，无所不能。

她是孤独的、淡泊的，却又绝不重复自己、总要超越自己、不甘淡泊的女人。但是，张爱玲最钟情最眷恋的文学体裁，却仍是小说。

陈世骧教授有次对张爱玲说："中国文学的好处在诗，不在小说。"

张爱玲以为"好处在诗"，是对的。好的诗句使人千载之下也感激震动。而中国古典小说的成就不下于中国诗、画和瓷器，尽管外国人听之皆露出不相信的神气，但张爱玲信。只是可惜古典小说好的不多，而且，《水浒传》被腰斩，《金瓶梅》是禁书，《红楼梦》没有完，《海上花》被湮没！《三国演义》《西游记》《儒林外史》是完整普及的，但似缺少点"通常的人生的回声"。

张爱玲爱小说，认为在"文字的沟通上，小说是两点之间最短的距离。就连最亲切的身边散文，写亲人写朋友，也还得保持点距离，只有小说可以不尊重隐私权，但并不是窥视别人，而是暂时或多或少的认同"。

小说就是小说，小说不是自传。但是，"写小说的间或把自己的经验用进去，是常有的事。至于细节套用实事，往往是这种地方最显出作者对背景的熟悉，增加真实感。作者个性渗入书中主角的，也是几乎不可避免的，因为作者大都需要与主角多少有点认同。"张爱玲在《三详红楼梦》中的这段话，乃是泄露天机之语，从张爱玲小说中处处可觅出她的身影和根底！

对小说艺术的追求，张爱玲九死不悔。抛却驾轻就熟的"传奇"，走向"灯火阑珊处"的"平淡而近自然"，《五四遗事》可见一斑，平淡中却有一种沉重的历史感，是风平浪静的海面，只有微波粼粼，却饱蓄着洪涛大浪的气象。此以后，张爱玲只创作过三个短篇：《相见欢》《色·戒》《浮花浪蕊》，这三个短篇都构思于 20 世纪 50 年代初期，直到近三十年后才发表。三十年间，心甘情愿一遍遍改写，谁解其中味？正是"此情可待成追忆，只是当时已惘然"。

《惘然记》题名便来自这屡屡大改的感触中。也许是曲高和寡，这三个短篇并没有引起什么反响，倒是《色·戒》被人"会错了意，想到歪里去了"，张爱玲又只得费笔墨写了《羊毛出在羊身上》进行辩解。《色·戒》写女大学生王佳芝为谋杀汉奸，不惜以色作诱饵，可在一刹那间以为"这个人是真爱我的"而生动摇，结果汉奸老易未死，她反倒送了命。张爱玲之意是写出人性的弱点，人性的残酷和残酷中的自我陶醉。批评者抨击这是一篇歌颂汉奸的文学——即使是非常暧昧的歌颂！喜欢打棍子的中国人的确不是太少。为什么不可以进入无论正面还是负面人物的内心那复杂多变的世界，让人物立体化呢？当年上海真有位重庆方面的"色情间谍"郑女士，汉奸没杀成反送了命，郑振铎曾有散文记之。张爱玲并不知道，但王尔德说过："艺术并不模仿人生，只有人生模仿艺术。"《色·戒》总算在人生上有了着落。而快奔六十的张爱玲的心怕又为小说受了一次重伤。胡兰成难道是永远抹不掉的黑影？人世间没有爱，也难有理解。她大概又会有个习惯性的苍凉又美丽的手势。

鲁迅说过，我们民族最缺乏的东西就是诚和爱。换句话说，便是深中了诈伪无耻和猜疑相贼的毛病。

张爱玲崇拜鲁迅，喜欢鲁迅的小说与《三闲集》。她以为鲁迅很能暴露中国人性格的阴暗面和劣根性，这一传统等到鲁迅先生死后，突告中断，很是可惜。

张爱玲的凄迷惝恍的小说世界，续上了吗？

52

金灿灿的太阳，金灿灿的落叶，张爱玲又沐浴在遥远的太阳的光辉里，行走在如天上下来的大雨似的萧萧落叶中，真奇异，那么多的金焦的手飘下来摸她，却永远差一点没碰到，这金色的阳光金色的大雨。

依然好好地活着。六十八岁时叫个青年驾车撞了一下，还算好，只右肩骨裂，唉，恰恰是这执笔卖文半个世纪的右手臂，也真对不起这辛劳的零件了，也许，就此搁笔？不甘。

她倒也看得很开，青年人闯了祸，上帝都会原谅。人老了，老年不可爱，但老年人有许多可爱的。别让人性死去，别存贪婪，讨嫌。人老了，应该看得开。属于你的岁月不会太多，但这世界没有你也会有春天来到。

她不喜欢老年。记得是二十四岁吧，和炎樱在上海的咖啡馆里，她是这样担忧着老了穿什么衣服！炎樱永远是乐天的，要穿最慈悲的印度披纱，庄严得像座石像。炎樱的话逗乐了她，她想她可以穿长大的袄裤，什么都盖住了，可仍很有样子，颜色么，青的黑的赭黄的，也有许多陈年的好颜色。

想得出来，长大的袄裤？清末民初的时代永恒地笼罩着她尾随着她？那时她不喜欢中国的那班老太太，怎么黯淡怎么穿，瑟瑟缩缩，没有一点个性。

那年在上海与炎樱听似随意的"双声"，仿佛是命运的预言！

多妻主义的惶惑、丈夫移情的痛苦；杂种人没有背景沾不着地气的议论；人种学的探究！那时她说，她不走，她大约总在上海的。可是，漂泊人生！她是一棵连根拔起的树？还只是一片随风而飘的红叶？

她喜欢马路两边的洋梧桐树叶，不厌其烦在一篇篇小说和散文里抒写这金色的雨。每一片树叶，带着人生终点的惶惑和坦然，已过中年的淡漠和辉煌，回归童年的淘气和撒娇，扑向母亲的怀抱——他和他的爱！

人生一世，草木一秋。

树高千丈，叶落归根。

今生今世路漫漫，但尽头不会太远。她的根在哪里？

她仰面看天看叶，一阵恍惚迷离，不知身在洛杉矶还是上海滩，不知垂垂老矣青春已逝，眼前一阵黑，泪流满脸。

人老了，泪更浓。

偶见一篇文章中写着"美籍华人女作家张爱玲"，这一称呼，也许名副其实，可分明有触目惊心之感，太突兀了！她改不了"我们中国""他们美国""说给外国人听"，这想都不用想就从生命里流出来的字眼，还有这"洋梧桐叶"！

她属于中国。中国属于她。

没有中国，就没有张爱玲。张爱玲是一棵树，天生长在中国的土地上，根深蒂固。在美国另长成一棵树？很难。她也不想。

走在这路上，她是中国贵族气的老太太，挺直的腰板，得体的旗袍，是那种赭黄的陈年好颜色，盲人黑的黑发依旧很浓密，清澈的黑眼睛依旧很清澈。她踽踽独行，带着古中国的敦厚含蓄的情调。

周遭的老太太们，越老越俏，红的花的让人目眩，她不喜欢这花花绿绿的似乎失去了稳妥的世界。整个的花团锦簇喧闹骚动的西方世界像个大玻璃球，与她隔了一层，她进不去，也压根不想进去。恍惚又是许多年以前，她还是个女孩子的时候，看了戏出来，在倾盆大雨中和家里人挤散了，她似乎魔怔了，直瞪瞪看着人，看着隔着雨淋淋的车窗里的无数的陌生人！

她想起了自己的家，在这金色的大雨中。

有烤面包的香气扑鼻而来，可是，即便是西点，也还是中国土地上的店铺做的好。

多伦多橱窗里的香肠卷，让她忆起父亲带着她去上海飞达咖啡馆买小蛋糕，凶狠暴戾的父亲在这一刹那间变得温和慈爱。

三藩市唐人街上的大把紫红色的苋菜，让她怦然心动，想起的是跟母亲住的日子，端着一碗白蒜红苋菜过街到舅舅家吃饭的情景，那可爱又可哀的日子呵。

母亲爱吃的"蛤蟆酥"，姑姑想吃的"粘粘转"，大概都绝迹了。和姑姑在一起的日子是她一生一世的概括吧，成名、爱情、幻灭，都经过了。姑姑也去世了，终年九十岁。1979年七十八岁的未婚姑姑终与友人李先生结为伴侣，姑姑人生的最后十二年定是幸福的。

中国的素菜小荤本来便是人类长寿的最理想所在。在豆制品上，中国也是唯一的先进国，豆腐皮豆腐干腐竹百叶大小油豆腐，还有豆腐渣；浇上吃剩的红烧肉汤汁，便是绝妙的"花素汉堡"！还有那平民化的食品大饼油条，甜咸韧脆对照吃；还有那绍兴清淡节俭的菜肴，天津常吃的鸭舌小萝卜汤，煨在火盆瓦钵里的荸荠，蒸得像暗黄水晶一样透却仍有劲道的肥火腿丁……吃，不仅仅是吃，还是一种情趣，一种文化。

吃在中国。这是值得骄傲的，因为吃是一种最基本的生活艺术。

然而，怀乡症浓郁的张爱玲尽管想得馋涎欲滴，却也只能画饼充饥。

乡思乡恋乡愁乡情，剪不断，理还乱。

还有乡音！

她寻觅乡音。她逃避乡音。

乡音激活她的灵感。过去了的一寸寸都活过来了，又让她重看到怎样一寸寸地磨损、一寸寸地死去。生命真是要命的事。

幽州，是那么富有森森然的神秘感和古意；无为州，又是那么富于哲学意味和诗意，以至她在好几篇小说中都让人物的籍贯落到了那里，古中国呵。她喜欢用的词语：灰扑扑、雨丝丝、丝丝缕缕、点点滴滴、寻寻觅觅、斑斑驳驳、惘惘的、惘然、远兜远转、凛然、清坚决绝……这是最能表达中国人感情的字眼吧。而凄凉、悲凉、苍凉、荒凉是她惯用的描摹人生背景和况味的词。但这世界仍有摧枯拉朽的杜鹃花、红得不能收拾一路烧过去的野火花，这是中国的花吧。那苍紫的城墙、苍翠的青山便是魅艳的荒凉的底色吧。生命的胡琴拉来拉去是她的文章永恒的伴奏，卖臭豆腐干、卖草炉饼、卖白兰花还有炒白果歌是她人生记忆中那时代的"上海之音"，梦萦魂绕呵。而一个"嘎"字，古色古香，又勾起了她的千头万绪。

张爱玲可称中国的南腔北调者。她的母语，是被北边话与安徽话的影响冲淡了的南京话，而上海话是半途出家。她的乡音，可谓地域广阔。"少小离家老大回，乡音未改鬓毛衰。"什么时候能回家呢？

在已经"去日苦多"的时候，她一个十年又一个十年挨下去，详《红楼梦》，译《海上花》，如果要寻觅根由，只能是为解思乡病。把中国的文化中国的语言文字介绍给西方，介绍给世界。

中国的语言，听觉上给人韵律节奏的享受；中国的文字，视觉上给人色彩的眩惑。谁解其中味？

她依旧独处。

寂寞也会像潮水似的涌进她的依旧冰清玉洁的寓所。寂静仿佛是哗哗地冲进来，淹没了这房间。一只钟嘀嗒嘀嗒，越走越响。

似乎门缝里有窸窸窣窣声，塞进一张纸条？

时光不会倒流，再也回不去了，也无须走回去。世界，我爱过，哪怕是盲目的，也就够了。

寂静的夜，总有月亮。

月亮当是守护她的智慧之神。

在她，月是故乡明。

月亮，一钩淡金色的蛾眉月，那是属于少女的梦的月。

月亮，稍带点长圆形的，像一颗白净的莲子似的月亮，当是女人的月亮。

那乌云里的月亮，一搭黑一搭白，戏剧化的狰狞的脸谱，当是人性扭曲的映照。

那低低地悬在街头，完全像一盏街灯的黄色的大月亮，当是人间味的温暖所在。

那青霜似的月光，当属于有五千年回忆的古国的月光呵……

她又泪流纵横了。

月有阴晴圆缺，人有悲欢离合，此事古难全。

只有：但愿人长久，千里共婵娟。

有影影绰绰的钟声，有依依稀稀的船鸣声，像远在天涯。

是她的圣玛利亚女校建校一百周年对校友的呼唤？是大陆学者读者出版者对张爱玲的召唤？

1937年她立过《心愿》："如果我能活到白发苍苍的老年，我将在炉边宁静的睡梦中，寻找早年所熟悉的穿过绿色梅树林的小径。当然，那时候，今日年轻的梅树也必已进入愉快的晚年，伸出有力的臂膀遮蔽着纵横的小径。饱历风霜的古老钟楼，仍将兀立在金色的阳光中，发出在我听来是如此熟悉的钟声……"

她用时间这把小刀，为母校雕刻出了一点点美好吧。十六岁女孩的心愿呵。她是母校最勤奋、最好学的小姑娘。

旷世才女张爱玲。她是母校的骄女。

也许，年过古稀的张爱玲会突兀地来到中国上海；也许只是惊鸿一瞥，留下最后一个苍凉而美丽的手势。

谁知道呢。

她是个天才女，总是创造着让人目瞪口呆的奇迹。

她是一棵树，根深蒂固于中国的土地。

《张爱玲传》新后记

还原一个真正的张爱玲！

然而，谈何易！

不言而喻，传记文学是纪实的，它不同于以虚构为生命的小说。然而，传记又往往是传记作家用文学手笔去还原且凸显传主的历史，这似乎又应了张爱玲的一句话："历史如果过于注重艺术上的完整性，便成为小说了。"传记作者便注定了在纪实与虚构中突围纠缠不已。如若作者既写传记又写小说，那就真正是难解难分了。

惠特曼说过："我恨许多传记，因为它们是不真实的。我国许多伟人，都被他们写坏了。上帝造人，但是传记家偏要替上帝修改，这里添一点，那里补一点，再添再补，一直写到大家不知道他是什么人了。"

说得真好，这对传记作者一针见血的批评，却又分明点出了传记作者的勃勃野心和异想天开。传记作者正是胆大包天，敢与上帝比试比试，再捏一个人的人。也许惟妙惟肖，也许一塌糊涂；也许形神兼备，也许有形无神，也许走形走神，也许已经脱胎换骨……但不管怎样，这个再捏出的人与上帝造的人终归是有差距的。

胡适认为："传记的最重要的条件是纪实传真。"也就是"要能写出他的实在身份，实在神情，实在口吻，要使读者如见其人，要使读者感觉真可以尚友其人。"

郁达夫认为新的传记："是在记述一个活泼泼的人的一生，记述他的思想与言行，记述他与时代的关系。他的美点，自然应当写出，但他的缺点和特点，因为要传述一个活泼泼而且整个的人，尤其不可不书。所以若要写新的有文学价值的传记，我们应当将他外面的起伏事实与内心的变革过程同时抒写出来，长处短处，公生活与私生活，一颦一笑，一死一生，择其要者，尽量来写，才可以见得真，说得像。"

所谓纪实，是资料的搜集、整理、发掘，辨真伪虚实等等，这很重要，可以说，是传记成功与否的基础。相对而言，资料占有愈真实愈完整愈丰富愈翔实愈细致，成功的可能就愈大。但是，即便所有的零件都具备了，要"组装"成可传神的传主，应该说，还有漫长的道路。这一点，做小说的，多有所认识；而做传记的，却往往掉以轻心。有的就将采访手记刊出，且自鸣得意为原汁原汤，可说到底，那还只不过是原料，至多是半成品；匆匆抛出，日后再加工，怕是会夹生的。

所谓"传真"，所谓"活泼泼"，关键的关键还是传记作者。

一个传记作者为传主所作的传，只是他个人对传主历经的历史事件、传主的个性、人格等等的一种理解和注释；况且每一个人只能是生活在他的境况之中，各有各的一定的视角视野，你在与传主的资料或更直接与传主本人打交道时，你起初只是一个读者、一个观者，不知不觉中你进入了状态。或许你身不由己，被感动被魅惑；你的视野心甘情愿地与传主的"视野融合"；或许你清醒得冷峻，以一副公正的纯客观的姿态，可是，你在选择这一个作为你要书写的传主时，正是你的感情在左右你。而且愈是遮蔽自我的传记作者，其实愈是主观性强，因为他（她）绝不人云亦云，且将自己的情感隐蔽得很深；你理直气壮地让传主的视野融合进你的视野。自然，两种融合并不泾渭分明，一不小心，就会出现视域受阻或是盲视！

传主还是那个传主，资料还是那些资料，可是作者的切入的视角、取舍及排列组合，体现的是作者主体的眼光；同时倾注了作者太多的个人情感！如果说一百个读者就有一百个哈姆雷特，那么，十个传记作家同写一个传主，一定会塑造出十个不同的传主！所以传记文学中，传主已不再是纯粹的传主，虽然是史实的记录，但是传记作者独特的认识和把握，以及感情的或裸露或隐匿的浇铸，传记中的传主便既笼罩着作者的身影，又融汇着作者的灵魂。它是传记作者对传主的人格、性格、大的所作所为小的细枝末节乃至所想的自己的理解和解释。传记作者的这种有言或无言的理解和解释是作者本人对人性的把握。

传记可以说是一种怀旧，一种追忆逝水年华，一种人类对人无长久的无可奈何的哀悼！传记就像一张沉入岁月的河里的网，到得一定的时机，便迅猛地将它扯上岸，做一检点，做一总结，以为网住的都是精华，都是最实质的，其实天晓得。网眼有大有小，再说适中的也并不一定是最本质的。麦芒说得好："人和艺术一样，与历史总是存在着一种若即若离的关系。当人先于他的艺术变成历史，僵化也就开始了。"当今社会，为活人作传似已成为一种时尚。大而言之，也许是为了社会发展的需求；小而言之，也许是传主或传记作者的需求；但怎么看似都涌动着种种急功近利的浮躁。快，快，来不及了，来不及了！

当然，认识人的确是一件困难的事。每个人与自己的心距离最远，跟别人的心也绝不会距离太近。

张爱玲和张爱玲的心距离最远。

张爱玲透彻地断言：人总是脏的，沾着人就沾着脏。于是，只有在没有人与人交接的场合，她才充满了生命的欢悦。可偏偏就是这个张爱玲，直言不讳她对世俗名利的追慕和渴求！出名要趁早呀！来得太晚的话，快乐也不那么痛快。实践作家的天才梦，那时的她，便总是催着自己：快，快，迟了来不及了，来不及了！

张爱玲悲凉地感悟：人世间没有爱。家里对她，是没有恩情可言的。外面男子的爱呢？从《金锁记》中的姜季泽到《倾城之恋》中的范柳原，从《红玫瑰与白玫瑰》中的佟振保到《十八春》中的沈世钧，无论遗少洋少、传统的还是新派的知识男性，张爱玲的笔端烙刻着对他们深深的失望！可偏偏就是这个张爱玲，不顾一切不可思议地坠入大火大水般的狂恋之中。

张爱玲是天才，张爱玲更是一个普通的女人。

关于张爱玲及家族的资料并非丰富与翔实，好在张爱玲自己说过："在文字的沟通上，小说是两点之间最短的距离。就连最亲切的身边散文，是对熟朋友的态度，也总还要保持一点距离。只有小说可以不尊重隐私权。但是并不是窥视别人，而是暂时或多或少认同，像演员沉浸在一个角色里，也成为自身的一次经验。"张爱玲还说过："写小说的间或把自己的经验用进去，是常有的事。至于细节套用实事，往往是这种地方最显出作者对背景的熟悉，增加真实感。作者的个性渗入书中主角的，也是几乎不可避免的，因为作者大都需要与主角多少有点认同。"

张爱玲还感叹过：中国语言文字的魅力无处不在！好的文字、好的句子，有时可以叫你感动一生一世。语言的感召、感悟，其力量是巨大的。

如果说摄影是用图像留住原本已逝去的故事的话，那么，传记文学则是用语言留下原本已逝去的故事的艺术。从张爱玲的小说和散文中寻觅真正的张爱玲的语境，也许事倍功半，吃力不讨好，但我宁愿仅当编写者，也不愿撕碎张爱玲语言的纤维，不愿搅混原汁的人生况味。也许太傻，可傻就傻吧，人生能有几回心甘情愿的傻呢。

原后记写于 1993 年 10 月 5 日

补充于 2004 年 10 月 8 日

2012 年 1 月 22 日

再补充于 2019 年 9 月 19 日

图书在版编目（CIP）数据

张爱玲传 / 胡辛著. -- 武汉：长江文艺出版社，
2023.10
ISBN 978-7-5702-2614-6

Ⅰ. ①张… Ⅱ. ①胡… Ⅲ. ①张爱玲（1920-1995）
－传记 Ⅳ. ①K825.6

中国版本图书馆 CIP 数据核字（2022）第 049560 号

张爱玲传
ZHANG AILING ZHUAN

责任编辑：雷　蕾　　　　　　　　责任校对：毛季慧
封面设计：璞茜设计　　　　　　　责任印制：邱　莉　胡丽平
内文插画：格林图书

出版：长江出版传媒　　长江文艺出版社
地址：武汉市雄楚大街 268 号　　　邮编：430070
发行：长江文艺出版社
http://www.cjlap.com
印刷：武汉新鸿业印务有限公司

开本：640 毫米×970 毫米　　　1/16　　印张：21.75　　　　插页：8 页
版次：2023 年 10 月第 1 版　　　　2023 年 10 月第 1 次印刷
字数：252 千字

定价：48.00 元
